I0465187

Oesterle „So süßlichen Kitsch, das kann ich nicht"

Studien zur Jüdischen Geschichte
und Kultur in Bayern

Herausgegeben von Michael Brenner
und Andreas Heusler

Band 3

R. Oldenbourg Verlag München 2009

Diana Oesterle

„So süßlichen Kitsch, das kann ich nicht"

Die Münchener Künstlerin Maria Luiko (1904–1941)

R. Oldenbourg Verlag München 2009

Gedruckt mit Unterstützung von The Cahnman Foundation, New York, und Memento – Initiative KZ-Gedenkstätte Dachau e.V., München.
Wir danken dem Münchner Stadtmuseum und dem Jüdischen Museum München für die freundliche Unterstützung.

Bibliografische Information der Deutschen Nationalbibliothek
Die Deutsche Nationalbibliothek verzeichnet diese Publikation in der Deutschen Nationalbibliografie; detaillierte bibliografische Daten sind im Internet über <http://dnb.d-nb.de> abrufbar.

© 2009 Oldenbourg Wissenschaftsverlag GmbH, München
Rosenheimer Straße 145, D-81671 München
Internet: oldenbourg.de

Das Werk einschließlich aller Abbildungen ist urheberrechtlich geschützt. Jede Verwertung außerhalb der Grenzen des Urheberrechtsgesetzes ist ohne Zustimmung des Verlages unzulässig und strafbar. Dies gilt insbesondere für Vervielfältigungen, Übersetzungen, Mikroverfilmungen und die Einspeicherung und Bearbeitung in elektronischen Systemen.

Umschlaggestaltung: Dieter Vollendorf, München
Umschlagbild: Selbstporträt, 1936. Nachlass Schalom Ben-Chorin
Gedruckt auf säurefreiem, alterungsbeständigem Papier (chlorfrei gebleicht).
Satz: Maximilian Strnad, München
Druck: Memminger MedienCentrum, Memmingen
Bindung: Buchbinderei Klotz, Jettingen-Scheppach

ISBN 978-3-486-58990-0

INHALT

DANKSAGUNG

Das vorliegende Buch ist die für die Drucklegung überarbeitete Fassung meiner Magisterarbeit, die im Januar 2007 von der Fakultät für Geschichts- und Kunstwissenschaften der Ludwig-Maximilians-Universität München angenommen wurde.

An erster Stelle gilt mein Dank meiner Betreuerin und mittlerweile auch Doktormutter Professor Andrea Gottdang, die mir von Beginn unserer Zusammenarbeit an großes Vertrauen entgegengebracht hat. Von ihr habe ich wichtige Anregungen zum Thema der Aufarbeitung der künstlerischen Leistung der jüdischen Münchnerin Maria Luiko als Malerin und Graphikerin erhalten. Die Ausführlichkeit der Dokumentation und Rekonstruktion von Maria Luikos Graphiken und Marionetten ist ihrem freundlichen Beharren und Zusprechen zu verdanken.

Eine ganz wichtige Voraussetzung für das Entstehen der Arbeit waren die anregenden Hinweise von Dr. Andreas Heusler zu dem Schicksal Maria Luikos und ihrem künstlerischen Umfeld. Sein geduldiges Zuhören und seine Ermutigung haben mir über manche Zweifel hinweg geholfen. Danke!

Dr. Florian Dering und Manfred Wegner vom Münchner Stadtmuseum danke ich zutiefst für die konstruktive Zusammenarbeit, für die Bereitstellung der Marionetten und der Graphiken, die sich zu diesem Zeitpunkt noch im Depot des Stadtmuseums, Sammlung Puppentheater/Schaustellerei, befanden. Nicht zuletzt haben ihre wertvollen Anregungen und Ratschläge zum Gelingen dieser Arbeit geführt. Ich danke den Mitarbeitern des Stadtarchivs für ihre stets vorhandene Bereitschaft, mir fundierte Auskünfte zu erteilen, und für die Bereitstellung der Autographen, durch die die kunsthistorische Analyse um wichtige biographische Elemente ergänzt werden konnte. Dr. Richard Hartmann bin ich für zahlreiche Gespräche zu Dank verpflichtet, in denen ich wichtige Hintergrundinformationen zur Geschichte der Mappen mit graphischen Arbeiten erhielt und die mir interessante Einblicke in die Karl Amadeus Hartmann-Forschung gaben. Dr. Reinhard Weber stellte großzügig Briefe Elisabeth Kohns aus seinem Privatbesitz zur Verfügung. Gedankt sei auch Dorothee Binder, die mir mit großem Elan und Einsatz bei der fotographischen Dokumentation der Graphiken und Marionetten half. Das Jüdische Museum München ermöglichte mir die konzeptorische Betreuung einer ersten monographischen Werkschau der künstlerischen Leistung Maria Luikos in ihren Räumen von November 2007 bis April 2008. Für dieses Engagement und die gute Zusammenarbeit danke ich herzlich Bernhard Purin, Jutta Fleckenstein und Verena Immler.

Seine jetzige Form aber hat diese Arbeit erst durch die Aufnahme in die Reihe Studien zur Jüdischen Geschichte und Kultur in Bayern bekommen. Mein Dank gilt den beiden Herausgebern Dr. Andreas Heusler und Professor Michael Brenner. Ohne die großzügigen Druckkostenzuschüsse der Cahnman

Foundation und der Initiative KZ-Gedenkstätte Dachau „Memento" hätte das Manuskript nicht publiziert werden können. Herzlichen Dank!

Für den persönlichen Kontakt und die sorgfältige Betreuung des Manuskripts von Seiten des Verlags danke ich Sabine Walther. Ebenso Max Strnad für die Gestaltung und Umsetzung des Manuskriptes in Buchform.

Mein ganz besonderer Dank gilt meinen Eltern und Freunden, ohne deren Unterstützung wissenschaftlicher und nicht-wissenschaftlicher Art, kritisches Hinterfragen, aber vor allem unerschütterliches Bestärken die Fertigstellung des Manuskriptes nicht möglich gewesen wäre.

München, im April 2009
Diana Oesterle

ZU DIESEM BUCH

Das vorliegende Buch ist die erste umfassende Dokumentation der künstlerischen Leistung der jüdischen Münchner Malerin und Graphikerin Maria Luiko (Marie Luise Kohn). Diese hatte als junge, aufstrebende Künstlerin bereits einen gewissen Erfolg in den 1920er Jahren verbuchen können, als im Zuge der Restriktionen der Nationalsozialisten von einem Tag zum nächsten ihre öffentliche Karriere beendet und ihr Wirkungskreis auf den Jüdischen Kulturbund beschränkt wurde. Ihre erhaltenen und rekonstruierbaren Arbeiten zeugen von der Entwicklung einer spezifischen Thematik, welche Maria Luiko in einer realistisch-expressiven Bildsprache artikuliert. Immer geht es ihr um die soziale Realität des Menschen – sowohl in seinen Alltagssituationen, in der Wiedergabe des arbeitenden Menschen, als auch angesichts der zunehmenden politischen Gefahr Anfang und Mitte der 1930er Jahre, was in Milieuschilderungen und realistischen Familien- und Arbeitsdarstellungen gezeigt wird. In ihren Arbeiten Ende der 1930er Jahre, unmittelbar vor dem Zweiten Weltkrieg, bezieht Luiko zunehmend Stellung zur krisenhaften Situation und verarbeitet ihre persönlichen Erfahrungen als Frau, Jüdin und reflektierende, engagierte Künstlerin in differenten Bildaussagen.

Auch wenn die Analyse und Einordnung ihres künstlerischen Werks nur in einem begrenzten Rahmen möglich ist, so soll doch die bisherige „Geschichtslosigkeit" – ein Schicksal, das viele Künstler dieser Generation teilen – mittels der Betrachtung und Rekonstruktion von Maria Luikos Werken und deren Interpretation im Kontext der Kunst der 1920er und 1930er Jahre überwunden werden.

Das Fundament an künstlerischem Material der folgenden Ausführungen bilden zwei Mappen mit graphischen Arbeiten, die sich im Jüdischen Museum München befinden und deren Geschichte hier erstmals festgehalten wird. Darüber hinaus werden die 44 Marionetten, die Maria Luiko für das Münchner Marionettentheater Jüdischer Künstler innerhalb des Jüdischen Kulturbundes schuf, im Kontext der Dramen Erwähnung finden.

Trotz umfassender Recherchen kann kein Anspruch auf Vollständigkeit erhoben werden, da – wie es bei vielen als „Juden" verfolgten Künstlern der Fall ist – wichtiges Quellenmaterial verloren ging bzw. der Aufbewahrungsort nicht zu rekonstruieren ist.

Zur Provenienz und Bedeutung der zwei Mappen
mit graphischen Arbeiten

Bis zu ihrer Deportation am 20. November 1941 waren Maria Luiko und ihre
Schwester Elisabeth eng mit den zwei Künstlerbrüdern, dem Maler Adolf und
dem Komponisten Karl Amadeus Hartmann, befreundet. Familiären Überlie-
ferungen nach wurden die Brüder mit ihren Ehefrauen von der bevorstehenden
Deportation telefonisch unterrichtet und beobachteten die Abholung aus geringer Entfernung.[1] Adolf Hartmann verschaffte sich danach Zutritt zum Atelier
Luikos in der Blutenburgstraße 12 und barg die vorliegenden graphischen
Arbeiten.[2] Die Heterogenität der Blätter beruht somit nicht auf Luikos selbst
vorgenommener Auswahl und Ordnung, sondern ist dem mutigen Bestreben
Adolf Hartmanns zu verdanken, schnell zu handeln, um die graphischen Blätter vor der Vernichtung zu bewahren. Die kleine Mappe mit den Holzschnitten
gelangte später an den Notar Karl Hartmann, den Sohn des dritten Bruders
Friedrich Hartmann, der um 2000 verstarb. Seine Lebensgefährtin Ilse Thin-
schmidt brachte im Rahmen der Vorbereitungen zur Karl Amadeus Hartmann-
Ausstellung 2005 im Münchner Stadtmuseum die Blätter aus einem österrei-
chischen Feriendomizil, wo diese jahrelang aufbewahrt wurden, nach München
zurück. Die graphischen Arbeiten der großen Mappe stammen aus dem Besitz
des Malers Adolf Hartmann. Beide wurden als „Schenkung" dem Jüdischen
Museum zugeeignet. Da sich das Jüdische Museum München intensiv mit der
Problematik von NS-verfolgungsbedingt entzogenem Eigentum befasst, sei
darauf hingewiesen, dass die Eigentumsfrage nicht vollständig geklärt ist, dem
Jüdischen Museum rechtmäßige Erben nach Maria Luiko jedoch nicht bekannt
sind.

Die erhaltenen Graphiken sind als Zeugnisse einer Kunst zu verstehen, die
parallel zu den Geschehnissen des Dritten Reiches im „Untergrund" existierte.
Von vielen Blättern existierten mehrere Abzüge, die nun aber verschollen oder
gar vernichtet sind. Die hier vorliegenden geben nur einen Einblick in das
Schaffen Maria Luikos und sind eine zufällige Auswahl. Ungewiss ist die
eigene Wertung Luikos hinsichtlich der Qualität dieser Arbeiten. Sind es nur
Nebenprodukte oder geben sie einen reellen Überblick? Unter dieser Prämisse
müssen die Blätter behandelt werden. Gleichzeitig bilden sie aber ein einzigar-
tiges Zeitdokument einer als „Jüdin" verfolgten Künstlerin in München, deren
künstlerischer Entwicklungsprozess beendet wurde, als sie gerade anfing, ihren
eigenen Ausdruckswillen und -stil zu finden.

---

[1] Die Verfasserin bezieht sich hierbei auf die mündlichen Ausführungen Richard Hartmanns, Sohn von Karl Amadeus Hartmann. Gespräch vom 3.3.2006.
[2] An dieser Stelle sei auf eine gewisse zeitliche Ungereimtheit verwiesen, da es äußerst
zweifelhaft ist, ob Maria Luiko nach 1939 ihr Atelier noch besaß.

Quellenlage und Stand der Forschung

Die erhaltenen Graphiken und Marionetten bilden die zentrale Quelle für die kunsthistorische Forschung. Die Blätter sind wahrscheinlich in die Jahre 1926 bis 1939 zu datieren, wobei zahlenmäßig der Schwerpunkt der Blätter in den Jahren 1933 bis 1939 liegt. Als wertvolle Primärquellen lassen sich darüber hinaus 61 Briefe[3] Maria Luikos an ihren Freund Schalom Ben-Chorin aus den Jahren 1933 bis 1936 nennen, die sich im Stadtarchiv München befinden. Inhaltlich befassen sich die Briefe zumeist mit Berichten Luikos über ihr tägliches Leben, Fragen nach dem Befinden Ben-Chorins und seiner Frau Gabriella in Palästina, den Darlegungen zunehmender Schwierigkeiten, Abnehmer bzw. Auftraggeber für ihre Bilder zu finden, und mit ihrem Bemühen, Kontakte nach Palästina herzustellen. Auffällig sind bei der Lektüre dieser Briefe die seltenen Äußerungen, die auf Verbitterung oder Depression angesichts der hereinbrechenden Ereignisse verweisen. Der Grundton bleibt bis auf den letzten Brief zuversichtlich. Ebenfalls werden im Stadtarchiv die Meldebögen der Familie Kohn sowie die Kennkarten[4] Maria Luikos, ihrer Schwester Dr. Elisabeth Kohn und der Mutter Olga Kohn verwahrt.

Mehrere Briefe Elisabeth Kohns, die sie an ihren emigrierten Bekannten Max Hirschberg nach New York schickte, befinden sich in Privatbesitz.[5] Als äußerst aufschlussreich erwies sich bei der Durchsicht ein von Maria Luiko selbstverfasster knapper Lebenslauf, in welchem sie ihren künstlerischen Werdegang kurz umreißt. Dieser ist einem Brief ihrer Schwester vom 7. August 1941 beigefügt, in dem die beiden Frauen als letzte Emigrationsmöglichkeit auf eine Anstellung in den Vereinigten Staaten hoffen.

Maria Luikos Polizeiakte[6] befindet sich im Staatsarchiv München und umfasst neben zwei Reisepässen, diversen Pass- und Reiseanträgen, einer Anzeige wegen Ruhestörung und Luikos Stellungnahme hierzu auch eine protokollarische Auflistung persönlicher Dokumente, da sie 1928 ihre Ausweispapiere verloren hatte, des Weiteren ihre schriftlich verfasste Anerkennung der Namensänderung bzw. Beifügung des Namens „Sara" vom 14. Dezember 1938. Der Nachweis für ihre Deportation am 20. November 1941 erfolgt durch die Nennung ihres Namens neben dem der Schwester und der Mutter auf der Deportationsliste[7] Münchner Juden vom 15. November 1941. Diese Quellen liefern die biographischen Kerninformationen für diese Arbeit.

Die Sekundärliteratur zu Biographie und Werk Maria Luikos ist äußerst rar. Ausstellungskataloge der Vor- und Nachkriegszeit nennen Maria Luiko meist

---

[3] StadtAM, Judaica, Varia, 2.
[4] StadtAM, Kennkarten 2105, 2093, 2110.
[5] Privatbesitz Dr. Reinhard Weber, München.
[6] StaatsAM, Polizeidirektion, Personenakte von Maria Luise Kohn, Nr. 14698.
[7] Institut für Zeitgeschichte, München, Archiv, Fa 208.

nur im Kontext ihrer Mitgliedschaft zu den Juryfreien bzw. zum Münchner Marionettentheater Jüdischer Künstler und bilden auch die ausgestellten Werke nicht ab, sondern erwähnen häufig nur Titel und Technik.

Innerhalb der Rezeptionsliteratur zur Kunstgeschichte Münchens der 20er und 30er Jahre des 20. Jahrhunderts bleibt Maria Luiko unerwähnt. Einzig mittels der amtlichen Kataloge des Glaspalastes der Jahrgänge 1924 bis 1931 sowie des Katalogs zu Kunstausstellung 1932 im Bibliotheksbau des Deutschen Museums[8] lässt sich eine vage Rekonstruktion Maria Luikos ausgestellter Werke, hauptsächlich über die Angabe des Titels und der Technik, vornehmen. Im Katalog der Juryfreien aus den Jahren 1929/30 sind im Zuge ihrer Kollektivausstellung neben einer Porträtfotografie auch zwei ihrer ausgestellten Werke abgebildet. Wichtige Hinweise auf die Initiierung Luikos einer „biblischen Experimentalbühne" Anfang der 30er Jahre gibt das *Israelitische Familienblatt*[9]. Ihre Mitarbeit im Jüdischen Kulturbund, insbesondere beim Münchner Marionettentheater Jüdischer Künstler und ihre Teilnahme an der Reichsausstellung Jüdischer Künstler 1936 in Berlin dokumentiert die *Bayerische Israelitische Gemeindezeitung*[10] der Jahrgänge 1935 bis 1937. Die letzte öffentliche Erwähnung im Zuge einer Ausstellung in den Klubräumen des Jüdischen Frauenbundes in Berlin findet Maria Luiko in der *BIGZ* vom 1. Mai 1937. In der Nachkriegszeit ist die Galerie Wimmer in München mit der Ausstellung *Exposition Contemporaine. Moderne Kunst*[11] von 1946 die erste Institution, die Werke Maria Luikos in München öffentlich zeigt.[12] Hier findet sie im Vorwort Franz Rohs und in der Rezension Hans Ecksteins in der *Süddeutschen Zeitung* vom 30. Juli 1946[13] eine knappe Erwähnung. In der ersten Auflage des *Allgemeinen Lexikons der bildenden Künstler des 20. Jahrhunderts* von 1956 wird sie als polnische Graphikerin, die in Lublin ermordet worden sei, genannt. In den achtziger Jahren erinnern Karl Schwarz in dem Aufsatz *Jüdische Kunsthändler, Sammler und Künstler in München* sowie

---

[8] Hier wird Maria Luiko mit drei Ölgemälden, die die Titel *Rote Kirche*, *Boy* und *Betende* führen, genannt.

[9] Israelitisches Familienblatt, Jg. 1934–1937. Im Folgenden *IFM*.

[10] Bayerische Israelitische Gemeindezeitung, Jg. 1929–1937 (ab dem 1. August 1937 umbenannt in Jüdisches Gemeindeblatt für den Verband der Kultusgemeinden in Bayern und die Kultusgemeinden München, Augsburg, Bamberg, Würzburg). Im Folgenden *BIGZ*.

[11] Exposition Contemporaine. Moderne Kunst, hg. von Galerie Wimmer & Co München, München 1946, unpaginiert.

[12] Vermutlich kam dies durch Vermittlung Adolf Hartmanns zustande, der selbst auf dieser Ausstellung vertreten war.

[13] Der Kunstkritiker Hans Eckstein, der bereits in den 20er Jahren die Juryfreien begleitete und unterstützte, schreibt in diesem Artikel: „Ein Holzschnitt und eine Radierung erweisen die unglückliche Maria Luiko (Maria Luise Kohn), die in Lublin ein Opfer des nazistischen Rassenwahns geworden ist, als ein beachtenswertes Talent. Auch von ihr würde man gerne mehr sehen." In: Süddeutsche Zeitung vom 30.7.1946.

Schalom Ben-Chorin in seinen Lebenserinnerungen *Jugend an der Isar*[14] mit wenigen Worten an Maria Luiko und ihr künstlerisches Werk. Eine Kurzbiographie Luikos erscheint erstmals 1994 im Ausstellungskatalog des Münchner Stadtmuseums *Die gefesselte Muse*[15] von Waldemar Bonard. Dieser Katalog ist als Pionierarbeit hinsichtlich des Münchner Marionettentheater Jüdischer Künstler und seiner Einbettung innerhalb des Jüdischen Kulturbundes in Bayern, Ortsgruppe München, zu verstehen.

Sechs Marionetten Maria Luikos waren auch in der Ausstellung *Siehe der Stein schreit. Geschichte und Kultur der Juden in Bayern*[16] im Germanischen Nationalmuseum in Nürnberg zu sehen. Weitere biographische Daten lassen sich jetzt dem *Biographischen Gedenkbuch der Münchner Juden 1933–1945*, Band I[17], entnehmen. Die aktuellste Publikation, in welcher Maria Luiko im Zuge ihrer Mitgliedschaft bei den Juryfreien genannt wird und erstmals einzelne graphische Blätter aus den Mappen abgebildet werden, stellt der Ausstellungskatalog des Münchner Stadtmuseums *Gegenaktion. Karl Amadeus Hartmann. Ein Komponistenleben in München (1905–1963)*[18] aus dem Jahr 2005 dar.

Eine wichtige Sekundärquelle bezüglich der Eingliederung in die Münchner Kunstlandschaft der 1920er und 1930er Jahre bildet der Ausstellungskatalog *Die Zwanziger Jahre in München*[19], welcher umfassend das Kunst- und Kulturgeschehen Münchens präsentiert. Hervorzuheben ist innerhalb dieser Publikation der Aufsatz Winfried Nerdingers *Die Kunststadt München*[20]. Die Aufsatzsammlung des Kataloges *Münchner Moderne*[21] bietet ein breites Spektrum an jüngeren Forschungsarbeiten zu allen Gattungen der Kunst der Moderne in München.

Relevant für den Aspekt des weiblichen Kunstschaffens der um die Jahrhundertwende geborenen Künstlerinnen, die als „verschollene Generation" gelten,

---

[14] Schalom Ben-Chorin: Jugend an der Isar, 3. Aufl. Gütersloh 2001.

[15] Waldemar Bonard: Die gefesselte Muse, Das Marionettentheater im Jüdischen Kulturbund München 1935–1937 (Ausstellungskatalog München, Stadtmuseum), München 1994.

[16] Siehe der Stein schreit aus der Mauer. Geschichte und Kultur der Juden in Bayern (Ausstellungskatalog Nürnberg, Germanisches Nationalmuseum), hg. vom Germanischen Nationalmuseum und Haus der Bayerischen Geschichte, Nürnberg 1988.

[17] Biographisches Gedenkbuch der Münchner Juden 1933–1945, Bd. I (A–L), hg. vom Stadtarchiv München, München 2003.

[18] Norbert Götz/Manfred Wegner: Gegenaktion. Karl Amadeus Hartmann. Ein Komponistenleben in München (1905–1963) (Ausstellungskatalog München, Stadtmuseum), München 2005.

[19] Christoph Stölzl (Hg.): Die Zwanziger Jahre in München (Ausstellungskatalog München, Stadtmuseum), München 1979.

[20] Winfried Nerdinger: Die Kunststadt München, in: Stölzl (Hg.): Die Zwanziger Jahre in München, S. 93–119.

[21] Felix Billeter/Antje Günther/Steffen Krämer (Hg.): Münchner Moderne, Kunst und Architektur der Zwanziger Jahre, München/Berlin 2002.

ist die Publikation Ingrid von der Dollens *Malerinnen im 20. Jahrhundert. Bildkunst der „verschollenen Generation". Geburtsjahrgänge 1890–1910*[22]. Von der Dollen bringt den von Rainer Zimmermann in die Kunstgeschichte eingeführten Begriff des „Expressiven Realismus" mit dem weiblichen Kunstschaffen in den 1920er Jahren zusammen.

Aufschlussreich für diesen Gesichtspunkt ist ebenso die Publikation Marsha Meskimmons *We weren't modern enough. Woman Artists and the limits of German Modernism*[23], die besonders auf die Eigenart des weiblichen Künstlertums, seiner Realisierung und die motivische Präferenz in den 20er Jahren eingeht. Der malerischen Umsetzung des gesellschaftlichen Frauenbildes hat sich 1995 Manja Seelen in ihrer Dissertation *Das Bild der Frau in Werken deutscher Künstlerinnen und Künstler der Neuen Sachlichkeit*[24] angenommen.

Auf dem Gebiet des spezifisch jüdischen Kunstschaffens leistete Ernst Cohn-Wiener[25] 1929 Pionierarbeit. Allerdings behandelt Cohn-Wiener hauptsächlich Kultobjekte und Synagogenarchitektur und bezieht sich wenig auf die zeitgenössische Kunst; vor allem den Bereich der Malerei und Skulptur klammert er weitgehend aus. In seinen Schlussausführungen zur Kunst des 20. Jahrhunderts wird die Problematik der Definition jüdischer Kunst ersichtlich, da jüdische, akkulturierte Künstler sich der Kunst ihres jeweiligen Heimatlandes anschlossen und keine typisch jüdische Kunst forcierten.

Hannelore Künzl, die sich auf Cohn-Wiener beruft, widmet der modernen jüdischen Kunst ein Kapitel in ihrer Publikation *Jüdische Kunst. Von der biblischen Zeit bis in die Gegenwart*[26] von 1992. Bezüglich der jüngeren Forschungsliteratur zu diesem Thema soll an dieser Stelle auf den Beitrag *Jüdische Künstler. Vom achtzehnten Jahrhundert bis in die Gegenwart*[27] von Ziva Amishai-Maisels in Gabrielle Sed-Rajnas *Die jüdische Kunst*[28] verwiesen sein, welcher einen Überblick über die Malerei jüdischer Künstler bietet. Der Ausstellungskatalog *Das Recht des Bildes. Jüdische Perspektiven in*

---

[22] Ingrid von der Dollen: Malerinnen im 20. Jahrhundert. Bildkunst der „verschollenen Generation". Geburtenjahrgänge 1890–1910, München 2000.

[23] Marsha Meskimmon: We weren't modern enough. Women artists and the limits of German modernism, London/New York 1999.

[24] Manja Seelen: Das Bild der Frau in Werken deutscher Künstlerinnen und Künstler der Neuen Sachlichkeit [Diss. Univ. Köln 1993], Münster 1995.

[25] Ernst Cohn-Wiener: Die Jüdische Kunst. Ihre Geschichte von den Anfängen bis zur Gegenwart, Berlin 1929.

[26] Hannelore Künzl: Jüdische Kunst. Von der biblischen Zeit bis in die Gegenwart, München 1992.

[27] Ziva Amishai-Maisels: Jüdische Künstler. Vom achtzehnten Jahrhundert bis in die Gegenwart, in: Sed-Rajna, Jüdische Kunst, S. 325–358.

[28] Gabrielle Sed-Rajna (Hg.): Die jüdische Kunst, Freiburg/Basel/Wien 1997.

der modernen Kunst[29] befasst sich 2003 erstmals ausführlicher und auf einer philosophischeren Ebene mit den Problematiken der Betrachtungsweise als mit der ausschließlichen Deskription der Darstellungen. Edward van Voolens *Jüdische Kunst und Kultur*[30], erschienen 2006, stellt die jüngste Publikation innerhalb dieser Überblickswerke, die als Grundlage für die Ausführungen zur Problematik einer Spezifizierung „Jüdischer Kunst" dienen, dar.

Basis für die Einbettung in die historischen Umstände bilden die Schriften Peter Hankes *Zur Geschichte der Juden in München zwischen 1933 und 1945*[31], Richard Bauers *München – „Hauptstadt der Bewegung". Bayerns Metropole und der Nationalsozialismus*[32] und Heike Spechts jüngst erschienene Dissertation *Die Feuchtwangers. Familie, Tradition und jüdisches Selbstverständnis im deutsch-jüdischen Bürgertum des 19. und 20. Jahrhunderts*[33].

Die jüngste Publikation, die die Geschichte des jüdischen Lebens in München umfassend behandelt, ist der Band *Jüdisches Leben in München. Vom Mittelalter bis zur Gegenwart*[34], herausgegeben 2006 von Richard Bauer und Michael Brenner.

---

[29] Hans-Günther Golinski/Sepp Hiekisch-Picard (Hg.): Das Recht des Bildes. Jüdische Perspektiven in der modernen Kunst (Ausstellungskatalog Bochum, Museum Bochum), Heidelberg 2003.
[30] Edward van Voolen: Jüdische Kunst und Kultur, München u.a. 2006.
[31] Peter Hanke: Zur Geschichte der Juden in München zwischen 1933 und 1945 (= Neue Schriftenreihe des Stadtarchivs München, 3), München 1967.
[32] Richard Bauer u.a. (Hg.): München – „Hauptstadt der Bewegung". Bayerns Metropole und der Nationalsozialismus, München 1993.
[33] Heike Specht: Die Feuchtwangers. Familie, Tradition und jüdisches Selbstverständnis im deutsch-jüdischen Bürgertum des 19. und 20. Jahrhunderts [Diss. Univ. München 2004], Göttingen 2006.
[34] Richard Bauer/Michael Brenner (Hg.): Jüdisches München. Vom Mittelalter bis zur Gegenwart, München 2006.

Fragestellung und Zielsetzung

Dieser Band ist weitgehend chronologisch strukturiert. Der erste Teil bildet mit dem Versuch einer Rekonstruktion der Biographie Maria Luikos[35] und den Anfängen ihres künstlerischen Schaffens in den 1920er Jahren sowie der Schilderung der kunst- und kulturhistorischen Hintergründe in München die Voraussetzung zum Verständnis ihrer Person als auch für die Einordnung und Deutung ihrer Werke. Einen wichtigen Punkt bilden hierbei die Erläuterungen zur Künstlergruppe der Juryfreien, deren Mitglied Luiko ab 1927 war und wo sie 1929 auch ihre erste Kollektivausstellung hatte.

Vor dem Hintergrund der Geschehnisse der 1930er Jahre, speziell Luikos eigenem Erfahrungshintergrund und ihrem Engagement im Jüdischen Kulturbund, befasst sich der zweite Teil mit der Darstellung von Maria Luikos Werken. Angestrebt wird eine möglichst umfassende Übersicht über ihr noch erhaltenes bzw. rekonstruierbares Werk. Die Zuweisung zu erkennbaren thematischen Gruppen sowie eine mögliche Datierung stehen bei der Erfassung der graphischen Blätter im Vordergrund. Diese Übersicht soll vor allem dazu dienen, Fragen nach Stil, Neigung zu bestimmten Gattungen und Motiven und die erkennbare Bezugnahme zu Vorbildern zu beantworten.

Aufgrund der ungewissen Qualität des graphischen Materials sollen inhaltliche Bildinterpretationen vor formalen stehen und unter ikonographischen und sozialhistorischen Aspekten behandelt werden. Die Betrachtung der Marionetten ist zum einen für die Komplettierung der Werksübersicht von Bedeutung, zum anderen repräsentieren sie den äußeren Motor, der für die Schaffung der späteren Graphiken, die Luiko nicht mehr öffentlich ausstellen durfte, wichtig war. Gerade die Marionetten für die hebräischen Stücke bilden für die Frage nach der Verankerung jüdischer Themen bzw. einer augenscheinlichen Hinwendung zu jüdischer Motivik im Zuge der verschärften politischen Situation der 1930er Jahre einen wichtigen Anhaltspunkt. Die Figurinen werden im Kontext der jeweiligen Dramen behandelt.

Auf die Problematik der Definition einer spezifisch jüdischen Kunst, die auch heute noch Bestandteil innerhalb der Rezeptionsdebatte ist, kann aufgrund ihrer Komplexität nur exkursorisch eingegangen werden. Ebenso verhält es sich mit der Frage nach geschlechtsspezifischen Anhaltspunkten in der Werkanalyse. Da Maria Luiko zu der ersten Generation kunstschaffender Frauen gehörte, denen der Zugang zu den Akademien möglich war, sollen daher die in der Sekundärliteratur herausgestellten Charakteristiken dieser Malerinnen exemplarisch erläutert, untersucht und gegebenenfalls auf Luikos Werke ange-

---

[35] Da Maria Luiko außer ihrem knapp verfassten Lebenslauf von 1941, der sich im Privatbesitz Dr. Reinhard Weber befindet, nichts Autobiographisches hinterlassen hat, stützt sich die lebensgeschichtliche Dokumentation auf Beiträge in der Literatur und auf die erhalten gebliebene Korrespondenz der Künstlerin.

wendet werden, ohne dabei eine Überbewertung in diese Richtung der feministischen Kunstgeschichtsschreibung vorzunehmen.

Im Vordergrund steht insgesamt das Bemühen, eine möglichst umfassend dokumentierte Übersicht über Maria Luikos künstlerisches Œuvre zu bieten. Die Widerspiegelung und Verarbeitung zeitgenössischer künstlerischer Tendenzen geben Anhaltspunkte für Innovationen, die eine künstlerische Qualität rechtfertigen.

KURZBIOGRAPHIE

Marie Luise Kohn (Abb. 1) wurde am 25. Januar 1904 als zweite Tochter des Münchner Kaufmann-Ehepaars Heinrich und Olga Kohn, geb. Schulhöfer, geboren. Ihre Großeltern väterlicherseits waren Salomon Kohn, der aus Wassertrüdingen in Mittelfranken stammte und 1859 das Münchner Bürgerrecht erworben hatte, und Johanna Kohn, geb. Billmann, eine gebürtige Schwabingerin. Die Großeltern mütterlicherseits, Louis und Peppi Schulhöfer, geb. Theilheimer, waren Pferdehändler aus Aschaffenburg. Die Eltern Heinrich und Olga heirateten 1900 und zogen in die Elvirastraße 3, bis sie 1914 mit den Töchtern Elisabeth, geboren am 11. Februar 1902, und Marie Luise in die Loristraße 7 überwechselten. Hier sollte die Familie, auch nach Heinrichs Tod 1933, bis zur Zwangsräumung 1939 wohnhaft bleiben. Der Vater Heinrich unterhielt eine Firma für Futtermittel, die seine Frau Olga nach dessen Tod – vermutlich bis 1937/38[1] – weiterführte. Die zwei Jahre ältere Schwester Elisabeth studierte an der Münchner Universität Philosophie und Rechtswissenschaften, absolvierte die Staatsprüfung für den höheren Justiz- und Verwaltungsdienst und trat 1928 in die renommierte Anwaltskanzlei von Dr. Max Hirschberg und Philipp Löwenfeld ein.[2]

Marie Luise Kohn besuchte die Höhere Mädchenschule in München, anschließend ein Kindergärtnerinnenseminar, das sie 1922 mit der Anstellungsberechtigung für den Städtischen Dienst abschloss. Ihren eigenen Angaben zufolge nahm sie in dieser Zeit parallel Stunden an der Mal- und Zeichenschule Moritz Heymann.

Den ersten Nachweis ihrer künstlerischen Laufbahn erbringt der Eintrag im Matrikelbuch der Akademie der Bildenden Künste im Wintersemester 1923/24, an der sie acht Semester lang Malerei in der Klasse Karl Caspars und Graphik bei Adolf Schinnerer studierte. Anschließend absolvierte sie einige Semester in der Theaterklasse Emil Preetorius' an der Kunstgewerbeschule. 1924 betrat Marie Luise Kohn erstmals unter dem Künstlernamen „Maria Luiko"[3] öffent-

---

[1] Im Mai 1937 hatte die Stadtverwaltung begonnen, jüdische Gewerbetreibende systematisch zu erfassen. Diese Auflistung wurde im Februar 1938 veröffentlicht und stellte einen entscheidenden Schritt zur endgültigen Verdrängung der Juden aus der Wirtschat dar. Vgl. dazu Wolfram Selig: „Arisierung" in München. Die Vernichtung jüdischer Existenz 1937–1939, Berlin 2004.

[2] Elisabeth Kohn engagierte sich für die SPD, die Liga für Menschenrechte und war freie Mitarbeiterin der *Münchener Post*. Nach Entzug ihrer Zulassung 1933 arbeitete sie in der Fürsorgeabteilung des Wohlfahrtsamtes der Israelitischen Kultusgemeinde und beriet ab 1940 jüdische Flüchtlinge und Auswanderer. Für biographische Daten zu Dr. Elisabeth Kohn vgl. Biographisches Gedenkbuch, Bd. I, S. 727 und E.G. Löwenthal (Hg.): Bewährung im Untergang. Ein Gedenkbuch, Stuttgart 1965, S. 103–105.

[3] Dieser Künstlername wird im Folgenden beibehalten, da sie unter diesem Namen in der Münchner Kunstszene bekannt war.

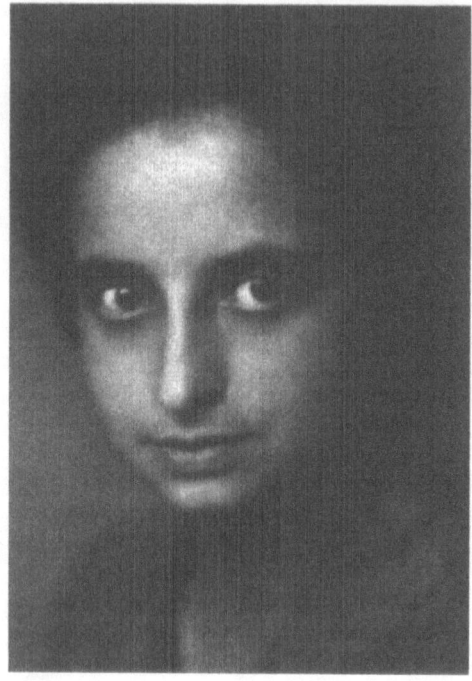

Abb. 1: Maria Luiko
(Marie Luise Kohn), 1929.

lich die Münchner Ausstellungsbühne, als drei Scherenschnitte im Münchner Glaspalast gezeigt wurden, wo sie dann jährlich bis 1931 – immer eine andere Technik präsentierend – vertreten war. Die Kataloge nennen neben Zeichnungen, Aquarellen und Ölgemälden auch Scherenschnitte, Lithographien, Holzschnitte und Linoldrucke.

Maria Luiko interessierte sich ebenso für Literatur und Theater, was ihre Ausbildung unter Emil Preetorius, der als Graphiker und Bühnenbildner eine wichtige Stellung in München innehatte, bezeugt. Der Sekundärliteratur zufolge soll sie 1926 Bühnenbild und Masken zu Franz Werfels *Paulus unter den Juden* entworfen haben.[4]

1927 wurde sie Mitglied der Künstlervereinigung Die Juryfreien, welche ihr 1929 die Teilnahme in einer Kollektivausstellung ermöglichte. Im Zuge dieser

---

[4] Vgl. Hans Lamm (Hg.): Vergangene Tage. Jüdische Kultur in München, München/ Wien 1982, S. 297 und Siehe der Stein schreit aus der Mauer, S. 412. Allerdings konnte diese Angabe bei Nachfragen der Verfasserin im Archiv des Prinzregententheaters nicht bestätigt werden. Man verwies auf eine eventuelle Mitarbeit Luikos in der Werkstatt des Theaters. Eine Liste mit Werkstattmitarbeitern kann jedoch nicht rekonstruiert werden (E-Mail von Dr. Thomas Siedhoff vom 3.7.2006).

Mitgliedschaft gehörte sie zu den Juroren, die 1930 die Künstler für die Ausstellung im Glaspalast auswählten. Ob Maria Luiko in dieser Zeit noch eine andere Tätigkeit ausübte, um ihren Lebensunterhalt zu verdienen, oder ob ihr dies ihre Kunst ermöglichte, ist nicht bekannt.

Mit der Machtübernahme der Nationalsozialisten 1933 und ihren sofortigen Maßnahmen zur Entfernung der Juden aus dem gesellschaftlichen wie beruflichen Leben wurde auch Maria Luiko wie alle anderen jüdischen Künstler aus dem Reichsverband der Deutschen Künstler ausgestoßen und mit Ausstellungsverbot belegt. Die Familie Kohn war von den einschneidenden Maßnahmen dieser Frühphase betroffen: Heinrich und Olga Kohn als gewerbetreibende Kaufleute und Elisabeth Kohn als SPD-Mitglied und Rechtsanwältin in einer von jüdischen Anwälten geführten Kanzlei, die zudem noch die Prozessverteidigung in politisch brisanten Fällen übernommen hatte. Die antijüdische Gesetzgebung verbot ab 1936 den jüdischen Künstlern das Tragen von Künstlernamen. Zum 1. Januar 1936 rief die *BIGZ* auf Geheiß der Reichskulturkammer die jüdischen Künstler Bayerns dazu auf, ihre Künstlernamen abzulegen.[5] Dies musste für Maria Luiko eine schwer hinzunehmende Einschränkung gewesen sein, da sie vor allem unter ihrem Pseudonym in der Kunstszene bekannt war. Um weiterhin künstlerisch tätig sein zu können, engagierte sie sich im Jüdischen Kulturbund in München, der 1934 gegründet worden war. In den Jahren der aufgezwungenen „inneren Emigration" bot der Kulturbund für die Malerin und Graphikerin Luiko immerhin die Möglichkeit, sich an Wanderausstellungen in und außerhalb Bayerns zu beteiligen. In der *BIGZ* sind Expositionen unter ihrer Mitwirkung, z.B. auf der Grafischen Ausstellung bayerischer jüdischer Künstler 1934 in München, genannt. Diese Ausstellung war als Verkaufsausstellung konzipiert, um – als soziale Verpflichtung des Kulturbundes – den Kunstschaffenden eine Erwerbsmöglichkeit zu bieten.[6] Maria Luiko beteiligte sich darüber hinaus an der Organisation der Kunst- und Kulturarbeit. So entschied sie neben führenden Kulturbundmitgliedern wie Justizrat Fritz Ballin, dem Architekten Hellmut Maison und dem Vorsitzenden Ludwig Feuchtwanger über das Signet des Bayerischen Kulturbundes. Zudem war sie an den Vorbereitungen, der Gründung und Leitung des Marionettentheaters Münchner Jüdischer Künstler maßgeblich beteiligt. Zusammen mit ihrem Künstlerkollegen Rudolf Ernst, der ebenfalls Mitglied der Juryfreien war, gestaltete sie den Spielplan, entwarf und fertigte die Figurinen und führte selbst die Marionetten in acht Puppenspielen.[7]

---

[5] Vgl. BIGZ, Nr. 1, 1.1.1936, S. 11.
[6] Das IFM rezensierte 1934 diese erste graphische Ausstellung „jung-jüdischer" Künstler und machte hierbei auf die sich widerspiegelnde „besondere Innigkeit des Erlebens" in Luikos Radierungen aufmerksam. IFM, Nr. 17, 26.4.1934, unpaginiert.
[7] Vgl. hierzu Bonard: Gefesselte Muse, S. 32.

Bereits 1936 stellte Maria Luiko bei den Münchner Polizeibehörden mehrere Male Passanträge für Auslandsreisen. Aus ihren Briefen geht hervor, dass
sie die Auswanderung nach Palästina plante, um hier das Marionettentheater
fortzuführen. Da all diese Anträge abgelehnt wurden, setzte sie ihre Arbeit
im Jüdischen Kulturbund fort und konnte in diesem Kontext auch mehrere
Ausstellungstourneen durchführen. Einen Höhepunkt dieser Tätigkeit stellte
sicherlich die Ernennung als Repräsentantin bayerisch-jüdischer Künstler
neben Rudolf Ernst und Elisabeth Springer an der Reichsausstellung Jüdischer
Künstler 1936 im Berliner Jüdischen Museum dar. Ihre letzte offizielle Aus-
stellungsbeteiligung hatte Maria Luiko im Frühjahr 1937 in den Klubräumen
des Jüdischen Frauenbundes in Berlin. Aus der wirtschaftlichen Notlage heraus
erweiterte Maria Luiko Ende der 30er Jahre mit Metalltreiben ihre kunsthand-
werklichen Fähigkeiten, um Alltagsgegenstände herstellen zu können, wie sie
in einem Brief an Schalom Ben-Chorin berichtet:

„Ich habe seit einem Jahr nichts mehr gemalt. Nur Kunstgewerbe gemacht. Metalltreiben gelernt, überhaupt kunstgewerbliche Metallbearbeitung jeder Art. Ich finde das
doch sehr nützlich. Ich kann jetzt Schalen, Aschenbecher und dergleichen machen,
auch einfachere Arten von Stein fassen."[8]

Daneben arbeitete sie als Hilfsbibliothekarin in der Bibliothek der jüdischen
Gemeinde.

Nach den Ausschreitungen des Novemberpogroms 1938 wurden den deutschen Juden endgültig ihre noch verbliebenen Rechte genommen. Allen
jüdischen Bürgern wurden die Reisepässe entzogen und mit einem „J" gestem-
pelt. Zugleich war Maria Luiko, wie alle Jüdinnen, gezwungen, den zusätz-
lichen Vornamen „Sara" zu tragen, wie sie selbst in einer schriftlichen, persönlichen Stellungnahme an das Polizeipräsidium München bezeugt[9].

Ihre künstlerischen Tätigkeiten stellte sie einer Resignation gleich nach Auflösung des Marionettentheaters immer mehr ein. Nur mehr ehrenamtlich engagierte sie sich ab 1939 als Handarbeits- und Zeichenlehrerin an der Jüdischen
Volksschule. Ihr letzter Brief an Ben-Chorin stammt vom 13. Juni 1939, in
welchem der optimistische Ton der vorigen Briefe einer resignierten Haltung
gewichen ist. In diesem letzten Zeugnis schildert sie in deprimierten Worten
die Bemühungen um eine Ausreisebewilligung und erwähnt die Bereitschaft,
gemeinsam mit Elisabeth als Dienstmädchen nach England zu gehen, wenn sie
nur eine Anstellung angeboten bekämen bzw. Kontaktpersonen oder Bürgen
finden würden. In einem Brief an ihren Freund Schalom Ben-Chorin schreibt
sie am 13. Juni 1939:

---

[8] StadtAM, Judaica, Varia, 2, Brief Maria Luikos an Schalom Ben-Chorin vom
13.6.1939.
[9] StaatsAM, Polizeidirektion, Personenakte von Maria Luise Kohn, Nr. 14698.

„Was nun wird weiß niemand. Ich bedauere wirklich, dass wir gar so lange gehofft haben doch noch einen Weg nach Palästina zu finden. Wir haben viel wichtige Zeit darüber unnütz verstreichen lassen. Nun bleibt nur mehr der Weg als Dienstmädchen nach England. Wir haben uns dazu lange nicht entschlossen. Schließlich ist das für mich alles besser zu machen wie für Lisel [Elisabeth Kohn, D.O.] Aber wenn es geht sind wir auch ganz einverstanden. Wüsstest Du Adressen in England, die behilflich sein könnten? Es handelt sich jetzt darum für uns Stellungen zu finden, bei Engländern."[10]

Wie stark der Verlust des einstigen künstlerischen und freundschaftlichen Umfeldes die Künstlerin getroffen hat, erschließt sich aus einer Äußerung des gleichen Briefes:

„Alle, aber auch alle unsere wirklichen Freunde sind weg. Auch alle die guten Bekannten, denen man etwas zu sagen hatte oder die einem was zu sagen hatten. Das was es hier noch gibt sind wirkliche Überbleibsel. Und was man redet – hoffnungslos."

Mit der Zwangsenteignung der elterlichen Wohnung 1939 wurde die Familie Kohn auseinandergerissen und die drei Frauen sahen sich zu mehreren Ortswechseln gezwungen. So sind von Maria Luiko als Aufenthaltsorte nach dem Verlassen der elterlichen Wohnung folgende Adressen bekannt: seit dem 1. September 1939 die Frundsbergstraße 8/I, seit dem 18. Juli 1941 die Leopoldstraße 42/II, seit dem 10. Oktober 1941 die Herzogstraße 65/II und als letzte Adresse die Pension Musch in der Landwehrstraße 6.[11] Die Briefe Elisabeths an Max Hirschberg geben Aufschluss über die Bemühungen, die dieser in den Vereinigten Staaten anstellte, um den beiden Schwestern die Ausreise zu ermöglichen. So organisierte Hirschberg für die Schwestern unter den emigrierten Bekannten die erforderliche Summe von je 425 Dollar, um ihnen die Ausreise nach Kuba zu ermöglichen. Aufgrund der bürokratischen Hemmnisse kam allerdings diese Hilfe zu spät. Aufschluss über die Situation und die psychische Verfassung Maria Luikos geben Elisabeth Kohns Zeilen, die sie am 20. Februar 1941 an Hirschberg richtet:

„Nur Ali [Maria Luiko, D.O.] möchte ich nicht zurücklassen. Für sie ist das Herauskommen noch viel wichtiger als für mich, denn ich habe eine mir angemessene Arbeit und auch sonst in jeder Beziehung mehr Widerstandskraft. Wenn also nur Einer fahren kann, dann bitte, Ali. Das ist eine sehr überlegte und kühle Erwägung, [...]. Aber Alis ganze Arbeit ist hier aus u. sie leidet sehr darunter und hat eine viel dünnere Haut als ich, u. weniger innere Ruhe. Und durchbringen wird sie sich sicherlich leicht, bei der Fülle manueller Fähigkeiten, die sie hat."[12]

---

[10] StadtAM, Judaica, Varia, 2, Brief Maria Luikos an Schalom Ben-Chorin vom 13.6.1939.
[11] Vgl. Biographisches Gedenkbuch, Bd. I, S. 732.
[12] Privatbesitz Dr. Reinhard Weber, München, Briefe Elisabeth Kohns an Max Hirschberg, Brief vom 20.2.1941.

Anfang November 1941 erhielt Maria Luiko wie weitere rund 1000 Münchner Juden die Aufforderung, sich zur „Evakuierung" bereit zu halten.[13] Auf der Deportationsliste wird Marie Luise Kohn, neben ihrer Schwester Elisabeth und Mutter Olga, unter der Nummer 609 geführt.[14] Am 20. November 1941 ging der erste Transport von Münchener Juden vom Ladebahnhof in Milbertshofen nach Kaunas in Litauen ab. Nach einer dreitägigen Fahrt erreichte der Zug die Stadt. Falls Maria Luiko diese Strapaze überlebt haben sollte, wurde sie dort, nahe Kaunas, Opfer der am 25. November 1941 durchgeführten, grauenvollen Erschießungsaktionen von Angehörigen des Einsatzkommandos 3.[15]

---

[13] Dies geht aus dem letzten Brief Elisabeth Kohns an Max Hirschberg vom 10.11.1941 hervor.

[14] Institut für Zeitgeschichte, München, Archiv, Fa 208.

[15] Vgl. hierzu Andreas Heusler: Fahrt in den Tod. Der Mord an den Münchner Juden in Kaunas (Litauen) am 25. November 1941, in: Andreas Heusler u.a.: „verzogen, unbekannt wohin". Die erste Deportation von Münchner Juden im November 1941, hg. vom Stadtarchiv München, Zürich/München 2000, S. 13–24. Wie Andreas Heusler betont, handelte es sich hierbei um die erste Massenexekution deutscher Juden in den besetzten Ostgebieten.

DER KÜNSTLERISCHE WERDEGANG
IN DEN 1920ER UND 1930ER JAHREN

Der Beginn der Schaffenszeit von Maria Luiko ist gekennzeichnet von tief greifenden gesellschaftlichen Umbrüchen. Kaiserreich und Monarchie brachen unter der Revolution zusammen, die ihrerseits bereits 1919/20 – in Bayern mit der Ermordung Kurt Eisners und der Niederschlagung der Räterepublik – als gescheitert gelten musste. In den Folgejahren etablierte sich die Weimarer Republik, die im Innern von Anfang an zerrissen war und deren demokratisches System bald von restaurativen Tendenzen bedroht wurde. Weltwirtschaftskrisen und Arbeitslosigkeit lösten die stabilen Phasen Mitte der 1920er Jahre ab, darüber hinaus schwächten politische Unruhen das System.

Bezüglich der kulturpolitischen Situation im München der 1920er Jahre bietet Michael Hermanns Dissertation *Kommunale Kulturpolitik in München von 1919 bis 1935*[1] einen aufschlussreichen Überblick. Auch Steffen Krämer beschreibt, dass „München nach dem Ersten Weltkrieg zu einem Sammelbecken reaktionärer Kräfte verfiel" und seine rechtsextreme Anziehungskraft „vor allem auf einer erstaunlich großzügigen Toleranz der städtischen Institutionen"[2] beruhte. Mit dem Ende der Münchner Räterepublik hatte München seine bedeutsame Position als Zentrum revolutionärer Kunst und avantgardistischer Strömungen innerhalb Deutschlands verloren. Charakteristikum der Münchner Kulturpolitik war in der Folgezeit die durchweg konservative Haltung der politischen Führung, die die Moderne als „Bolschewismus des Geistes"[3] diffamierte und somit dem rückwärtsgerichteten Kunstbegriff der Nationalsozialisten den Boden bereitete. Ebenfalls wurden wichtige administrative Stellen mit Personen besetzt, deren konservative Gesinnung einen innovativen, modernen und international aufgeschlossenen Weg kategorisch ausschloss.[4] Schließlich markierte das Jahr 1933 mit Hitlers „Machtergreifung" das Ende der Demokratie und den Beginn von Diktatur und Terror, dem – in kunstschaffender Hinsicht – besonders jüdische und nicht parteikonforme Künstler ausgesetzt waren.

Die jahrelang geführte Kunststadtdebatte, der Konkurrenzkampf mit der Metropole Berlin, wurde im Oktober 1933 mit der Grundsteinlegung des Hauses der deutschen Kunst und der Ernennung Münchens zur „Hauptstadt

---

[1] Michael Hermann: Kommunale Kulturpolitik in München von 1919 bis 1935 (= Miscellanea Bavarica Monacensia, Bd. 79), hg. vom Stadtarchiv München, München 2003.

[2] Steffen Krämer: „Mythos Kunststadt" – Architektur der 1920er Jahre in München, in: Billeter/Günther/Krämer (Hg.): Münchner Moderne, S. 10–35, hier S. 16.

[3] Ebd., S. 17. Steffen Krämer gibt als Quelle dieses Schlagworts den „Kunstpolitischen Vortrag" Franz Xaver Goldenbergers vom April 1930 an.

[4] Vgl. hierzu Krämers Ausführungen über Münchens Personalpolitik in den 1920er Jahren. Ebd., S. 17–18.

der deutschen Kunst" jäh beendet. München rückte dadurch in das Zentrum der nationalsozialistischen Kunstpolitik und „war zumindest der lokale Ausgangspunkt für die radikale Verfemung der modernen Kunst"[5], die ihren erschreckenden Höhepunkt in der Ausstellung „Entartete Kunst" 1937 fand.

[5] Ebd., S. 22.

Die Kunstsituation und -produktion in München

Dreh- und Angelpunkt der Münchner Kunstszene, sowohl präsentierender als auch wirtschaftlicher Art, bildete der 1854 unter König Max II. nach englischem Vorbild erbaute Glaspalast im Alten Botanischen Garten. Eigentlich für Industrie- und Gewerbeausstellungen konzipiert, bestand seine Aufgabe in den Jahren der Weimarer Republik vor allem darin, den in München ansässigen Architekten, Bildhauern, Malern, Graphikern und Kunstgewerblern ein Repräsentationsforum zu bieten und das Publikum in den Verkaufsausstellungen mit dem Münchner Kunstmarkt vertraut zu machen.

Durch die Vormachtstellung der etablierten Künstlervereinigungen wie der Secession, der Neuen Secession[6] oder der Münchner Künstlergenossenschaft, kam es zu einem regelrechten Boom neuer Künstlergruppen. Da die Vereinigungen als eine Art Interessengemeinschaft für den Verkauf ihrer Werke fungierten, dadurch die Aufnahme neuer Mitglieder kontrollierten und über die Hängung im Glaspalast entschieden, hatten es junge, aufstrebende Künstler und Künstlerinnen wie Maria Luiko schwer, sich einen Platz inmitten dieser größtenteils restaurativen Gruppen zu erwerben. Zudem waren die Künstlergruppen eingetragene Vereine mit einer festen Ausschussstruktur und folglich Teil der bürgerlichen Ordnung und nicht subversive, avantgardistische Gruppierungen, die die Moderne hätten vorantreiben können, wie es Jahre zuvor dem Blauen Reiter gelungen war. Gemein war ihnen darüber hinaus das Fehlen einer zielgerichteten Programmatik in Form von Manifesten oder Aufrufen. Die Unterscheidung der Gruppen lag allein im jeweiligen Jurywesen.

Martina Padberg, die sich mit dem Werk des Münchner Malers Josef Scharl auseinandergesetzt hat, schreibt hinsichtlich der Stilrichtungen in München, dass in Anbetracht der Ausbildungssituation an der Münchner Akademie für Bildende Kunst der „Durchdringungs- und Infiltrationsprozeß der Kunstszene mit den Paradigmen der Moderne"[7] noch längst nicht abgeschlossen war. Junge Künstler der Generation Maria Luikos und Josef Scharls kamen noch um 1920 eher mit einer spätimpressionistisch dargebotenen Malerei der Münchner Schule als mit den Vertretern des Blauen Reiters in Berührung. Auch Michael Hermann schreibt, dass die Akademie- und Genrekunst weitgehend den Alltag der Weimarer Jahre prägte und breiten Bevölkerungsteilen näher stand als die Kunst der Moderne.[8] So pflegte zum Beispiel der Akademieprofessor Heinrich

---

[6] Die Neue Secession galt bis dato als die (akademisch) modernste und progressivste Gruppe, die auch international Beachtung fand. Ihr Vorsitzender war von 1919 bis 1922 und erneut von 1927 bis 1930 Karl Caspar.

[7] Martina Padberg: Der Blick auf die Welt und der Blick auf das Bild – Zum malerischen Verständnis von Josef Scharl, in: Andrea Firmenich (Hg.): Josef Scharl, Monographie und Werkverzeichnis (Ausstellungskatalog Emden, Kunsthalle), Emden 1999, S. 28–35, hier S. 28–29.

[8] Hermann: Kommunale Kulturpolitik, S. 236.

von Zügel eine „tonige, lichtvolle Darstellungsform und bevorzugte thematisch einfache, ländliche Sujets"[9] und führte damit eine Münchner Tradition fort, die Wilhelm Leibl oder Fritz von Uhde mit ihren bäuerlichen Landschaften und Genreszenen im 19. Jahrhundert entwickelt hatten. Padberg führt an:

„Gerade so als hätte es weder die ‚Neue Künstlervereinigung' noch den ‚Blauen Reiter' in München gegeben, arbeiteten von Zügel und seine Kollegen an der Akademie noch in den frühen 1920er Jahren ungebrochen an einer Fortführung dieser bäuerlichen Bild-inhalte mit Hilfe eines spätimpressionistischen Darstellungsmodus."[10]

Diese Bildthemen machen den Großteil der ausgestellten Werke im Glaspalast bis zu dessen Brand am 6. Juni 1931 aus.

Sujets mit sozialkritischen Bezügen, die Frage nach der Geschlechteridenti-tät oder Emanzipation, sowie die Auseinandersetzung mit den Themen Mensch und Technik bzw. der aufkommenden Maschinenästhetik wurden komplett ausgespart.

Internationalität wurde im Glaspalast am ehesten durch den so genannten „rechten Flügel"[11] der Neuen Sachlichkeit, vertreten unter anderem durch Georg Schrimpf, Carlo Mense, Walter Schulz-Matan und Alexander Kanoldt, erreicht.[12] Die Mehrzahl der Münchner Maler blieb allerdings von den Ent-wicklungen der Neuen Sachlichkeit weitgehend unberührt[13] und deren Stilauf-fassung wurde in München „nie wirklich heimisch"[14].

Felix Billeter führt in seinem Aufsatz *Gefangen im Glaspalast* das Fehlen von Leitfiguren wie Leibl, Lenbach, Kandinsky oder Marc als Grund für die

---

[9] Padberg: Blick auf die Welt, S. 29.

[10] Ebd.

[11] Bereits Michael Koch verweist auf die Gefahr der einseitigen Deklarierung bzw. der Reduktion der Münchner neu-sachlichen Maler auf die Begriffe „neoklassizi-stisch" oder „neuromantisch". Zur Abgrenzung von dem „linken" Flügel der Neuen Sachlichkeit schreibt Koch: „Was bei Dix, Grosz oder Schlichter aktive künstlerische Auseinandersetzung mit den desolaten Zuständen des Kriegs- und Nachkriegsrealität bedeutete, geriet in den Werken Kanoldts, Schrimpfs, Menses und ihrer Epigonen zur Flucht in eine magische Dingwelt, [...]. Hier wurde die äußere Wirklichkeit weder in Frage gestellt noch der Kritik unterzogen, sondern subjektiv auf einer idealen Ebene neu konstruiert [...]." Michael Koch: Neue Sachlichkeit – Magischer Realismus. Der Beitrag Münchens zur nachexpressionistischen Malerei und Graphik, in: Stölzl (Hg.): Die Zwanziger Jahre in München, S. 121–139, hier S. 136.

[12] Vgl. Felix Billeter: Gefangen im Glaspalast. Zur Situation der Münchner Maler in Zeiten des Nach-Expressionismus, in: Billeter/Günther/Krämer (Hg.): Münchner Moderne, S. 116–131, hier S. 119.

[13] Hinsichtlich der Entwicklungstendenzen Anfang der 1920er Jahre bezeichnet Mar-tina Padberg den Stilwechsel, der sich vom Expressionismus zur Neuen Sachlichkeit vollzog, als „Moduswechsel". Sozusagen als „Erschließung neuer Bildmittel unter dem Eindruck einer grundsätzlich veränderten (Nachkriegs-)Wirklichkeit". Vgl. dazu Pad-berg: Blick auf die Welt, S. 28.

[14] Koch: Neue Sachlichkeit – Magischer Realismus, S. 136.

Unbestimmtheit der Gruppierungen an.[15] Der Schriftsteller Oskar Maria Graf äußert sich zu dieser Situation:

„[...] es gab auch keine überragenden Persönlichkeiten mehr, die eine weithin wirkende Ausstrahlung hatten – übriggeblieben waren nur noch einige einzelgängerische Originale. Die Einheimischen orientierten sich an den Kunstrichtungen, die von auswärts kamen, aus ihnen selber kam nichts mehr."[16]

So bestand die Münchner Kunstszene aus vielen Individualisten, die aber alle recht ähnlich, meist konservativ ausgerichtet, arbeiteten und somit wenig zur internationalen Moderne beitragen konnten. Bedeutsame Privatgalerien wie Thannhauser, Goltz, J.B. Neumann und Günther Franke konnten moderne Tendenzen in der Kunst zwar unterstützen, jedoch zu deren Etablierung im allgemeinen Kunstverständnis wenig beitragen.[17] Billeters Begriff „Gefangen im Glaspalast" gibt zu verstehen, wie festgefahren die Situation in München war: Einerseits waren die Künstler auf die Mitgliedschaft in einer der Künstlervereinigungen angewiesen, um keine Randexistenz zu führen bzw. in finanzielle Notlage zu geraten, andererseits übte die Glaspalastjurierung eine subtile Kontrolle auf die künstlerisch-kreative Produktion aus, die sich durch die Beschränkung auf nur einen Ort sowie der Skepsis gegenüber der Avantgarde seit der Ausrufung der Räterepublik nur noch verstärkte. Demzufolge hatte dies Anpassung und Stillschweigen zur Folge, denn „jeder Künstler und jede Gruppierung, wenn sie agitatorisch auftrat, erschien verdächtig und wurde als subversiv empfunden"[18].

---

[15] Billeter: Gefangen im Glaspalast, S. 123.
[16] Graf zit. nach Billeter: Gefangen im Glaspalast, S. 122.
[17] Vgl. Armin Zweite: „Das Volk ist nicht tümlich". Beobachtungen zu Gemälden Josef Scharls, in: Aloys Greither/Armin Zweite: Josef Scharl 1896–1954 (Ausstellungskatalog München, Städtische Galerie im Lenbachhaus), München 1982, S. 9–51, hier S. 11.
[18] Billeter: Gefangen im Glaspalast, S. 130.

Akademische Ausbildung und erstes öffentliches Auftreten

Vor diesem skizzierten Hintergrund ist die Ausstellungsteilnahme Maria Luikos zu beobachten und zu interpretieren. Nach bestandener Aufnahmeprüfung
wurde sie 1923 in die Akademie der Bildenden Künste in München aufgenommen. Über Luikos Zeit an der Akademie kann nur wenig in Erfahrung gebracht
werden. Auch über ihr Verhältnis zu Lehrern und Mitstudenten gibt es keine
Belege. Ihre studentische Laufbahn lässt sich allein anhand ihrer eigenen Ausführungen innerhalb ihres kurzen Lebenslaufes und der erhalten gebliebenen
Klassenliste, die ihre Teilnahme in Karl Caspars Malklasse bezeugt, rekonstruieren.

Wie bereits erwähnt, tritt sie 1924 mit drei Scherenschnitten erstmals öffentlich in Erscheinung. In diesem Jahr wird sie unter der Gruppe Freie Kunstausstellung in Saal 55a des Glaspalastes genannt.[19] Ihre ausgestellten Scherenschnitte tragen die Titel *Auferweckung*[20], *Grablegung* und *Gastmahl des
Heliogabal*. Auffällig ist hierbei, dass sie als einzige Künstlerin im Glaspalast
mit Scherenschnitten vertreten ist.

Karl Caspar ist sie anfänglich in den religiösen Bildsujets verpflichtet. Caspar gilt als Einzelgänger innerhalb der modernen Kunst[21], „als er versucht mit
den nicht verleugneten Mitteln seiner Zeit religiöse Bildinhalte des christlichen Kultus zu gestalten"[22]. Die Untersuchung des Einflusses Karl Caspars
für Maria Luikos künstlerischen Werdegang kann nur unter Vorbehalt geschehen, da es eher zweifelhaft ist, ob er sich denn über die motivische Nähe der
Anfangszeit hinausbewegt. Bei Betrachtung der späteren Werke ist er jeden-
falls nicht erkennbar.

Caspar, der 1922 eine Professur für Malerei an der Münchner Akademie der
bildenden Künste annahm[23], steht für eine Erneuerung der christlichen Kunst

---

[19] Katalog des Glaspalastes, 1924, S. 101.

[20] Das Blatt *Auferweckung* wurde 1925 von der Städtischen Galerie im Zuge der Not-
standsaktion vom Wirtschaftsverband der Bildenden Künstler erworben.

[21] Vgl. Karl-Heinz Meißner: Zur Geschichte der Akademie der bildenden Künste in
München. Eine Chronik, in: Stölzl (Hg.): Die Zwanziger Jahre in München, S. 141–149,
hier S. 146. Karl Heinz Meißner verweist hier darauf, dass Caspar zwar in der Nach-
kriegsrezeption als die zentrale Gestalt der katholischen Erneuerung in der Malerei gilt,
in seiner Zeit als Akademieprofessor allerdings als „Schmierer, der in den Kirchen der
Diözese nichts zu suchen habe", diffamiert wurde.

[22] Annegret Hoberg: Karl Caspar, der Expressionismus und das Problem der modernen
christlichen Kunst, in: Peter-Klaus Schuster (Hg.): „München leuchtete". Karl Caspar und die Erneuerung christlicher Kunst in München um 1900 (Ausstellungskatalog
München, Staatsgalerie Moderner Kunst), München 1982, S. 268–275, hier S. 273.

[23] Felix Billeter mutmaßt, dass klerikal katholische Kreise in München Caspars Akzen-
tuierung auf religiöse Kunst gern sahen und daher dessen Ruf an die Akademie forcierten. Vgl. Billeter: Gefangen im Glaspalast, S. 123.

der ersten beiden Dekaden des 20. Jahrhunderts.[24] Karl Heinz Meißner bemerkt zur Berufung Caspars an die Akademie, dass mit ihm erstmals ein moderner Künstler die Gelegenheit hatte, die neueren Errungenschaften an seine Schüler weiterzugeben. Günstig für Luikos Entwicklung war sicherlich die Tatsache, dass Caspar sich nicht der Abbildungstreue der Akademien oder der Historienmalerei verpflichtet fühlte. Die beständige Wahl christlicher Bildthemen und die Ermangelung von gerade bei Expressionisten beliebten Motiven „Passion", „Kreuzigung" und „Apokalypse" weist ihm einen Sonderweg zu. Das Formenrepertoire des Expressionismus – Monumentalität, Flächenhaftigkeit, Deformierung und Disproportionierung, expressive Farbigkeit und eine Unmittelbarkeit des Werkes durch bewusst rohe Ausführung – kommt bei Caspar einer Steigerung des Ausdrucks und somit einem möglichen inneren Erleben zugute. Zwar greift er auf expressive Elemente zurück, doch tastet er damit nicht die Integrität seiner Gegenstände an.[25] Die Farbwahl dient nicht der Vermittlung eines gewissen Gefühls, sondern der Verdeutlichung der Inhalte. In den 1920er Jahren strebt Caspar immer mehr nach Vereinfachung der Form und nach Monumentalität, die sich bewusst einer Vergröberung bedient. Die oftmals im Profil angeschnittenen Figuren werden auf einfachste Gesten beschränkt.

Die Schwierigkeit, Bezüge Karl Caspars zu Maria Luikos Werk herzustellen, liegt zum einen in der simplen Tatsache, dass vor allem aus der Studienzeit Luikos in der Klasse Caspars außer dem Scherenschnitt in der Städtischen Galerie im Lenbachhaus nichts erhalten ist. Einzig die Nennung der Titel in den beiden Katalogen des Glaspalastes aus den Jahren 1924 und 1925 lassen Rückschlüsse zu. Wie bereits angeführt, handelt es sich hierbei um die Scherenschnitte *Auferweckung*, *Grablegung*, *Gastmahl des Heliogabal* und *Predigt* aus dem Jahr 1925. Bis auf das *Gastmahl des Heliogabal*[26] sind es allesamt Bezeichnungen, die religiöse Motive implizieren. Viel mehr als in stilistischen Anleihen liegt die Einflussnahme Caspars hier in der religiösen Motivik – schließlich wurde religiöse Malerei in den 1920er Jahren als Anachronismus gesehen und die Möglichkeiten einer christlich-modernen Ausdrucksweise waren ein viel diskutiertes Thema[27].

---

[24] Aufschlussreich für das Verständnis der Kunst Karl Caspars ist der Ausstellungskatalog *München leuchtete*.

[25] Vgl. Hoberg: Karl Caspar, S. 272.

[26] Beim „Gastmahl des Heliogabal" handelt es sich um ein eher seltenes Motiv, das unter anderem von Leo Reiffenstein, sog. Rosentod, 1891, und Lawrence Alma-Tadema, 1888, dargestellt wurde. Die Darstellungen verdeutlichen häufig die Maßlosigkeit und den Luxus der römischen Herrscher und der römischen Oberschicht, die damit die Fundamente des Staates unterminierte.

[27] Vgl. Cornelia Stabenow: Das Ende der christlichen Kunst, in: Schuster (Hg.): München leuchtete, S. 66–72, hier S. 66.

Der Scherenschnitt Auferweckung, 1924

Beim Scherenschnitt *Auferweckung* (Abb.2) handelt es sich um eine Drei-eckskomposition, die eine diagonale Aufwärtsbewegung nach rechts oben aufweist. Die Figuren sind mittels eckiger, kantiger und geometrisierter Formen stark abstrahiert. Spitze Winkel sind dominante Bildelemente. Das übernatürliche Licht erscheint als eine Art weißer Lichtpfeil. Insgesamt werden sechs Figurenkörper gezeigt. Als Lesart des Bildes bietet sich das traditionelle Thema der „Auferweckung der Lazarus" (Joh. 11, 1–45) an. Für diese Deutung spricht die Darstellung der Figuren im und am Sarkophag und die Figuration Christi, die einzige Figur mit Heiligenschein an der Spitze der Dreieckskomposition.

Die erweckte Figur des Lazarus erscheint in Profilstellung nach oben gerichtet. Sie befindet sich im Sarkophag und ist im Begriff diesem zu entsteigen, da ihr nackter Oberkörper bereits aufgerichtet ist und zu der Lichtquelle mitsamt der höhergestellten Gestalt strebt. Der hell erstrahlende Lichtkegel ist direkt auf den Erweckten gerichtet. Neben der exponierten Position am Endpunkt des Pfeils hebt sich diese Figur auch dadurch ab, die einzige in weiß ausgebildete Figuration zu sein, die im Zuge dessen mit der Lichtquelle korrespondiert. Dies assoziiert einen Dialog zwischen Christus und dem Erweckten.

Die drei weiblichen Figuren am Grab, unter ihnen Maria und Martha, die mit zarten Linien herausgearbeitet sind, vernehmen das Geschehen mit Staunen und ehrfurchtsvollem Entsetzen. Sie halten die Hände nach oben gestreckt. Es handelt sich indessen um drei unterschiedliche Gesten: die erste streckt vor Ehrfurcht und Freude ekstatisch Arme und Hände nach oben, die zweite hält wie zur Abwehr des Unbegreiflichen die Hände schützend über den Körper, die dritte schlägt verängstigt die Hände vors Gesicht. Ähnliche Gesten finden sich auch in Luikos Ölgemälde *Anrufung*[28] aus dem Jahr 1936.

Über allem ragt die Gestalt Christi. Mit erhobenem linkem Arm, der in den Lichtkegel ragt und diesen somit zu seiner Verlängerung macht, unterstreicht er seine Worte „Lazarus komm heraus!" (Joh. 11, 43) und ruft die erweckte Gestalt zu sich.[29] Durch Christus wird alles in Bewegung gesetzt. Das gesamte Bildgeschehen kulminiert in Christus und dem überirdischen Lichtstrahl. Das Thema der Auferweckung des Lazarus geht konform mit weiteren neutestamentarischen Auferweckungswundertaten wie „Die Erweckung der Tochter des Jairus" und „Die Erweckung des Jünglings zu Nain". Hier besteht die Kernaussage im Eingreifen Christi und dem Lebensspenden nach dem Tod und weist voraus auf Christi eigene Auferstehung.

---

[28] Vgl. die Bildanalyse im Kapitel Bedrohung, Gefahr, Gefangenschaft.
[29] Vgl. auch die Bilddarstellungen Rembrandts (*Auferweckung des Lazarus*, Radierung, 1632, abgebildet in: Heinz Demisch: Erhobene Hände. Geschichte einer Gebärde in der bildenden Kunst, Stuttgart 1984, S. 237) und Nicolas Bertins (*Auferweckung des Jünglings von Nain*, 1720/30, abgebildet in: ebd., S. 291).

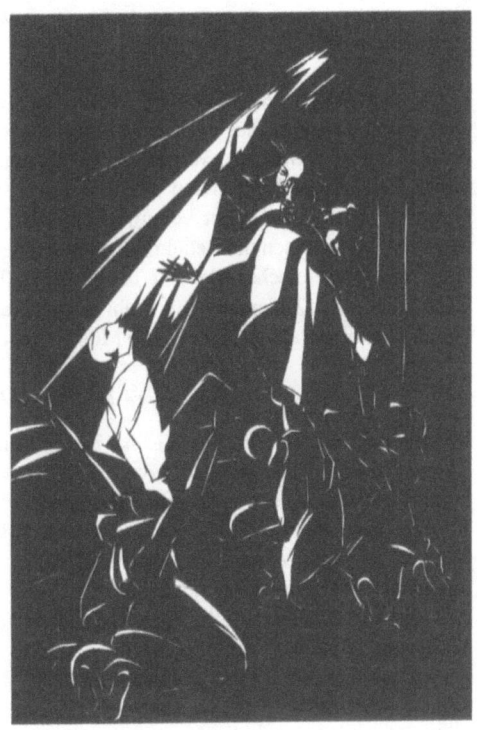

Abb. 2: *Auferweckung*, 1924.

Räumlichkeit wird durch fein angedeutete Linien erzeugt, die schräg perspektivisch nach hinten verlaufen. Am rechten Bildrand befindet sich die Türöffnung der Grabkammer. Die Schwarz-Weiß-Kontrastierung des Scherenschnittes verstärkt die Expressivität der abstrahierten, spitzen Formen. Das Gesicht und der Oberkörper des Lazarus sind von der überirdischen Lichtquelle, des weißen Lichtkegels, erhellt.

Die Expressivität der Darstellung und die Lichtführung in Form von spitz zulaufenden Strahlen wecken Assoziationen mit Karl Caspars *Johannes auf Patmos*[30] aus dem Jahr 1916. Hinsichtlich der bei Caspar gezeigten Lichtführung und der damit verbundenen Gottesvision des Johannes schreibt Herbert Schade:

„Der Evangelist und die Landschaft werden durchlichtet wie ein Kristall. Eingerastet in die Gitterstrukturen des Lichtes wird der Evangelist Johannes zum ‚Mikrokosmos‘ oder zum ‚Homo caelestis‘, zum ‚Himmlischen Menschen‘, des Mittelalters. Dieser Mensch definiert sich nicht aus sich selbst, autonom, sondern er wird vom Licht des Himmels

---

[30] Abgebildet in: Schuster (Hg.): München leuchtete, S. 297.

und vom Kosmos her geformt und durchstrahlt. [...] Welt und Mensch sind von innen her durchlichtet."[31]

Dieser Begriff der „Durchlichtung" und die inhärente, metaphysische Bedeutung lassen sich durchaus auch auf Luikos erweckte Gestalt und die Szenerie im Ganzen anwenden. Weitere Anhaltspunkte für den Einfluss Caspars finden sich in der Expressivität der Bildmittel, ergo der expressionistischen Formensprache sowie in der Vereinfachung der Form und dem Streben nach Monumentalität. Auch die Reduktion auf einfache Gesten steht in motivischer Nähe, ein gestalterisches Element, das Maria Luiko in ihrem gesamten Werk beibehalten wird. Zudem lässt die Wahl des Scherenschnittes auf Maria Luikos Interesse an illustrativen Mitteln und Möglichkeiten schließen.

Die Jahre 1925 und 1926

Im Folgejahr scheint sich Maria Luiko bereits von den religiösen Bildthemen Caspars zu emanzipieren. Wieder ist sie genannt unter der Freien Kunstausstellung. Zwar stellt sie den erwähnten Scherenschnitt *Predigt* aus, doch verlagert sie ihren thematischen Schwerpunkt auf jene Sujets, die auch in den beiden Mappen vorrangig werden. Ein Aquarell *Kind* ist genannt sowie ein Sammelrahmen mit vier Linoleumdrucken und ein in der Technik unbestimmtes Blatt mit dem Titel *Schenke*. Auffällig ist, dass Luiko früh Interesse für graphische Techniken zeigte und diese vorrangig ausstellte. 1926 trat sie der Münchner Künstlergenossenschaft bei und stellte in deren Räumen im Glaspalast sechs *Lebensbilder*, die als Radierungen im Katalog gekennzeichnet sind, aus.

Der Wechsel 1927 zu den Juryfreien, in deren erster Glaspalast-Ausstellung sie sich mit Illustrationen zu Ernst Tollers *Hinkemann* präsentiert, stellt sowohl eine persönlich ideologische als auch eine künstlerisch motivierte Veränderung dar. Auch wenn die Illustrationen leider nicht erhalten sind[32], so bezeugt doch allein die Hinwendung zu einem gesellschaftlich brisanten Thema eines umstrittenen Autors die Entwicklung innerhalb ihrer künstlerisch umgesetzten Themen.

---

[31] Herbert Schade SJ: „Gethsemane" und „Patmos". Zu zwei „biblischen Existenzialen" der Kunst von Karl Caspar, in: Schuster (Hg.): München leuchtete, S. 296–297.
[32] Es handelte sich vermutlich nicht um Auftrags-Illustrationen eines Verlages, sondern um ein selbst gewähltes Thema.

Bei den Juryfreien

Mögliche Beweggründe der Künstlerin für den Anschluss zu dieser Künstler-gruppe erklären sich, wenn man die Zusammenstellung und Zielsetzung der Juryfreien vorweg näher betrachtet.

Unter den unzähligen Künstlervereinigungen der 1920er Jahre stechen ab 1927 die Juryfreien heraus. Diese Gruppierung verstand sich als offene, hete-rogene Vereinigung gegenüber den von Aufnahmekommissionen der Münch-ner Künstlervereinigungen praktizierten Ausleseverfahren und der damit ver-bundenen subtilen Kontrolle über den Kunstmarkt.[33] Der Verband der Jury-freien wurde 1911 gegründet und stellte zunächst in einem Seitenpavillon der Schrannenhalle aus. Anfangs kann man die Juryfreien wohl noch eher unter die Bezeichnung „Sonntagsmaler" fassen[34], denn aufgrund des Verzichts auf Jurierung „tummelten" sich hier all jene, die sich – berechtigter- oder unbe-rechtigterweise – zur Kunst berufen fühlten. Interessant wird es nun ab 1927, da eine junge Generation Münchner Künstler mit dem Anspruch antrat, den Platz der Avantgarde in München zu besetzen, ein Forum zum Kennenlernen internationaler Kunstentwicklungen zu bilden sowie die Zusammenarbeit mit aufgeschlossenen Kunsthändlern einzugehen. Maria Luikos Bemerkung in einem Brief an Schalom Ben-Chorin, Thannhauser habe für sie vor ein paar Jahren eine Mappe „Golem" nach Amerika verkauft, könnte sich genau auf diese Zusammenarbeit beziehen.[35]

Die Umstände zu dieser „Neugründung" der Juryfreien lassen sich nicht exakt rekonstruieren. Manfred Wegner mutmaßt, dass die personellen Ver-änderungen im Zusammenhang mit den liberalen und linksbürgerlichen Stel-lungnahmen zu der aufgeflammten Diskussion um München als Kunststadt und den Protesten gegen den Einzug der Nationalsozialisten in den Stadtrat zu verstehen sind.[36]

Diese Gruppe der Juryfreien bot dem lokal ansässigen künstlerischen Nach-wuchs die Chance, das aufgezwungene Nischendasein zu überwinden, sich der Öffentlichkeit zu präsentieren und deren Institutionen für sich zu gewinnen.

Winfried Nerdinger schreibt zu den Juryfreien, dass mit ihnen der „erste und einzige Versuch einer Künstlergruppe in München zu einer Zusammenarbeit mit fortschrittlichen Künstlern Deutschlands"[37] entstanden war. Die Juryfreien stellten nun Werkschauen sowie Kollektivschauen ihrer Mitglieder zusammen und organisierten darüber hinaus Ausstellungen, auf denen zum ersten Mal

---

[33] Vgl. Manfred Wegner: In der Galerie. Karl Amadeus Hartmann und die Münchner Avantgarde, in: Götz/Wegner: Gegenaktion, S. 68–69, hier S. 68.

[34] Vgl. Billeter: Gefangen im Glaspalast, S. 126.

[35] Vgl. StadtAM, Judaica, Varia, 2, Brief Maria Luikos an Schalom Ben-Chorin vom 1.4.1936.

[36] Vgl. Wegner: In der Galerie, S. 68.

[37] Nerdinger: Kunststadt München, S. 106.

gemeinsam mit juryfreien Künstlern moderne und abstrakte Arbeiten unter anderem von Hans Arp, Willy Baumeister, Constantin Brancusi, Max Ernst, Lazlo Moholy-Nagy, Pablo Picasso und Kurt Schwitters[38] neben Fotografien von Bauten Walter Gropius' und Erich Mendelsohns zu sehen waren. Vorträge und Lesungen trugen dazu bei, die Galerie in den ihnen eigenen Räumlichkeiten in der Prinzregentenstraße 2 zu einem Treffpunkt für Künstler, Kritiker und Publikum auszubauen. Auch Konzertaufführungen begleiteten die Ausstellungen.[39]

Das 1930 erschienene *zweijahrbuch. 1929/30* präsentiert in einem Querschnitt die Ausstellungen der assoziierten Mitglieder unter denen sich in den Jahrgängen 1929/30 Maria Luiko, Franz Gebhardt, Oskar Zeh, Herbert Knauff, Andreas Schwarzkopf, Adolf Hartmann, Hermann Euler, Hansl Bock, Josef Scharl, Kyrill Zoneff, Karl Schmidt-Dietfurt, Wolf Panizza, Günther Grassmann, Daisy Campi, Alex Braun, Karl Röhrig, Karl Schlageter, Hermann Stahl, Ludwig Wenninger, Karl Schäfer, Erwin Henning, Fritz Burkhardt, Christian Hess, Elisabeth Springer, Karl Josef Nerud, Rudolf Ernst, Adolf Klingshirn, Albert Unseld und Erna Dinklage befinden.[40] Der Schriftsteller Oskar Maria Graf war ebenfalls Mitglied und verfasste einen Artikel über den berühmten Fasching bei den Juryfreien.[41]

Auffallend ist die Typographie des *zweijahrbuches. 1929/30*, die, eventuell in Anlehnung an die Konzeption der *bauhaus-bücher*, durchgängig klein gehalten ist. Die Gründe hierfür, Effizienz und Internationalität, werden in dem Artikel Franz Rohs *weshalb man klein schreibt* erläutert.[42]

---

[38] Bei den genannten Künstlern handelt es sich nur um eine exemplarische Auswahl der im *zweijahrbuch* aufgeführten.

[39] Z.B. fand der Komponist Karl Amadeus Hartmann durch Vermittlung seines Bruders Adolf bei den Juryfreien ein Forum für die Aufführungen seiner neuesten Kompositionen. Zugleich organisierte Hartmann Kammerkonzerte mit Werken Bartóks, Hindemiths, Poulencs, Strawinskys u.a. Vgl. Wegner: In der Galerie, S. 68–69.

[40] Die Nennung der Mitglieder erfolgt in dieser Reihenfolge aufgrund ihrer chronologischen Ausstellungserwähnung in: Franz Roh (Hg.): zweijahrbuch. 1929/30, deutscher künstlerverband die juryfreien-münchen e.v., München 1930, unpaginiert.

[41] Vgl. Oskar Maria Graf: ... [sic!], in: Roh (Hg.): zweijahrbuch, unpaginiert. Aus diesem Artikel geht hervor, dass die Juryfreien die Faschingsfestlichkeiten dazu benutzten, ihre Ausstellungen zu finanzieren. Graf beantwortet für sich selbst die Frage nach dem großen Erfolg und der Besonderheit der „juryfreien Faschingsbälle" mit den Worten: „weil man dort kamerad im geiste ist, genosse im kampf gegen muckertum und engstirnigkeit, weil man einfach mitkämpft und mitschafft aus lust, die leute die dort zusammenkommen, sind ein echtes kollektivum."

[42] Vgl. Franz Roh: weshalb man klein schreibt, in: Ders. (Hg.): zweijahrbuch, unpaginiert. An dieser Stelle sei auf den Aufsatz Philipp Luidls, München – Mekka der schwarzen Kunst, in: Stölzl (Hg.): Die Zwanziger Jahre in München, S. 195–209, verwiesen, der auf die Bedeutung Münchens für die moderne Typographie aufmerksam macht.

Die Zielsetzung der Juryfreien

Der Kunstkritiker Franz Roh, selbst Mitglied bei den Juryfreien, verfasste die Grundsätze über Möglichkeiten und Aufgaben der Juryfreien. Eine ungewöhnliche Tatsache, da seit dem Blauen Reiter, ergo den Schriften Wassily Kandinskys und Franz Marcs, kein modernes Programm in München mehr proklamiert worden war.

Das von dem Münchner Kunstkritiker Hans Eckstein formulierte Vorwort zum *zweijahrbuch. 1929/30* benennt die Gründe für die Reformierung des Deutschen Künstlerverbandes – Die Juryfreien, die vor allem auf die jüngere Generation abzielen, die der notwendigen Selbständigkeit bedürfen, um von der Bevormundung einer älteren Generation frei zu sein.[43]

Eckstein hebt hervor, dass die Münchner „Kunstbureaukratie" den kreativen Geist junger Künstler nicht zu ersticken vermochte. Jedoch sei die momentane Kulturpolitik alles andere als gute Münchner Tradition, denn München habe in der deutschen Kunst eine wichtige oder gar führende Stellung zu behaupten vermocht, weil es sich der revolutionären und reformistischen Jugend verantwortlich fühlte.[44] Die ehemals fortschrittliche Neue Secession umfasse zwar noch junge Künstler, doch repräsentiere sie die „junge front" nicht mehr wie in den ersten Jahren ihrer Gründung, und sie müsse sich unweigerlich überholen lassen.[45]

Als „inoffizielles, zeitnahes, junges münchen"[46] sind nun jene Künstler anzusehen, die sich zum reformierten Verband der Juryfreien zusammengeschlossen haben und sich fast geheimbündlerisch gegen die provinzielle Kleinbürgerlichkeit und Engstirnigkeit durchsetzen wollen.[47] Gerade dieser künstlerische Nachwuchs habe den Vergleich mit dem übrigen Deutschland nicht zu scheuen. So würden die Juryfreien im Bereich der Bildenden Künste das junge, moderne München am entschiedensten vertreten und überträfen die Neue Secession bei Weitem an Fortschrittlichkeit und Innovation.[48]

Hinsichtlich des zukünftigen Bestrebens fordert Franz Roh von ihrem kreativen Schaffen, das Niveau so hoch als möglich zu schrauben, denn man erwarte hier den wirklichen Nachwuchs Münchens, der sich auch über die lokale Bedeutung erheben kann. Wichtig sei es, Überblicke über „außermünchnerische gebiete" zu geben, „damit man gerade bei uns immer im zusammenhange gesamteuropäischer entwicklungen bleibe"[49]. Roh antizipiert ein neues

---

[43] Roh (Hg.): zweijahrbuch, unpaginiert.
[44] Vgl. Hans Eckstein: ohne Titel, in: Roh (Hg.): zweijahrbuch, unpaginiert.
[45] Vgl. ebd.
[46] Ebd.
[47] Vgl. ebd.
[48] Vgl. ebd.
[49] Franz Roh: möglichkeiten und aufgaben der „juryfreien", in: Ders. (Hg.): zweijahrbuch, unpaginiert.

Aufkommen abstrakter Malerei und mahnt die Wichtigkeit an, diese zu zeigen.

Eine entscheidende Wende gegen die partikularistische Abschnürungspolitik und Borniertheit der Kulturverantwortlichen Münchens und Bayerns konnten aber auch die geistigen Initiatoren der Juryfreien nicht herbeiführen. Die optimistische Programmatik ließ sich nicht fundamental umsetzen. Denn wie Armin Zweite nachweist, fand in diesen End-1920er Jahren der nationalistisch-reaktionäre Kampfbund für deutsche Kultur bei Künstlern, Professoren, Literaten und Kulturfunktionären weit mehr Resonanz.[50]

Die assoziierten Künstler

Im Stilvergleich der ausgestellten juryfreien Künstler wird ersichtlich, dass sich die Gruppe der Juryfreien durch Heterogenität auszeichnet.[51] Einen gemeinsamen Stilwillen kann man ihnen nicht nachsagen. Schließlich verstanden sie sich nicht als Künstlergruppe mit stilistischer Programmatik, sondern wie eben erläutert, als offene, das junge, vielfältige München repräsentierende Gemeinschaft.

Bei den nicht-assoziierten Künstlern, deren Werkschauen die Juryfreien in ihren Räumen abhielten, handelt es sich ausschließlich um abstrakte Künstler wie beispielsweise Laszlo Moholy-Nagy oder Willy Baumeister. Allgemein betrachtet verweist dies auch auf die favorisierte Ausrichtung bzw. die Bestrebung, sich nach außen hin modern und aufgeschlossen zu präsentieren.[52]

Folgt man der Definition Ingrid von der Dollens, so stellt sich die Frage, ob man die Juryfreien als „avantgardistische" Gruppe[53] bezeichnen kann, da die Autorin den „Willen zum Stil" als Charakteristikum der Avantgarde benennt.[54] Als „avantgardistisch" ist in dieser Hinsicht eher der Wille der Juryfreien anzusehen, keine gemeinsame Form zu finden, demokratisch in der Aufnahme der Künstler zu sein und so Heterogenität zuzulassen.

---

[50] Vgl. Zweite: Das Volk ist nicht tümlich, S. 12.
[51] Diese Ausführungen stützen sich auf die Bilduntersuchungen mittels des *zweijahrbuches. 1929/30.*
[52] Hans Eckstein schreibt bezüglich der modernen Architektur-Ausstellung und der damit verbundenen Selbstaussage der Juryfreien: „,die juryfreien' geben damit den beweis, daß sie nicht wie andere angst haben vor der kraft der neuen architektur und sich auch nicht irre machen lassen, wenn einmal architekten in bildstürmerischem überschwang gegen unechtheit und überladenheit die nackte wand als schönsten zimmerschmuck bezeichnen. die veranstalter bezeugen durch diese ausstellung eine schöne sicherheit, daß ihre eigene kunst so lebendig ist, wie die der architekten und beide zueinander kommen werden."
[53] Vgl. beispielsweise Wegner: In der Galerie, S. 69.
[54] Vgl. von der Dollen: Malerinnen im 20. Jahrhundert, S. 96.

Die Tendenzen innerhalb der Gruppe verweisen in unterschiedliche Richtungen. Beispielsweise suchen Herbert Knauff und Kyrill Zoneff[55] hinsichtlich der nüchternen Darstellungsweise und der präzisen Linienführung durchaus stilistische Anleihen bei der Neuen Sachlichkeit. Bei Josef Scharl ist die Rezeptionsgeschichte zwiegespalten, da die einen ihn als Vertreter der Münchner Neuen Sachlichkeit sehen[56], andere dem Expressiven Realismus zuordnen[57] und die Scharl-Forschung ihm einen Sonderweg in der Moderne zuweist, der das Œuvre Van Goghs rezipierte und bildkünstlerisch weiterentwickelte.[58] Auffällig ist auch die Thematisierung sozialkritischer Sujets mit Mitteln des Verismus bei Künstlern wie Scharl und Karl Röhrig, die allerdings nie die Schärfe eines Otto Dix oder George Grosz erreichten.

Die Thematisierung von Fabrikgebäuden als autonomen Bildsujets[59] sowie die Kaffeehausdarstellungen Elisabeth Springers und Maria Luikos zeugen von dem Interesse für großstädtische bzw. zeitgemäße Themen. Trotz allem ist die Ausrichtung bei der Mehrzahl der ausgestellten Künstler in dieser Frühphase als wenig progressiv anzusehen. Wiederkehrende Sujets sind klassische Bildfindungen wie das Porträt bzw. Landschaftsgemälde, die spätimpressionistische Züge aufweisen.

Das Dilemma der Juryfreien mag sicherlich darin liegen, dass die Heterogenität der Gruppe ein einheitliches avantgardistisches Auftreten, ein Wiedererkennen und somit auch eine überregionale Bedeutung verhinderte. Mögen einzelne sich moderner und international proklamierter Stilelemente[60] bedient haben, so arbeiteten viele doch in einer moderateren Manier, der Münchner Schule verpflichtet, die in München vorherrschte, weiter. Daher ist es bei der Betrachtung der juryfreien Künstler sicherlich ratsam, zwischen modern und zeitgenössisch zu unterscheiden.

Einige Künstler der Juryfreien lassen sich eher unter dem Oberbegriff des „Expressiven Realismus" fassen, wie ihn Rainer Zimmermann ansatzweise

[55] Herbert Knauff, *Schlafendes Mädchen* und *Frau am Meer*; Kyrill Zoneff, *Doppelportrait*, beide abgebildet in: Roh (Hg.): zweijahrbuch, unpaginiert.
[56] Z.B. Gerd Presler: Glanz und Elend der Zwanziger Jahre. Die Malerei der Neuen Sachlichkeit, Köln 1992, S. 16.
[57] Vgl. Rainer Zimmermann: Expressiver Realismus. Malerei der verschollenen Generation (überarbeitete Neuausgabe), München 1994, S. 26, 90, 129, 160.
[58] Vgl. Firmenich (Hg.): Josef Scharl.
[59] Z.B. bei Franz Gebhard, siehe Roh (Hg.): zweijahrbuch, unpaginiert.
[60] Bezüglich dieser Stilelemente vgl. Olaf Peters: Die Malerei der Neuen Sachlichkeit und das Dritte Reich. Bruch – Kontinuität – Transformation, in: Christian Fuhrmeister (Hg.): „Der stärkste Ausdruck unserer Tage". Neue Sachlichkeit in Hannover (Ausstellungskatalog Hannover, Sprengel Museum), Hildesheim/Zürich/New York 2001, S. 83–91, hier S. 83. Olaf Peters benennt die Neue Sachlichkeit, Verismus, Magischer Realismus, revolutionär-proletarische Kunst, Bauhaus und Berlin-Dada als Panorama der deutschen sachlich-realistischen Malerei während der Weimarer Republik.

definiert hat. Dieser erklärt seine Begriffswahl „Expressiver Realismus" wie folgt:

> „Die Begriffsbezeichnung ‚Expressiver Realismus' wurde gewählt, weil sie allgemein genug bleibt, um keine Stilgeschlossenheit vorzutäuschen, wo es sich nur um die Gemeinsamkeit einer künstlerischen Grundhaltung handelt. Sowohl der Begriff ‚Realismus', als auch die Bestimmung ‚expressiv' sind Kennzeichnungen von immer wiederkehrenden Einstellungen. In ihrer Verbindung grenzen sie die von ihnen bezeichneten Gestaltungsmöglichkeiten deutlich genug von anderen Richtungen ab, umfassen aber immer noch ein breites Spektrum individueller Ausformungen."[61]

Etwa ein Drittel der juryfreien Künstler aus dem *zweijahrbuch. 1929/30* wird in Zimmermanns Publikation *Expressiver Realismus. Malerei der verschollenen Generation* genannt.[62] Demgemäß ist festzuhalten, dass der Mittelweg zwischen den Tendenzen der Neuen Sachlichkeit und den Bezügen zu subjektiv-expressiven Gestaltungsmitteln das stärkste gemeinsame Element bildet. Die bildkünstlerischen Ideen sind als Resultat des eigenen spezifischen Erlebens, welches sich angesichts einer neuen Wirklichkeitserfahrung jenseits allen Stilwollens auf der Bildfläche durchsetzte, zu sehen.

Maria Luikos künstlerische Entwicklung

In den ersten Jahren ihrer Mitgliedschaft bei den Juryfreien hat Maria Luiko, soweit sich das heute verifizieren lässt, an den Ausstellungen im Glaspalast teilgenommen, ohne selbst aktiv an der Auswahl der ausgestellten Künstler mitzuwirken. Dies änderte sich, als sie 1930 in die Ausstellungsleitung für die Glaspalastausstellung der Juryfreien aufgenommen wurde.[63] Der Hauptgrund für Luikos Beitritt ist wahrscheinlich in der beginnenden Neuorientierung und den damit wachsenden liberalen und innovativen Möglichkeiten der Juryfreien zu sehen.

Wie zuvor erwähnt, sind die ersten Werke Luikos, die sie bei den Juryfreien ausstellte, die nicht erhaltenen Illustrationen zu Ernst Tollers Drama *Hinkemann*. Toller, selbst Jude, geistiger Mitstreiter Kurt Eisners und führendes Mitglied der Münchner Räterepublik, schrieb dies Drama[64] 1921/22 im Festungsgefängnis Niederschönenfeld, in welches er nach der Niederschlagung der Republik zu fünf Jahren Haft verurteilt wurde. Das Ausgeliefertsein des leidenden, unschuldigen Menschen bildet die Kernaussage des Stückes. Die

---

[61] Zimmermann: Expressiver Realismus. Malerei der verschollenen Generation, S. 155.

[62] Vgl. ebd., S. 345–464.

[63] Hier zeigt sich das Dilemma, dem die Juryfreien ausgesetzt waren, da im öffentlichen Auftreten auch ihrerseits eine Jurierung gefordert war.

[64] Die Uraufführung fand am 19. September 1923 noch unter dem ursprünglichen Titel „Der deutsche Hinkemann" im Alten Stadttheater in Leipzig statt. Seit der zweiten Auflage erschien es unter dem Titel *Hinkemann*.

Handlung fokussiert sich auf den kriegsversehrten Arbeiter Eugen Hinkemann, der aus finanzieller Not heraus eine Stellung in einer Schaubude annimmt, wo er als „Homunkulus" und „deutscher Held"[65] lebendigen Tieren die Kehle durchbeißen und ihr Blut schlürfen muss. Von Selbstzweifeln geplagt, verweigert er sich am Schluss auch seiner, ihren Seitensprung bereuenden, Ehefrau Grete, da für ihn jegliche menschliche Gemeinschaft zerstört erscheint. Grete begeht daraufhin Selbstmord.

Signifikant ist Luikos erstmalige Wahl eines literarisch-brisanten Stoffes – Tollers Stücke sind immer in engem Zusammenhang mit seinen politischen Aktivitäten zu sehen – und damit dessen Mobilisierung für die Gegenwart. Lassen sich die Illustrationen auch nicht mehr rekonstruieren[66], so ist es doch evident, dass sie dieses Sujet in jener Zeit nur bei den liberal-progressiv gesinnten Juryfreien zeigen konnte. Es stellt sich die Frage, ob und wie sich Maria Luiko mit diesem Thema gesellschaftlich und politisch positionieren wollte. Unverkennbar wollte sie sich damit von den traditionellen Sujets, wie sie im vorigen Kapitel besprochen wurden, abheben und in eine kritischere und progressivere Richtung verweisen.

Mit diesem Sujet kann der Wendepunkt innerhalb ihres öffentlichen Ausstellens markiert werden, da offensichtlich hier schon ihre einfühlsame Fokussierung auf die „Untersten", „Zurückgelassenen" der Gesellschaft beginnt.

Eine motivische Anleihe der jüdischen Sagenwelt findet sich in der Gestalt des Eugen Hinkemann als „Homunkulus". Denn als „Homunkulus", als „nicht natürlich erzeugter Mensch"[67], wird in der jüdischen Sage der Golem bezeichnet, der auf mysteriöse Weise von Rabbi Löw geschaffen wurde und dem die Aufgabe zukam, die Prager Judengemeinde vor Ritualmordverleumdungen zu schützen.[68] Die Benennung Hinkemanns als „Homunkulus" bezeugt die Macht, die Toller den traumatisierenden Kriegserlebnissen zuschrieb, einen anderen Menschen aus der früheren Person zu „formen". Die Wahl Luikos, diese Vorlage zu illustrieren, zeigt zum einen die erste Hinwendung zu sozialkritischen Themen, zum anderen die künstlerische Solidarisierung mit einem diffamierten, verfolgten Schriftsteller.

Die Rolle, die Maria Luiko bei und für die Gruppe der Juryfreien spielte, ist aus Überlieferungsgründen mehr oder weniger unklar. Auffällig ist zumin-

---

[65] Ernst Toller: Hinkemann. Eine Tragödie, Potsdam 1925, S. 16.

[66] Daher ist auch unklar, ob es sich um bildliche Darstellungen handelt, die den Text begleiten und seinen Inhalt verdeutlichen, oder vom Text gelöste, selbständige Kunstwerke.

[67] „Golem", in: Jüdisches Lexikon, Bd. II, D–H, Berlin 1928, Sp. 1200–1201.

[68] Für weitere Ausführungen zur Literaturgeschichte und Rezeption des Golem vgl. Artikel „Golem" in: Encyclopaedia Judaica, Vol. 7, Fr–Ha, Jerusalem 1971, Sp. 753–756.

dest, dass es nur wenige Frauen bei den Juryfreien gab.[69] Laut Ingrid von der Dollen ist bei Frauen der Anschluss an Künstlergruppen seltener als bei Männern – weibliche Künstlerinnen schlossen sich eher einem Berufsverband oder einem örtlichen Künstlerinnenverband an.[70] Maria Luiko musste für sich und ihr Künstlerleben eine Entscheidung hinsichtlich ihrer eigenen Zuordnung zu einer der Münchner Gruppierungen treffen. Die Juryfreien ermöglichten ihr die bewusste Abgrenzung vom allseitig propagierten Akademiestil und die Entwicklung eigenständiger Bildentwürfe. In einer liberalen Atmosphäre konnte sie sozialkritische Themen entfalten und diese zugleich öffentlich präsentieren. Darüber hinaus bestand die Möglichkeit, sich als junge Künstlerin in die Organisation einzubringen. Vermutlich war sie auch an der Neuausrichtung 1927 maßgeblich beteiligt, da sie hier die Gelegenheit sah, erstmals aktiv – und nicht mehr in den bereits bestehenden Regeln der etablierten Künstlergruppen – am künstlerischen Leben Münchens mitzuwirken.

Dafür spricht und steht ihre Jurorenbeteiligung als 26jährige Künstlerin und einzige Frau in der Glaspalastjury 1930. Nicht zu vergessen sei ihre Ausnahmeposition als einzige Graphikerin innerhalb der Juryfreien, die im Glaspalast ausstellte.

Die bereits erwähnte Kollektivausstellung 1929 stellte für Maria Luiko sicherlich einen ersten Höhepunkt innerhalb ihrer künstlerischen Karriere dar. Von dieser Ausstellung sind aufgrund der reproduzierten Abbildungen im *zweijahrbuch. 1929/30* zwei verschollene Werke erhalten. Es handelt sich hierbei zum einen um das Ölgemälde *Im Kaffee* (Abb. 3), zum anderen um die Lithographie *Park* (Abb. 4), von der ein potentieller Probedruck in der großen Mappe existiert. Darüber hinaus wird eine Porträtfotografie Luikos gezeigt. Dies verleiht ihr einen exponierten Status, da nur wenige Künstler neben ihren Werken abgebildet werden.

Das Gemälde *Im Kaffee* weist noch Darstellungsmittel des Expressionismus auf, den Luiko in Caspars Malklasse kennen gelernt hatte. Der Farbauftrag, die abstrahierte Darstellungsform der Figuren und die maskenhaften Gesichter indizieren dies.

Dargestellt ist der Innenraum eines Lokals. Die schummrige Atmosphäre und die den Hintergrund des Raumes erhellenden Lampen verweisen auf die abendliche Tageszeit. Die im Hintergrund tanzenden Menschen sind dem Betrachter mit dem Rücken zugewandt. Der Stil des Cafés ist kaum erkennbar. Dass es sich jedoch um ein eher einfaches Lokal handelt, macht die spärliche Möblierung und die gesellschaftliche Lockerheit und der Habitus des gemischten Publikums deutlich. Ein junges Paar küsst sich darüber hinaus ganz zwanglos auf einem Stuhl am rechten, hinteren Bildrand. Es zeigt kör-

---

[69] Neben Maria Luiko werden im *zweijahrbuch* Elisabeth Springer, Erna Dinklage, Hansl Bock und Daisy Campi genannt.
[70] Vgl. von der Dollen: Malerinnen im 20. Jahrhundert, S. 80.

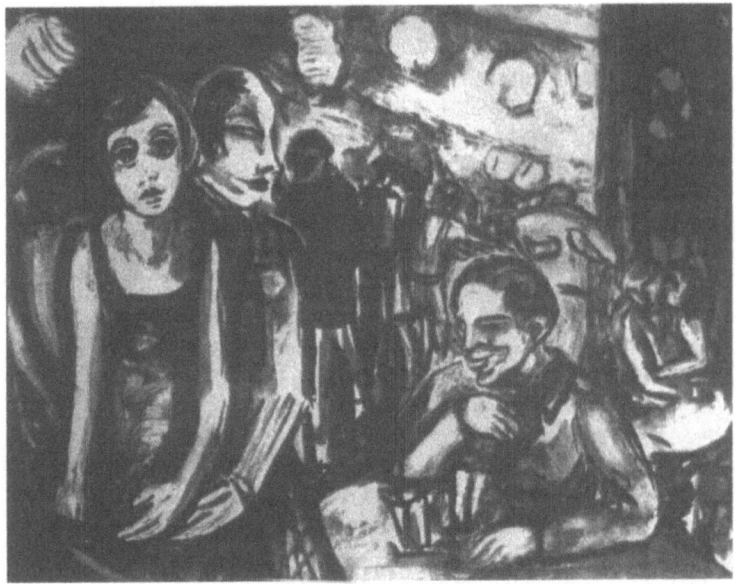

Abb. 3: *Im Kaffee*, 1929.

perliche Nähe in der Öffentlichkeit. Nicht ersichtlich wird, ob das Paar verhei-
ratet ist. Tendenziell wurden bürgerliche Paare eher als Ehepaare dargestellt,
proletarische Paare dagegen als Liebespaare. Maria Luiko verweist damit auf
die Tatsache, dass nicht durch die Ehe legitimierte Liebesbeziehungen in den
1920er Jahren nicht mehr versteckt werden mussten.

Zwei Frauen befinden sich in der linken Bildhälfte. Sie stehen parallel hintereinander und wenden sich mit einer abweisenden Armgeste von dem rechts
im Bildvordergrund neben ihnen an einem Tisch sitzenden Mann ab. Die hin-
tere der beiden Frauen scheint die vordere, die mit leerem, traurigem Gesichts-
ausdruck und großen Augen aus dem Bild hinausblickt, zu beschützen. Beide
Frauen tragen ein schulterfreies Kleid und eine moderne Pagenfrisur – Attribut
der „Neuen Frau".

Der Mann am Tisch in der rechten Bildhälfte wendet sich mit dem Oberkörper den Frauen zu, stützt dabei leicht das Kinn auf seine rechte Hand.

Die Bildgegenstände und -figuren sind mit markanten Umrisslinien begrenzt,
es dominiert die Linie vor der Fläche. Spuren des Malprozesses sind beispielsweise im Kleid der linken Frau erkennbar. Die Deformierung der Gesichter und
ihre Maskenhaftigkeit lassen auf weitere expressionistische Einflüsse schließen. Insgesamt ist dieses frühe Ölgemälde von geringer Naturnähe und weitgehenden Anleihen beim Expressionismus geprägt. Jedoch sind auch realistische
Tendenzen im Streben nach präziser Darstellung des Sujets und der Situation

spürbar. Die problemaufgeladene Situation wird auch für den Betrachter fühlbar. Offensichtlich geht es um die Geschlechterproblematik. Dies geschieht aber nicht gleichnishaft und mit elementarem Gefühlsausdruck wie in expressionistischen Bildern, sondern in einem rationaleren Sinne. Inmitten dieser turbulenten, unterhaltungsfrohen Cafészenerie wirken die Traurigkeit der Frau und ihre ablehnende Haltung der männlichen Figur gegenüber umso stärker.

Das Kaffeehaus entwickelte sich in den 1920er Jahren zum großstädtischen Phänomen. Nach den Entbehrungen des Ersten Weltkrieges bildete es einen markanten Punkt im öffentlichen, vor allem städtischen Leben. Die verstärkte Berufstätigkeit in Angestelltenverhältnissen förderte den Bedarf an Freizeitlokalitäten und Unterhaltungsmöglichkeiten. Die fortschreitende Emanzipation ermöglichte es den Frauen, auch alleine Cafés aufzusuchen, wie Künstler der 1920er Jahre thematisierten – beispielsweise Christian Schad oder Jeanne Mammen. Cafés entwickelten sich zu interessanten Studienorten für diejenigen Künstler, die die Gesellschaft, das Lebensgefühl und den Alltag der Großstadt wiedergeben wollten. Als Ort der gesellschaftlichen Veränderungen und Umwälzungen, als Synonym für Hektik und Bevölkerungsdichte, Anonymität und Einsamkeit des Individuums thematisieren Kaffeehausdarstellungen die Problematiken der Zeit.

Beim zweiten abgebildeten Werk handelt es sich um die Lithographie *Park*. Mit diesem Werk präsentiert sie sich innerhalb der Juryfreien als Graphikerin. Dargestellt ist der Ausschnitt einer kleineren Parkanlage, die an eine Straße grenzt. Auf dieser befinden sich mehrere Fußgänger sowie ein Motorradfahrer. Im rechten Bildvordergrund ist die Säule einer Arkade, einer architektonischen Anlage zugehörig, erkennbar. Davor befindet sich eine Tierskulptur, die auf einem Sockel angebracht ist. Die Kahlheit der Bäume evoziert mit der Grautonigkeit der Lithographie eine eher düstere, winterliche Stimmung. Die Realitätsnähe der Darstellung ist evident und weicht stilistisch von den Deformationsgraden des Gemäldes *Im Kaffee* ab. Hier ist vorgreifend festzuhalten, dass Maria Luiko in ihren Graphiken eine stilistische Wandlung durchlebt, die sie in den späteren Ölgemälden, besonders den Bildnissen, fortsetzten wird.

Im Hinblick auf den Analyseaspekt der Verankerung jüdischer Motivik im Werk Maria Luikos im Kapitel Jüdische Motive der Werkbetrachtung sei an dieser Stelle darauf hingewiesen, dass es für die 1920er Jahre schwer nachvollziehbar ist, inwiefern sich Maria Luiko hier bereits mit jüdischer Kultur und deren spezifischen Motiven auseinandersetzte. Fest steht allerdings, dass sich in ihrem engsten Freundeskreis gegen Ende der 1920er Jahre jüdische Künstler versammelten. Auch ihr Besuch eines Gastspiels der Habima, einer jiddisch- und hebräischsprachigen, avantgardistischen Schauspielergruppe aus Russland, in den Münchner Kammerspielen ist überliefert[71]. Prägend für die weitere Beschäftigung mit dem jüdischen Kulturerbe ist sicherlich die Freund-

---

[71] Gespräch mit Richard Hartmann vom 10.7.2006.

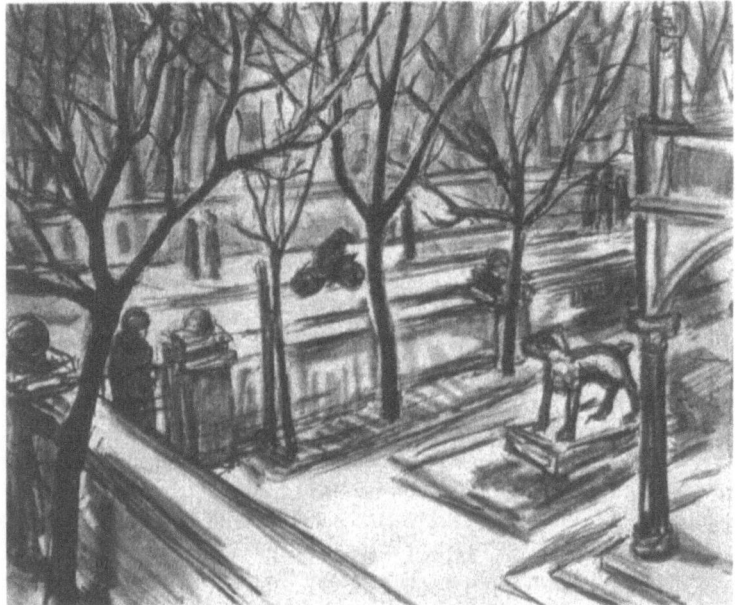

Abb. 4: *Park*, 1929. Eine Variante dieses Bildes befindet sich im Jüdischen Museum München.

schaft mit Schalom Ben-Chorin gewesen, der als Lyriker jüdische Sujets verarbeitete[72].

Zusammengefasst ist zu Maria Luikos Entwicklung in den 1920er Jahren festzuhalten, dass sie innerhalb der konservativ geprägten Münchner Kunst- und Kulturpolitik einen Weg einschlägt, der sie wegführt von den religiösen Bildthemen, die sie in ihrer akademischen Laufbahn kennengelernt hatte und sie bei den Juryfreien ihre eigene, kritische und realitätsnahe Themenwelt finden lässt.

---

[72] Lyrik-Publikationen Ben-Chorins sind beispielsweise *Die Lieder des ewigen Brunnens* oder *Das Mal der Sendung*.

Der Umbruch: Kunstschaffen unter den extremen Bedingungen von Diktatur und Verfolgung

Die folgenden Ausführungen zu den Geschehnissen der 1930er Jahre sollen den historischen Hintergrund komplettieren und zugleich die Grundlage für die Einordnung Luikos erhaltener Werke, die sie vornehmlich in dieser Zeit geschaffen hat, bilden. Aufgrund Maria Luikos eigenen Schicksals wird der Fokus auf die Verfolgung und Unterdrückung jüdischer Künstler gerichtet sein.

Mit der Machtübernahme der Nationalsozialisten 1933 veränderte sich augenblicklich die Situation der jüdischen Deutschen. Bereits in den frühen 1930er Jahren waren die Aufmärsche und Veranstaltungen der wachsenden nationalsozialistischen Bewegung mehr und mehr Bestandteil des Münchner Alltags geworden. Schon in der Endphase der Weimarer Republik waren die Aktivitäten der nationalsozialistischen Bewegung und die Agitation ihrer Protagonisten in München allgegenwärtig.[73] Besonders in München, der „Hauptstadt der Bewegung", der Keimzelle des Nationalsozialismus, war die aggressivantisemitische Atmosphäre zunehmend spürbar. Wie Andreas Heusler betont, wurden in München „die Demütigungen, Ausgrenzungen und Entrechtungen von Juden seit Januar 1933 mit besonderem Eifer und perfider Konsequenz vorangetrieben, lange bevor sie auf Reichsebene angeordnet und durchgeführt wurden"[74]. Die schrittweise Herausdrängung der Juden aus dem öffentlichen Leben begann mit Ausschreitungen gegen Arztpraxen und Anwaltskanzleien jüdischer Bürger sowie Gewerbetreibende. Jüdische Intellektuelle, Ärzte, Rechtsanwälte, Journalisten, Unternehmer und Künstler wurden boykottiert. Der bürokratische Vollzug von Ausgrenzung und Entrechtung gipfelte in einer eigens eingerichteten Forschungsabteilung zur Judenfrage.

Heike Specht verweist in ihrer Dissertation auf die frühe Reaktion Ludwig Feuchtwangers, des späteren Vorsitzenden des Jüdischen Kulturbundes, in der *BIGZ*, der die existentielle Bedrohung, die von Adolf Hitler für die deutschen Juden ausging, erkannte. Trotzdem appellierte er an seine Leser, Proteste zu unterlassen.[75] Diese Haltung steht exemplarisch für die der meisten jüdischen Deutschen, die den Ernst der Lage nicht wahrhaben wollten und/oder der illusorischen Ansicht waren, sich mit dem Regime arrangieren zu können.

---

[73] Vgl. hierzu Heike Specht: Die Feuchtwangers, S. 312.
[74] Andreas Heusler: Verfolgung und Vernichtung, in: Bauer/Brenner (Hg.): Jüdisches München, S. 161–184, hier S. 161.
[75] Ludwig Feuchtwanger: Zwischen 30. Januar und 5. März. Versuch einer Klärung der jüdischen Situation, in: BIGZ, Nr. 4, 15.2.1933, S. 49–51, hier S. 51: „Ohne Furcht, ja zuversichtlich und gelassen schreiten wir den Ereignissen entgegen. Ein erhärtetes und völlig sicher gewordenes, geachtetes Judentum wird aus den Wechselfällen unseres staatlichen und politischen Lebens hervorgehen."

Für eine jüdische Künstlerin wie Maria Luiko bedeutete die Machtübernahme das sofortige Ende ihrer offiziellen künstlerischen Karriere: Das „Reichskulturkammergesetz" vom 22. September 1933 und die folgende „Erste Verordnung zur Durchführung des Reichskulturkammergesetzes" vom 1. November 1933 verweigerten jüdischen Künstlern die Mitgliedschaft in dieser Zentralorganisation, was einem Berufsverbot gleich kam. Dieser Ausschluss bedeutete neben Materialbeschaffungsschwierigkeiten vor allem das Ausstellungsverbot in allen öffentlichen Institutionen und verringerte somit die Möglichkeit, ihre Werke zu verkaufen. An die Erwerbsstelle des allgemeinen Publikums hatten jüdische Kunstsammler und -interessierte zu treten. In einer Zeit ökonomischer und sozialer Not war dies größtenteils aussichtslos, da die wirtschaftliche Basis des jüdischen Mittelstandes schrumpfte und der Lebensstandard nicht mehr gehalten werden konnte.

Eine zunehmende Ideologisierung der Kunst begann, deren Hauptagitation Alfred Rosenbergs Kampfbund für deutsche Kultur darstellte.[76] Alle von Juden stammende Kunst wurde als „Verfallskunst" bezeichnet, ebenso jene, die Motive zeigten, die dem Rasseideal widersprachen. Darunter fiel jegliche abstrakte Kunst, auch solche, die Darstellungen von Juden, „Zigeunern", Naturvölkern, Armen, Kranken, leidenden Menschen und sozialkritischen Themen abbildeten. Die von den Nationalsozialisten propagierte Kunst verkam, laut Hans Günther Golinski, „zu einem […] epigonalen Naturalismus"[77]. Vor die brutale Arbeits- und bald Kriegswirklichkeit setzte sie inhaltslose soziale Scheingebilde und diente der Verherrlichung diktatorischer Gewalt.[78] Die reaktionäre Richtung der Kunst wurde zur alles überdeckenden Norm.[79] Den Kulminationspunkt innerhalb dieses Kapitels der Verfolgung von jüdischen und nicht-jüdischen Künstlern während der NS-Zeit bildete die Ausstellung

---

[76] Vgl. hierzu Werner Haftmann: Verfemte Kunst. Bildende Künstler der inneren und äußeren Emigration in der Zeit des Nationalsozialismus, hg. von Berthold Roland, Köln 1986, S. 19.

[77] Hans Günther Golinski: Der Rückblick nach vorn. Die Kunst der Neuen Sachlichkeit zwischen romantischer Tradition und expressionistischer Zeitgenossenschaft, in: Jutta Hülsewig-Johnen (Hg.): Neue Sachlichkeit – Magischer Realismus (Ausstellungskatalog Bielefeld, Kunsthalle), S. 53–63, hier S. 62.

[78] Vgl. ebd.

[79] Allerdings soll an dieser Stelle auch der kritische Verweis Olaf Peters in seiner Dissertation *Neue Sachlichkeit und Nationalsozialismus* auf die vereinfachte Sichtweise der NS-Kunst betont werden. Vgl. Olaf Peters: Neue Sachlichkeit und Nationalsozialismus. Affirmation und Kritik 1931–1947 [Diss. Univ. Bochum, 1996], Berlin 1998, S. 50–51. Peters verweist auf Präformulierungen im Kaiserreich und legt dar: „Darüber hinaus gilt es weiterhin zu beachten, daß die ideologisch intendierten und geformten Kunstwerke eindeutig in der Minderzahl sind und gerade die traditionelle Gattungsmalerei akademischer Provenienz eindeutige Dominanz in der Alltagsrealität des Dritten Reiches besaß. […] Gleichwohl bestand unter seiner [des Nationalsozialismus, D.O.] Herrschaft ein relativer Anpassungsdruck, der die Distanzierung von extremen Ausformungen der Avantgarde erzwang […]."

„Entartete Kunst" 1937 im alten Galeriegebäude des Münchner Hofgartens.[80]
Die prekäre Lage und Zukunft für die jüngere Künstlergeneration beschreibt
Rainer Zimmermann wie folgt:

„Unterhalb der Oberfläche der Publizität und des Aufsehens befanden sich die unge-
zählten jüngeren, von denen bestenfalls erste Proben in den Museen, meist nur graphische Arbeiten in den Kupferstichkabinetten waren. Ihre Diffamierung schlug keine
Wellen."[81]

Eine weitere Unterdrückungsmaßnahme war es, die jüdische Bevölkerung suk-
zessiv aus dem kulturellen Leben zu drängen, was in den frühen Jahren der NS-
Herrschaft eine regelrechte Emigrationswelle unter jüdischen Intellektuellen
auslöste.[82] Die Verfolgung, Ausplünderung und Ermordung der europäischen
Juden hatte für den Bereich der Kunst komplexe und bis in die Gegenwart
andauernde Auswirkungen. Diese betrafen nicht nur die involvierten Künstler,
sondern auch Institutionen, Strukturen und zentrale Aspekte der Rezeptionsgeschichte jüdischer Kunst.[83] Die Stigmatisierung als „entartete Künstler",
die Entfernung ihrer Werke aus öffentlichen Institutionen und die Beschränkung der Ausstellungsmöglichkeiten auf den Jüdischen Kulturbund bedeutete
den Entzug sozialer Anerkennung und finanzieller Existenzmöglichkeit. Auch
wenn der Kulturbund den jüdischen Künstlern nur eine Scheinlösung bot, so
war er doch in dieser Zeit die einzige Chance, das Leben unter der Bedrohung
und Ausgrenzung durch geistige Kreativität aktiv mitzugestalten und demgemäß mittels der Kunst die erschwerte Situation zu kompensieren.

Vor diesem historischen Hintergrund der 1920er und 1930er Jahre steht die
nachfolgende Übersicht zu Maria Luikos künstlerischem Werk. Der zuletzt
angeführte Jüdische Kulturbund wird im Zusammenhang der Erläuterungen
zum Münchner Marionettentheater Jüdischer Künstler explizit Erwähnung finden.

[80] Zu weiteren Darlegungen vgl. Haftmann: Verfemte Kunst, S. 23.

[81] Zimmermann: Expressiver Realismus. Malerei der verschollenen Generation,
S. 134.

[82] Vgl. hierzu Wolfram Selig: Richard Seligmann. Ein jüdisches Schicksal. Zur
Geschichte der Judenverfolgung in München während des Dritten Reiches (= Zeit-
geschichtliche Informationen, 2, hg. von Richard Bauer), München 1983, S. 17 und
S. 41.

[83] Vgl. Erik Riedel: „Man lebt hier wie in der Wüste". Zu jüdischen Exilkünstlern und
ihrer Rezeption, in: Golinski/Hiekisch-Picard (Hg.): Recht des Bildes, S. 238–245.
Hinsichtlich der Rezeptionsgeschichte deutsch-jüdischer Künstler der „verlorenen
Generation" verweist Erik Riedel am Beispiel Felix Nussbaums und Ludwig Meidners
auf die einseitige Rezeption im deutschen Kunstbetrieb. Er benennt als Gründe für die
Rezeptionsdefizite, dass sich viele Künstler im Kunstleben vor 1933 noch nicht fest
etabliert hatten und nach 1945 und dem Paradigmenwechsel keinen Anschluss mehr
fanden und so an die Peripherie des internationalen Kunstgeschehens gedrängt wurden.
Kulturpolitisch trug der Exodus jüdischer Werke aus Deutschland in die USA und Israel
dazu bei, dass viele Werke in Vergessenheit gerieten.

DAS GRAPHISCHE UND MALERISCHE WERK

Vorbemerkungen zu Bildthemen und Stil

In den knapp zwei Dekaden ihres künstlerischen Schaffens können von Maria
Luiko Ölgemälde, Zeichnungen, Scherenschnitte, Druckgraphiken, Marionetten und kunsthandwerkliche Arbeiten nachgewiesen werden. Bei der folgenden
Analyse zielt das Hauptaugenmerk auf die wichtigste Gruppe, die „geretteten"
Graphiken. Sie führen auf eine gewisse Weise Luikos Werke der 1920er Jahre,
welche nicht mehr erhalten sind, fort – denn schließlich war Maria Luiko vor
allem als Graphikerin im Glaspalast aufgetreten. Diese Übersicht möchte die
gesamte Bandbreite Luikos Schaffens beleuchten, einordnen und würdigen. So
lassen sich bei näherer Betrachtung in fast allen Gestaltungstechniken Gemeinsamkeiten feststellen, die es festzuhalten und zu deuten gilt.

Wie bereits in den einleitenden Ausführungen erwähnt, sollen inhaltliche
Bildbetrachtungen vor formalen, stilistischen und technischen stehen. Nicht
ersichtlich ist, ob es sich bei manchen Blättern um thematisch in sich geschlos-
sene Zyklen bzw. um graphische Folgen handelt. Dass Luiko auch letztere
angefertigt hat, ergibt sich aus ihren Erwähnungen in den Briefen an Schalom
Ben-Chorin. Hier benennt sie die bereits angeführte Mappe „Golem", die sie
in den 1920er Jahren angefertigt hat. Auch die Radierungen „Lebensbilder"
lassen aufgrund ihrer Durchnummerierung auf eine Folge schließen.

Für das Verständnis bei der Bestandsaufnahme der graphischen Blätter aus
den beiden Mappen gilt es Folgendes festzuhalten:

Das vorliegende druckgraphische Werk Maria Luikos lässt sich in die Jahre
1926 bis 1939 datieren, wobei der Großteil der Arbeiten Mitte und Ende der
30er Jahre entstanden ist. Demzufolge fallen diese Blätter in jene Zeit, in der
Luiko schon nicht mehr öffentlich ausstellen durfte. Beim Betrachten der
Arbeiten muss die besondere Situation dieser Schaffensphase berücksichtigt
werden.

Die hier behandelten druckgraphischen Arbeiten der beiden Mappen umfassen insgesamt 131 Arbeiten, die sich in folgende Techniken aufteilen: 68
Radierungen, 43 Holz- und Linolschnitte sowie 20 Lithographien.

Festzuhalten ist, dass, wenn man die Stilentwicklung innerhalb dieser Blätter beobachtet, Maria Luiko offenkundig ihre druckgraphische Karriere mit
Radierungen beginnt. Aufgrund der geringen Anzahl erhaltener datierter Blätter ist nicht exakt nachvollziehbar, wie stark die Gewichtung einer Technik
innerhalb eines Jahres ist. Auffällig ist jedoch, dass sich Maria Luiko gegen
Ende der 30er Jahre verstärkt dem Holz- bzw. Linolschnitt zuwendet. Wahrscheinlich muss sie aus finanziellen Gründen den Schwerpunkt in der Druckgraphik auf die Holzschnitte, die sie mit dem Falzbein selbst herstellen kann,
legen und findet doch zugleich zu ihrem stärksten Ausdrucksmedium. Die

Bedeutung, die sie ihrer druckgraphischen Fertigkeit zumisst, bezeugen ihre Vermerke „eig. Handdruck" auf den Holzschnittblättern. Auch benützt sie mehr und mehr dünnes Japanpapier, was vermutlich in der wirtschaftlichen Notlage begründet ist. Gerade Luiko als Jüdin musste mit Materialbeschaffungsschwierigkeiten kämpfen. Teures Papier wie Bütten war, wenn sie es sich dennoch leisten konnte, nur sehr schwer zu bekommen.

Im Folgenden werden die behandelten Themengruppen, die inhaltlich von einer recht großen Spannweite zeugen, vorgestellt und anhand einzelner Blätter exemplarisch für die jeweilige Gruppe analysiert. Es soll darum gehen, den spezifischen Weg Maria Luikos auf ihrer Suche nach der ihr eigenen Bildsprache anhand der unterschiedlichen Themen in ihrer Bildwelt nachzuvollziehen. Mit ihren Sujets und der Darstellungsweise unterscheidet sie sich von vielen anderen Künstlern der Zeit in München, welche sich zumeist einer traditionellen Sichtweise oder einer Idealisierung bzw. Heroisierung verschrieben hatten.

Geht man der Frage nach der Wertigkeit der einzelnen Themen innerhalb ihres Œuvres nach, so kommt der Beschäftigung mit dem Menschen eindeutig der höchste Stellenwert zu. Daher soll es primär um die verschiedenen Ausprägungen der figürlichen Darstellung im Werk Luikos gehen, weshalb die wenigen Landschafts-, Tier- und Pflanzendarstellungen nicht ins Gewicht fallen.

Die Frage nach der Motivation für diesen thematischen Schwerpunkt lässt sich nicht hinreichend klären. Ein Grund mag im gemeinsamen Engagement der Schwestern Kohn gegen soziale Ungerechtigkeit liegen. Auch die Erlebnisse des Ersten Weltkriegs, die darauf folgende wirtschaftliche Misere und die Diskrepanz in den gesellschaftlichen Verhältnissen können als Antrieb für diese Beschäftigung angesehen werden. Ganz besonders wird jedoch in den 1930er Jahren im Zuge der Unterdrückung und Entrechtung das Gemeinschaftsgefühl zur jüdischen Bevölkerung gestärkt worden und der Fokus hierauf entstanden sein. Dies soll beim Betrachten der Bilder hinterfragt werden. Die in der Literatur aufgeführten Werke, die nicht mehr auffindbar waren, sind mit den Angaben und Beschreibungen übernommen worden.

Bestimmend für Maria Luikos künstlerisches Schaffen gestaltete sich die Beschäftigung mit dem Menschen in seiner Beziehung zur Umwelt: zu Mitmenschen, bei der Ausübung einer Tätigkeit oder hinsichtlich seiner persönlichen Lebenssituation. Auch das Porträt scheint, so ist aus den rekonstruierbaren Werken zu schließen, eine wichtige Rolle zu spielen. Charakteristisch ist für Luiko hierbei ihre Beobachtungsgabe und dabei die Reduktion auf das Essentielle und Wesenhafte des Motivs in Verknüpfung mit der Bildaussage. In Orientierung an den sichtbaren Dingen bleibt ihr das Abstrakte fremd und sie grenzt diese Kunsttendenz somit innerhalb ihres Werks aus.

Ihre Alltagsbeobachtungen gibt die Künstlerin in teilweise genrehaften Darstellungen wieder: sie greift in den frühen Menschendarstellungen, die stark von der erfahrbaren Wirklichkeit geprägt sind, wiederholt auf die gleichen Motive wie „Spielende Kinder" oder „Arbeitende Menschen" zurück.

Vorab gilt es festzuhalten, dass die Einflüsse, die auf die Malerin und Graphikerin Luiko wirkten, vielfältig sind. Leider gibt es weder in den Primärquellen noch in der Sekundärliteratur direkte Hinweise auf die Eindrücke, die Maria Luiko in ihren Werken verarbeitet hat, weshalb augenscheinliche Einflüsse bei der Betrachtung der Bilder näher ausgearbeitet werden sollen.

Eine der wenigen wertenden Aussagen hinsichtlich des künstlerischen Werkes Maria Luikos nimmt Schalom Ben-Chorin vor. Er berichtet in seiner Autobiographie *Jugend an der Isar*:

„Maria Luiko, diese überaus sensible junge Frau mit verträumten, großen, schwarzen Augen, schuf in Holzschnitt und Lithographie und Ölbildern die Vision einer sternverdunkelten Welt [...]. Die Ahnung des Kommenden zeigt sich in Holzschnitten, die erhobene Hände darstellten. Es war mir nicht klar, ob es sich hier um betende Hände handelte, um Hände, die in Verzweiflung gerungen werden, oder um die erhobenen Arme der sich Ergebenden. Als ich Maria Luiko fragte, antwortete sie lakonisch: ‚Um alles'."[1]

Diese Charakterisierung Maria Luikos Schaffen bezieht sich auf ihre Spätwerke, in denen sie zu der ihr eigenen, einprägsamen Ausdrucksprache findet. Ihre Rückäußerung „Um alles", die Universalität der Bilddeutung, die der spezifischen Auslegung des Betrachters offen bleibt, trifft in gewisser Hinsicht auf die Interpretation diverser Werke der Mappen zu, die dem Rezipienten aufgrund der Heterogenität und der eingangs erwähnten Zufälligkeit zunächst wenig aussagekräftig und deutbar erscheinen.

Die folgende Unterteilung in differenzierte thematische Gruppen dient dazu, die Ikonographie einzelner Motive zu untersuchen und die Sujets gegebenenfalls vor dem Hintergrund der Malerei der 1920er und 1930er Jahre eingehender zu bestimmen. Nähere Zeitumstände, die die thematische Entwicklung innerhalb der Graphiken bedingen, finden vor dem skizzierten historischen Überblick Rückbezüge.

---

[1] Ben-Chorin: Jugend an der Isar, S. 159.

Themen und Motive

Darstellungen menschlicher Lebens- und Alltagssituationen

Die größte Gruppe innerhalb der graphischen Arbeiten nehmen die Beobachtungen des Menschen sowohl in seinen Alltagssituationen als auch in seinen unterschiedlichen Daseinsformen ein. Mit sicherem Blick hält sie schlichte, aber aussagekräftige Szenen mit wenigen Radier-, Lithographie- oder Holzschnittlinien fest. Hierzu gehören auch Beobachtungen, denen Maria Luiko im städtischen Alltag begegnen konnte: eine Damengesellschaft beim Ausflug, Menschen im Park beim Schlittschuhfahren sowie ein flanierendes Ehepaar. Gesellschaftliche Situationen thematisiert sie in *Freunde beim Kartenspiel* oder *Grammophonhörer*.

Die Familie

Das wohl früheste Blatt der beiden Mappen ist die Darstellung einer Familie, von Luiko selbst als *Lebensbilder, Blatt 2* (Abb. 5) bezeichnet. Vermutlich handelt es sich um einen Probedruck für das 1926 im Glaspalast ausgestellte Werk, als Maria Luiko Mitglied der Münchner Künstlergenossenschaft war. Es zeigt die stille Harmonie einer Familie auf dem Lande. Vor einer idyllischen dörflichen Kulisse wendet sich die schwangere Mutter lächelnd ihrem Töchterchen zu, das mit Puppe und Puppenwagen spielt. Der Vater beugt sich von rechter Seite über die Ehefrau, fasst sie liebevoll am Arm und beobachtet ebenfalls das Kind. Aus einiger Distanz befolgen Landfrauen im Hintergrund die Szenerie. Das stilistisch wie kompositorisch noch etwas disharmonische Frühwerk ist thematisch interessant, da es den Beginn Luikos Auseinandersetzung mit den menschlichen Daseinsformen markiert – wie sich auch aus der Tatsache ergibt, dass es sich um eine Radierfolge handelt, die die unterschiedlichen Lebensphasen thematisiert.

Lebensbilder, Blatt 2 offenbart das traditionelle Bild der Familie in seiner klassischen Rollenaufteilung. Besonders in ländlichen Gebieten bestand auch in Zeiten der voranschreitenden Emanzipation der Weimarer Verfassung das konventionelle Rollenbild der Frau als naturverbundene Hüterin der Tradition und der Familie fort. Im Zusammenhang mit der Schwangerschaft symbolisiert sie zugleich die Fortdauer des Lebens, sichert den Fortbestand der Familie und den Erhalt der Tradition. Die Darstellung evoziert die Sehnsucht nach Harmonie, die im ländlichen Bereich zu finden ist und damit auch in der Tradition von Familiendarstellungen auf dem Land steht.

Die Illustration einer eher einfachen *Arbeiterfamilie* (Abb. 6) zeigt hingegen den Alltag in der Stadt. Die Familie – Mutter, Vater, zwei Kinder nebst Großmutter und Hund – steht nebeneinander an einer Häuserwand. Auch hier scheint die Mutter die zentrale Person der Familie zu sein, sie befindet sich mit dem Säugling auf dem Arm im Bildzentrum. Ebenso sucht das vor dem Vater

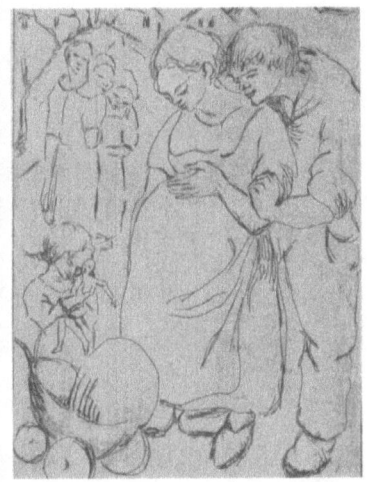
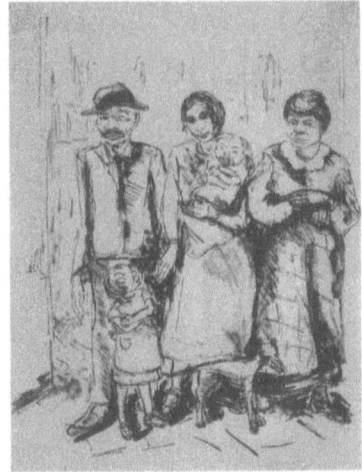

Abb. 5: *Lebensbilder, Blatt 2*, ca. 1926.   Abb. 6: *Arbeiterfamilie*, ca. 1930.

stehende Kleinkind mit ihr Blickkontakt. Der Vater wirkt indes ein wenig verloren an der äußeren linken Seite, da er sich nicht wie die väterliche Figur der
vorher genannten Szene liebevoll der Familie zuwendet. Mit dem Motiv des
dichten Beisammenstehens greift Maria Luiko auf ein Element traditioneller
Familiendarstellungen zurück, welches Zusammengehörigkeit auszudrücken
vermag. Die Alltagssituierung und die geringe Bezugnahme der Figuren unter-
einander entkräftet allerdings diese Zusammengehörigkeit. Die Künstlerin ten-
diert mit den genannten Beobachtungen und der Einbindung der Figuren in das
städtische Milieu dahin, die Schattenseiten des problembehafteten, ärmlichen
Familienlebens der Arbeiterklasse aufzuzeigen. Ein zentrales Thema, dem sich
in den 1920er Jahren auch andere sozialkritische Künstler wie beispielsweise
Käthe Kollwitz, Lea Grundig oder Otto Dix annehmen.

Mutter und Kind/Vater und Kind
Die Radierung *Lebensbilder, Blatt 4* (Abb. 7) zeigt eine Mutter in ländlich
natürlicher Umgebung, die strickend ihre Kinder beim Spielen beobachtet und
sich trotz der an ihren Beinen zankenden Mädchen nicht aus der Ruhe bringen
lässt. Die Szenerie wird dem eben beschriebenen Bild der fürsorglichen, natur-
verbundenen Mutter, die als Ruhepol und Hüterin über das Geschehen wacht,
gerecht. Das im 19. Jahrhundert geprägte Bild der Frau in seiner Reduktion auf
deren Mütterlichkeit und Gebärfähigkeit, schlug sich in Darstellungen famili-
ärer, bäuerlicher Szenen nieder, die die Mutter als die liebevoll für die Familie
Sorgende zeigten und die Naturverbundenheit der Frau in den Vordergrund
rückten. Diese unantastbare Verbindung zwischen „Natur" und „Mutterschaft"
impliziert die Sehnsucht nach einer besseren Welt.

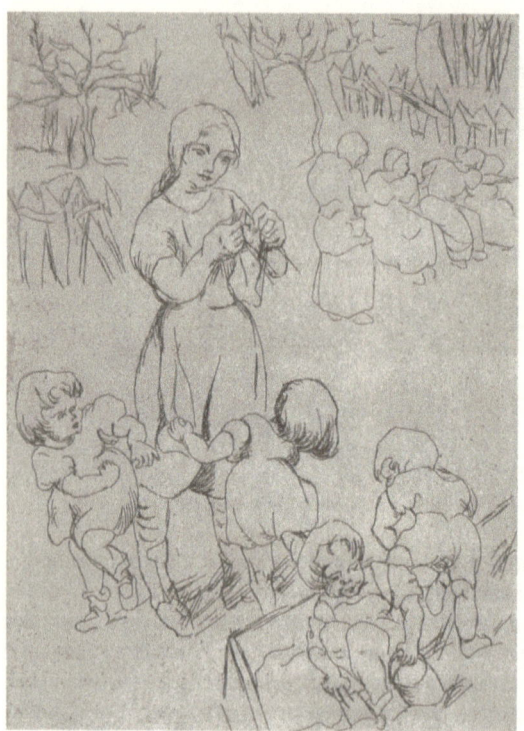

Abb. 7: *Lebensbilder,
Blatt 4*, ca. 1926.

Wie Manja Seelen hinsichtlich der Darstellung der Mutter in Bildwerken der
Neuen Sachlichkeit festhält, tritt das Bild der Mutter auf dem Land in Opposi-
tion zu der städtischen und industrialisierten Sozietät: „Die dargestellten Mütter werden in die Natur integriert. Die Harmonie zwischen Mutter und Kind
wird zu einem Synonym für eine natürliche Lebensweise generell und repräsentiert so eine Gegenwelt."[2]

Ebenso macht der Holzschnitt *Mutter mit Kind* (Abb. 8) das innige, ver-
ständnisvolle Verhältnis zwischen Mutter und Kind deutlich. Liebevoll und
beschützend gibt die Mutter dem Kleinkind Hilfestellung bei den ersten Geh-
versuchen. Die Figuren befinden sich in der Natur bzw. in einem Park, da ein
angelegter Weg die bepflanzten Flächen trennt. Die gepflegte Kleidung lässt
auf gutbürgerliche Verhältnisse schließen. Die Idylle der Bilddarstellung wird
noch gesteigert durch den Schmetterling, dem das Kind freudig hinterher tapst

---

[2] Seelen: Bild der Frau, S. 15.

sowie durch den üppig blättrigen Baum[3], der für Vitalität und Lebenskraft steht. Luiko sandte einen Druck dieses Holzschnitts dem einjährigen Sohn Ben-Chorins, Tobias.[4]

In der Radierung *Mütter mit Kindern* (Abb.9) zeigt Luiko jedoch auch die Schattenseiten des Mutterdaseins auf. Im Gegensatz zu den vorherigen Graphiken sind hier die Mütter mit ihrer Aufgabe überfordert. Wie die Kleidung erkennen lässt, handelt es sich um einfachere Frauen, die mit der alltäglichen Belastung durch finanzielle Not und ihrer Rolle als sorgende Mütter kämpfen. Die rechte der beiden Frauen verwehrt sich dem an ihrer Schürze ziehenden Kind mit ablehnender Armhaltung und abgewandtem, fast mürrischem Gesicht. Sie steht nicht als „Hüterin" der Tradition für den Erhalt der Familie ein, sondern äußert mit dieser Geste ihre Belastung und Überforderung. Anders als das vorherige Blatt konzentriert sich die Radierung nur auf das unmittelbare Geschehen, ohne den Hintergrund zu präzisieren. Diese Art der fokussierten Illustration ist charakteristisch für Luikos Darstellungsweise eines bestimmten Moments, dem ein größerer Zusammenhang (hier die Überbelastung der Mutter) inhärent ist. Die Radierung steht für ein Thema, das Manja Seelen in ihrer Dissertation als „Die Mutter mit ihren alltäglichen Sorgen"[5] bezeichnet und im Kontext der Darstellung von Arbeitermüttern steht. Wie Ute Frevert in ihrer 1986 erschienenen Publikation *Frauen Geschichte. Zwischen bürgerlicher Verbesserung und Neuer Weiblichkeit*[6] deutlich macht, hatten gerade die Mütter unter den schwierigen wirtschaftlichen Verhältnissen der Weimarer Zeit zu leiden. Sie waren auch dann für das Überleben der Familie, für ihre Versorgung mit genügend Nahrung und Kleidung verantwortlich, wenn das Familieneinkommen schwand, der Mann arbeitslos und die Arbeitslosenunterstützung gekürzt wurde.[7]

Eine andersgeartete Ausformulierung findet die Darstellung der Arbeitermutter bei männlichen Künstlern. Hier werden die Figuren geradezu in Hässliche verzerrt. Otto Dix' *Frau mit Kind*[8] unterstützt die Typisierung als Gestaltungsmerkmal des Porträts der Neuen Sachlichkeit. Josef Scharls *Mutter von Norma*[9] oder *Mutter und Kind*[10] zeigen die Mütter zwar in einem humaneren Licht, trotzdem bleibt das Typenhafte erhalten. Scharl befasst sich besonders

---

[3] Im Gegensatz zu den, der Darstellungsatmosphäre analogen, kahlen Bäumen wie in der Aquatinta *Paar in Winterlandschaft.*

[4] StadtAM, Judaica, Varia, 61, Brief Maria Luikos an Tobias Ben-Chorin, undatiert.

[5] Vgl. Seelen: Bild der Frau, S.32–39.

[6] Ute Frevert: Frauen-Geschichte. Zwischen bürgerlicher Verbesserung und Neuer Weiblichkeit, Frankfurt am Main 1986.

[7] Vgl. Frevert: Frauen-Geschichte, S.181.

[8] Abgebildet in: Dix. Zum 100. Geburtstag 1891–1991 (Ausstellungskatalog Stuttgart, Galerie der Stadt Stuttgart), hg. von der Galerie der Stadt Stuttgart, Ostfildern-Ruit 1991, S.148.

[9] Abgebildet in: Firmenich (Hg.): Josef Scharl, S.74, Abb.22.

[10] Abgebildet in: ebd., S.99, Abb.43.

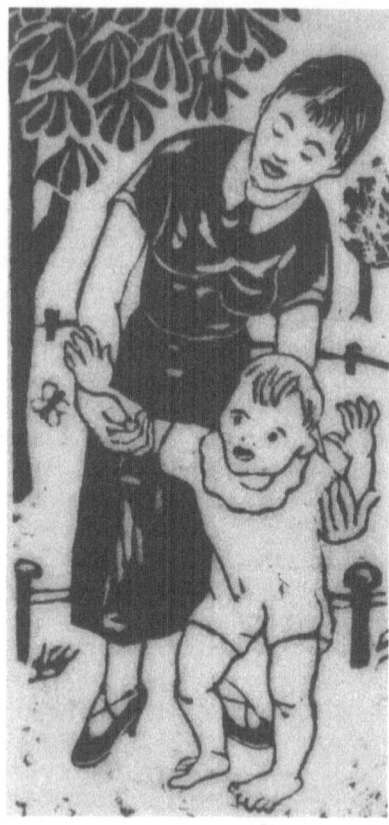

Abb. 8: *Mutter mit Kind*, ca. 1936.

zu Beginn der 1930er Jahre mit dem Thema Mutterschaft und den gesellschaftlichen Problemen für die ärmeren Schichten. So sind Scharls Mutter-Kind-
Darstellungen Zeugnisse seiner sozial-engagierten Sichtweise, in der er alles
Idyllische dieses Themas verbannt und dafür alternde, verbrauchte, abgearbei-
tete und sorgenvolle Mütter zeigt.[11]

Die Künstlerinnen, die sich dieses Themas annahmen, insistieren vielmehr
auf der realistischen Einbettung in den Kontext, eben die Nennung der „alltäg-

---

[11] Vgl. ebd., S. 42. Trotz allem vermitteln Scharls darstellende, formale Zusammen-
schlüsse immer Innigkeit und Zärtlichkeit im Gegensatz – wie Armin Zweite feststellt
– zu den elenden und sorgenvollen Darstellungen Otto Dix' oder den aufrüttelnden
von Käthe Kollwitz. Vgl. dazu Zweite: „Das Volk ist nicht tümlich", S. 10 und S. 30.

lichen Sorgen", wie sie beispielsweise Lea Grundig in ihrem Zyklus *Frauen-
leben* verarbeitet[12].

In der Malerei der 1920er Jahre offenbaren sich diese zwei genannten Tendenzen[13], die ebenfalls Maria Luiko thematisiert: zum einen die Idealisierung
der Mutterschaft, ausgedrückt mitunter durch die Innigkeit zwischen Mutter
und Kind, welche am traditionellen Bild des 19. Jahrhunderts – der Mutter in
Verbindung mit der Natur – festhält. Diese Harmonie des Mutter-Kind-Ver-
hältnisses repräsentiert, wie oben erwähnt, eine Gegenwelt zum hektischen
Großstadtleben.[14] Zum anderen kommt die Fokussierung mittels eines nüchternen, sachlichen Blickes auf die Lebenswirklichkeit auf. Hier wird keine
Idealisierung oder Mystifizierung der Mutterrolle vorgenommen. Mittels der
Profanisierung dieses klassischen Themas wird in den 1920er Jahren die Hin-
führung zu einer Versachlichung des Menschenbildes evident und die dargestellten Mütter werden dadurch mehr zu eigenständigen Personen.

Gerade Malerinnen wurde das Mutter-Kind-Motiv als obligates, geschlech-
terimmanentes Thema zugeschrieben. Als selbstverständlich erscheint bei
Künstlerinnen die stärkere Fokussierung auf die sie umgebenden Frauen aufgrund der eigenen biologischen Fähigkeit, Mutter zu werden.[15] Prinzipiell
wurde angenommen, dass Frauen die Empathie für das Sujet „Kind" generell
besitzen und „besser" auszudrücken vermögen. Marsha Meskimmon verweist
in ihrer Publikation *We weren't modern enough* auf die Eindimensionierung
dieser Argumentation:

„Such argumentation assert a biological based feminine aesthetic which joins women
artists together across the time and place through a reductive paradigm and implies that
women's art is unmediated, immediate and naive work by definition."[16]

Bei vielen Künstlerinnen der 20er/30er Jahre ist festzustellen, dass die Hinwendung zur alltäglichen Lebenswirklichkeit sowie das Hinterfragen der
jeweiligen Rollenerwartungen teilweise aus persönlichen Erfahrungen heraus
in den Vordergrund treten. Sie stehen somit für die Position, Mutterschaft
sachlich zu beurteilen, die Ausschließlichkeit des Mutterdaseins in Frage zu
stellen (ein vieldiskutiertes Thema in dieser Zeit) und die Frauen nicht nur
auf ihre biologische Fähigkeit zu reduzieren. Käthe Kollwitz gilt als Vorreite-
rin dieser Tendenz. Hanna Nagel ist als weitere Künstlerin anzuführen, durch

---

[12] Vgl. Seelen: Bild der Frau, S. 32–39.
[13] Vgl. hierzu ebd., S. 15–62.
[14] Dieses Thema wurde beispielsweise vom Münchner Vertreter der Neuen Sachlichkeit, Georg Schrimpf, in vielfältigster Weise variiert. Michael Koch schreibt, dass
es scheine, als ob er [Schrimpf, D.O.] in seinen Bildern ganz bewusst eine wirklich-
keitsferne Gegenwelt beschwören wollte. Vgl. Koch: Neue Sachlichkeit – Magischer
Realismus, S. 126.
[15] Vgl. Meskimmon: We weren't modern enough, S. 148.
[16] Ebd., S. 149.

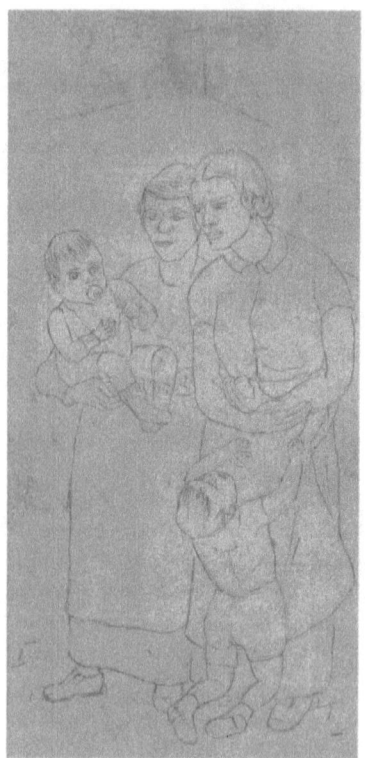 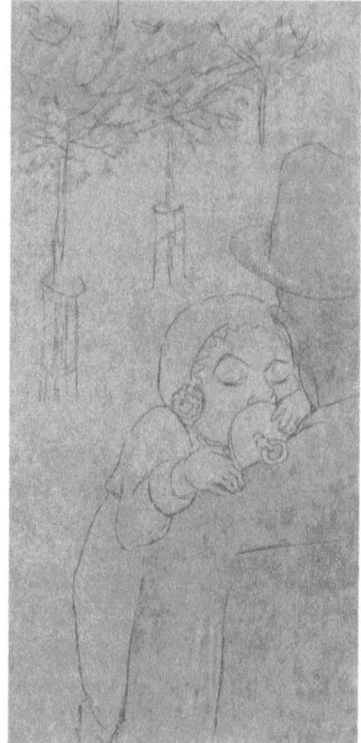

Abb. 9: *Mütter mit Kindern*, ca. 1934.   Abb. 10: *Vater mit Säugling*, ca. 1936.

deren gesamtes Œuvre, beginnend Ende der 1920er Jahre, sich diese Fragen ziehen. Wie Manja Seelen ausführlich darlegt, verarbeitet Nagel das Thema der Mutterschaft in all seinen disparaten Facetten. Kontinuierlich zeigt sie die Problematik der Vereinbarkeit von Mutterschaft und der Selbstverwirklichung als Künstlerin, die Rollenerwartung bzw. die Missstände im Verständnis und projizierten Bild der Gesellschaft auf.[17]

Maria Luiko setzt sich nicht nur mit dem Verhältnis von Mutter und Kind auseinander, sondern macht in einer Radierung auch die Rolle des Vaters zum Thema. Im Gegensatz zu der Darstellung einer einfachen Arbeiterfamilie, in der die väterliche Figur keine Beziehung zu seinen Kindern unterhält, steht dem die schützende Haltung des Mannes in der Radierung *Vater mit Säugling* (Abb. 10) gegenüber, wodurch Luiko über die Rollenfixierung des 19. Jahrhunderts hinausweist. Demnach kann auch der Vater eine fürsorgliche, liebevolle

[17] Vgl. Seelen: Das Bild der Frau, S. 47–60.

Rolle einnehmen, was hier gezeigt wird, indem er den schlafenden Säugling auf seiner linken Schulter hält. Er ist dem Betrachter mit dem Rücken zugewandt, während das Kind mit geschlossenen Augen frontal dargestellt ist. In der Flucht des Blattes befinden sich drei Jungbäume, die mit Holzpfählen abgesichert sind. Auffallend ist die Kontrastierung des hell gehaltenen Säuglings zu der grau schattierten Figur des Vaters. Diese Hell-Dunkel-Akzentuierung verdeutlicht die Hilfsbedürftigkeit, das Angewiesensein des unschuldigen Kindes auf den Vater, genauso wie die Jungbäume die Unterstützung der Pfähle zum Wachstum brauchen. Des Öfteren findet sich im Werk Luikos die Analogie von Kindern zu Pflanzen als Sinnbild der Vitalität; auch das Motiv des Baumes, entweder als junger Trieb, als vollblättriger Wuchs oder als blattloser Winterbaum, kehrt häufig in ihren Graphiken wieder.

Unklar bleibt allerdings bei dieser Bildbetrachtung die Situation, in der sich der Vater mit seinem Kind befindet. Sie erscheint nicht wie ein Spaziergang, sondern vielmehr wie eine Flucht. Die Rückansicht des Vaters, das Tragen eines Hutes, die gesamte Bildkomposition, die nur ausschnitthaft ist und einen sehr verengten Fokus zeigt, als auch die Perspektive, die an den Bäumen vorbei stark nach rechts hinten verläuft, erwecken das Bild einer Fluchtsituation. Da es darüber hinaus in der graphischen Gestaltungsweise dem Blatt *Festnahme*[18] ähnelt, entstand es wahrscheinlich im gleichen zeitlichen Kontext, das heißt zu einer Zeit, in der sich Maria Luiko zunehmend mit Themen der Bedrohung und Gefahr auseinandersetzte. Daher liegt die Intention nahe, diese Bildfindung als Metapher für die politische Situation zu sehen.

Am Ende dieser Themengruppe der Mutter-/Vater-Kind-Darstellungen steht das Ölgemälde *Mutter und Sohn* (Abb. 11). Es verweist zugleich auf den erwähnten wichtigen Themenkomplex im Werk Luikos, nämlich die Begegnung und Auseinandersetzung mit der aufkommenden Gefahr der Diktatur und der Verfolgung. Maria Luiko hatte die Möglichkeit, das Ölgemälde 1936 auf der „Reichsausstellung Jüdischer Künstler" in Berlin auszustellen.

Das Bild zeigt eine Mutter, die auf einem Lehnstuhl vor einem neutralen, undefinierten Hintergrund sitzt. Sie ist als nach links gerichtete Halbfigur dargestellt und blickt mit müden Augen aus dem Bild. Auf ihrem Schoß schmiegt sich ihr Söhnchen an ihre Brust und hält das Gesicht entgegengesetzt nach rechts gewandt. Die linke Hand lässt sie auf seiner Schulter ruhen, mit der rechten umschließt sie sein Händchen. Die Kleidung der beiden ist ebenso schlicht gehalten.

Maria Luiko sieht hier von jedem alltäglichen Lebenszusammenhang ab. Auffallend ist die Statik und Bewegungslosigkeit der Mutter, die der Figur sowohl den Eindruck von Verlassenheit und Depression als auch eine gewisse Entindividualisierung und damit einhergehend eine Typisierung verleihen.

---

[18] Vgl. Abb. 34.

Jutta Hülsewig-Johnen äußert sich in ihrem Aufsatz zu einem weiteren Gesichtspunkt. Sie schreibt der Statik als bildnerisches Prinzip die Eigenschaft zu, dem Menschen den Anschein seiner „tatkräftigen Handlungsfähigkeit, der dem traditionellen Porträt zur Charakterisierung des Individuums bildfähige Ausdrucksmomente lieferte", zu nehmen.[19] Bezüglich neusachlicher Darstellungen geht die Statik deshalb einher mit der unpersönlichen Auffassung des Menschen. So wird nicht Selbstbewusstsein, sondern dessen Verlust ins Bild transponiert, was den Menschen als Teil einer verselbständigten Ordnung, die kein menschliches Maß mehr reflektiert und die zu dominieren er nicht mehr im Stande ist, erscheinen lässt.[20] Die in den Gemälden der Neuen Sachlichkeit hypothetisierte Entmündigung des Menschen findet daher in dem Bildnis Luikos seine realisierte Entsprechung, wenn man die historischen Bedingungen berücksichtigt.

Die Darstellungsweise lässt an ein vergleichbares Bild Josef Scharls denken, der 1930 bei den Juryfreien eine Version dieses Themas, *Mutter mit Kind auf der Bettstadt*[21], ausstellte und eine von mehreren Mutter-Kind-Darstellungen Scharls ist. Gemeinsam ist den Gemälden die Monumentalität und Haltung des weiblichen Körpers. Ähnlich des Scharlschen Bildes blickt die Mutter in Luikos Gemälde am Betrachter vorbei aus dem Bild ins ungewisse Leere. Beate Reese, die die Darstellungsformen der Melancholie in Bildwerken der Neuen Sachlichkeit untersucht hat, sieht in den ins Leere blickenden übergroß geweiteten Augen, die „nicht nichts fixieren, sondern einen Punkt im Unendlichen suchen"[22], ein Charakteristikum des Wesens der Melancholie. Auf den Blick der Mutter trifft diese Augenmelancholie zu, die laut Reese „mit den verschlossen und undurchdringlich wirkenden, maskenhaften Gesichtern der Bildfiguren" korrespondiere, „die trotz ihrer nahegerückten Position den Betrachter auf Distanz halten"[23].

„Die Bildfiguren werden auf diese Weise – gelöst aus individuellen Bezügen – zu bildnerischen Synonymen für Einsamkeit und Isolation. Dieser Vorgang des Fremdmachens oder Fremdseins, [...] nimmt sie aus dem Konnex der Nähe, des Vertrauten heraus, was vom [sic!] dem Betrachter als Verweigerung jeglicher Kommunikation erlebt wird."[24]

Die Geste der Frau wirkt zwar einerseits beschützend, doch vermittelt sie im Zusammenwirken mit dem melancholischen Blick einen resignativen,

---

[19] Jutta Hülsewig-Johnen: Wie im richtigen Leben? Überlegungen zum Porträt der Neuen Sachlichkeit, in: Dies. (Hg.): Neue Sachlichkeit – Magischer Realismus, S. 8–24, hier S. 23.
[20] Ebd.
[21] Abgebildet in: Greither/Zweite: Josef Scharl 1896–1954, S. 117, Abb. 8.
[22] Beate Reese: Melancholie in der Malerei der Neuen Sachlichkeit (= Europäische Hochschulschriften, Reihe 28, Kunstgeschichte, Bd. 321, zugl. Diss. Univ. Bochum 1996), Frankfurt am Main 1998, S. 105–106.
[23] Ebd., S. 106.
[24] Ebd., S. 107.

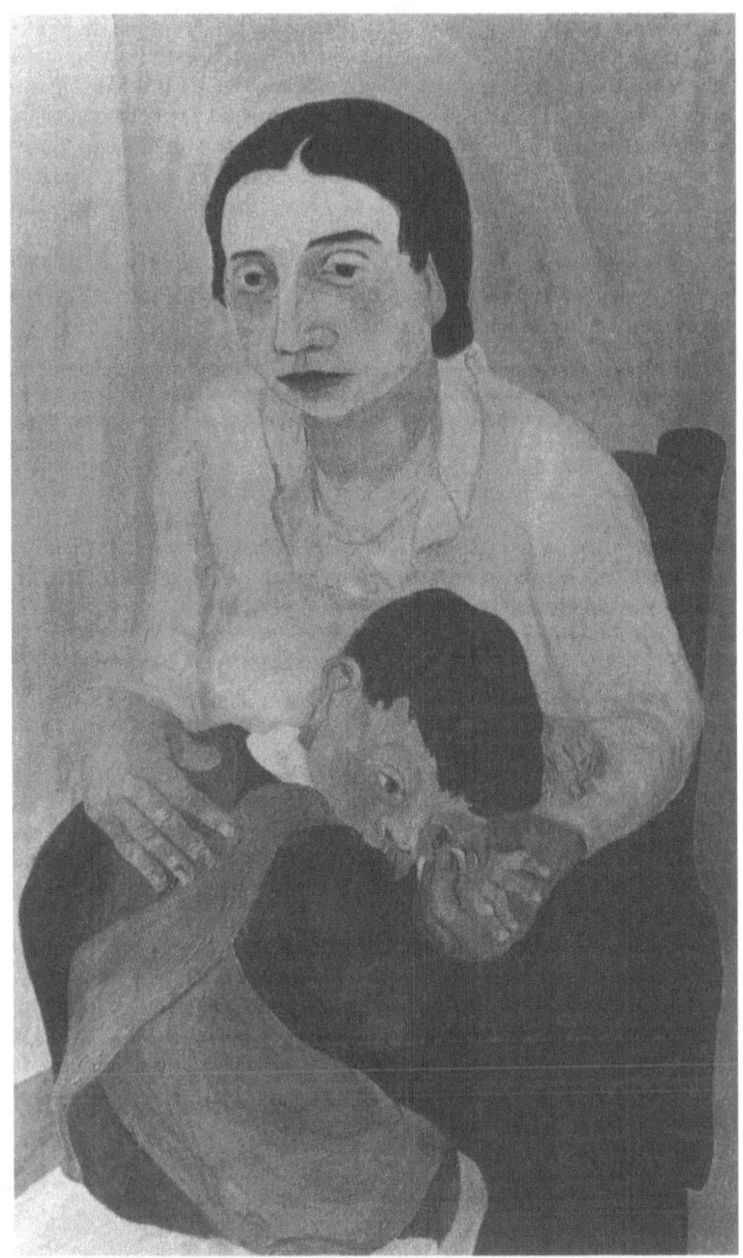

Abb. 11: *Mutter und Sohn*, 1936.

erschöpften Eindruck. Dem Betrachter stellt sich die Frage, vor was die Mutter ihr Kind schützen muss bzw. ob sie dazu in ihrer depressiven Haltung in der physischen und psychischen Lage ist. Die Körperposition der beiden Figuren vermag trotzdem Geborgenheit auszudrücken. Auch das Kind blickt mit ähnlich leeren Augen in entgegengesetzter Richtung aus dem Bild hinaus. Einerseits sucht es Schutz bei der Mutter und zugleich wirkt es, als ob es andererseits ihr diesen selbst geben möchte, da es ihre resignative Verzweiflung spürt und doch weiß, dass es dies nicht leisten kann.

Marsha Meskimmon, die sich mit der Rolle der Künstlerin während der Weimarer Republik auseinandergesetzt hat, schreibt, dass gerade jüdische Frauen und Mütter sich in einer starken Diskrepanz befanden.

„Within Judaism, maternity is especially significant with regards to lineage (and, therefore, ‚racial' identity in this period) since it is the mother's line that determinates ‚Jewishness'. This meant that Jewish women under the burgeoning anti-semitism of the Weimar period carried a double burden: on the one hand, they were responsible for the continuation of the Jewish race, on the other, they were responsible for having children whom they knew would be persecuted for being Jewish."[25]

Die Debatten, die zuvor in den 1920er Jahren um das Thema der Mutterschaft geführt wurden, betrafen in verstärktem Maße auch die aufgeklärten jüdischen Frauen. Meskimmon führt an:

„In the official publication of the League of Jewish Women, *Blätter für die Jüdische Frau*, a struggle was taking place throughout the 1920s and early 1930s around the significance of motherhood for contemporary Jewish women situated, as they were, between the Jewish community with its traditions and the modern, urban German environment of which they were also part."[26]

Die Bedeutung der Assimilation spielte verstärkt für die jüdischen Frauen dieser Generation, sicherlich auch für Maria Luiko und ihre Schwester, die Anwältin Elisabeth Kohn, eine Rolle. Denn die Entscheidung für Karriere und dem damit verbundenen gesellschaftlichen Ansehen verstärkte das Gefühl der Integration und Assimilation.

Abschließend sei noch auf einen Aspekt hingewiesen, den die Kunsthistorikerin Lotte Pulvermacher 1936 in der *BIGZ* hervorkehrt. Sie sieht in der abgebildeten Mutter den ostjüdischen Frauentypus und bringt infolgedessen das Jüdische mit der Innerlichkeit als Eigenart jüdischen Ausdruckswesens zusammen. Ein Charakteristikum, das in den zeitgenössischen Debatten als spezifisch für die Kunst jüdischer Künstler angesehen wurde.[27] Pulvermacher führt an:

---

[25] Meskimmon: We weren't modern enough, S. 104.
[26] Ebd.
[27] Vgl. die Kapitel Jüdische Motive und den Exkurs Die Problematik einer spezifisch jüdischen Kunst.

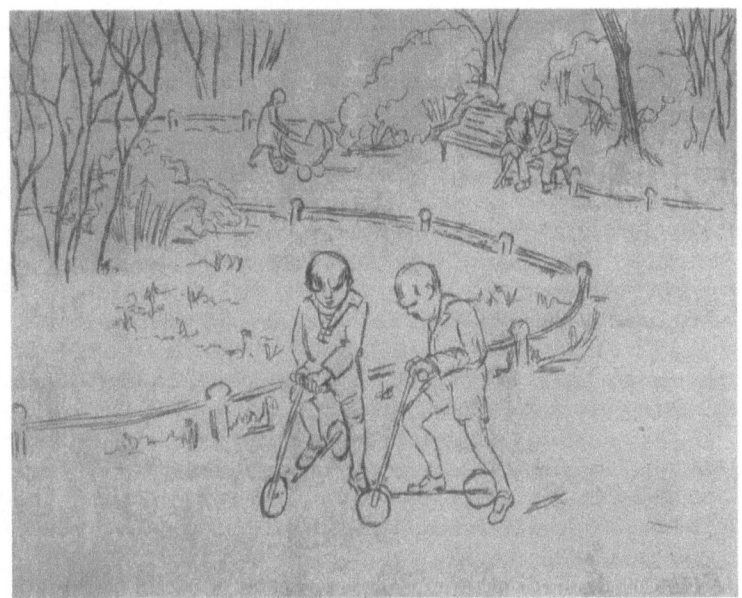

Abb. 12: *Spielende Kinder*, ca. 1934.

„Waren in der Springerschen [Elisabeth Springer, D.O.] Plastik Mutter und Kind schlechthin [...] als Einheit gegeben, so gibt Luiko deutlich erkennbar den ostjüdischen Frauentypus. Mit dunklen Augen schaut die Frau ins Unbestimmte, auch hier wieder das gleiche Aneinanderschmiegen von Mutter und Kind, in gleicher Innerlichkeit, nur mit anderen Ausdrucksmitteln erreicht."[28]

Im Zusammenhang mit der zunehmenden Bedrohung jüdischer Menschen kann dieses Gemälde demgemäß als Sinnbild für die allgemeine Hilflosigkeit und Depression gesehen werden.

Kinder

Den Kinderdarstellungen kommt eine wichtige Rolle zu. Zum einen sind sie wiederkehrendes Bildthema, zum anderen zeigen sich in ihnen die unterschiedlichen Facetten der Realität. Häufige Szenen sind spielende Kinder im Park oder auf einem Spielplatz. Die Unbeschwertheit dieser Szenerien wird unterstrichen durch das simultane Geschehen im Hintergrund: einmal sitzt ein älteres Ehepaar in trauter Harmonie auf einer Parkbank, eine junge Mutter schiebt mit Kinderwagen vorbei, wie im Hintergrund des Blattes *Spielende*

---

[28] Lotte Pulvermacher: Reichsausstellung Jüdischer Künstler im Berliner Jüdischen Museum, in: BIGZ, 1936, Nr. 11, S. 251–252, hier 251.

Kinder (Abb. 12) zu sehen ist, ein anderes Mal unterhält sie sich, das Kleinkind an der Hand, mit dem Paar auf der Bank.

Hauptthema dieser Kinderdarstellungen ist immer die Authentizität des Kindes, das noch nicht gelernt hat, sich zu verstellen. Dies kommt auch in den Blättern *Kind mit Blumen*, *Kind mit Katze* und *Mädchen mit Puppe* (Abb. 13) zum Ausdruck. Gerade bei den beiden letzteren wird die Authentizität ergänzt mit der Eigenschaft der natürlichen Fürsorglichkeit des Kindes. *Mädchen mit Puppe* zeigt einen dunklen, kargen Raum, nur der Kerzenschein erhellt die Szenerie, in der ein kleines Mädchen zärtlich und versunken seine Puppe aus einem Bettchen nimmt.

Ergänzend sei hierbei angeführt, dass dieser Ausdruck von „Authentizität" ebenso der Landbevölkerung zugeschrieben wird, was die Deutung früher Darstellungen Luikos im ruralen Milieu, wie beispielsweise das behandelte Familienbild *Lebensbilder, Blatt 2*, bekräftigt.

Ein Wandel vollzieht sich indes in dem Blatt *Zwei Knaben auf der Straße* (Abb. 14). Zwar sind die beiden Jungen einander freundschaftlich mit ihrer umarmenden Geste verbunden, doch täuscht dies nicht darüber hinweg, dass die beiden sich nachts in einer dunklen Straße befinden. Einzig der Schein der Straßenlaterne erhellt ihren Weg.

Marsha Meskimmon äußert zu der Tatsache, dass die soziale Problematik der 20er Jahre das Motiv von Kindern auf der Straße hervorbrachte[29]: „Modern children were ‚raised' as much in the exterior circumstances of the urban street as within the safe space of the interior of the home."[30] Am Beispiel der Kindersujets der Malerin Tina Bauer-Pezellen schreibt Meskimmon: „Children [...] fend for themselves (and sometimes for each other) and they develop the survival skills of adults in the city".[31] Auch Maler wie Conrad Felixmüller nahmen sich dieses Themas an, wie sein Gemälde eines *Zeitungsjungen*[32], der ärmlich bekleidet auf offener Straße steht und seiner Arbeit nachgeht, zeigt. Das Kind in seiner Authentizität und Unbedarftheit tritt hier eher in den Hintergrund. Diese Kinderdarstellungen sind daher in dieser Widersprüchlichkeit zum natürlichen Dasein des Kindes als Sozialkritik, primär als Verdeutlichung eines Missstandes, zu verstehen.

Beachtenswert erscheint das Blatt eines *Kindes vor einer Beerdigungszeremonie* (Abb. 15). Die Diskrepanz zwischen dem jungen Kind, das mit dem Rücken zum Friedhof sitzt und ernst zum Betrachter aus dem Bild herausschaut, und der Trauergesellschaft, die gerade einen Toten zu Grabe trägt, ist

---

[29] Häufig wurden davor und parallel Kinder in Innenräumen mit Spielzeug – z.B. bei Otto Dix' *Nelly mit Spielzeug*, 1925 (abgebildet in: Dix, S. 179) – dargestellt, das auf eine nur dem Kind zugängliche Welt Bezug nimmt.

[30] Meskimmon: We weren't modern enough, S. 155.

[31] Ebd., S. 153–155.

[32] Abgebildet in: Sergiusz Michalski: Neue Sachlichkeit, Köln 2003, S. 62.

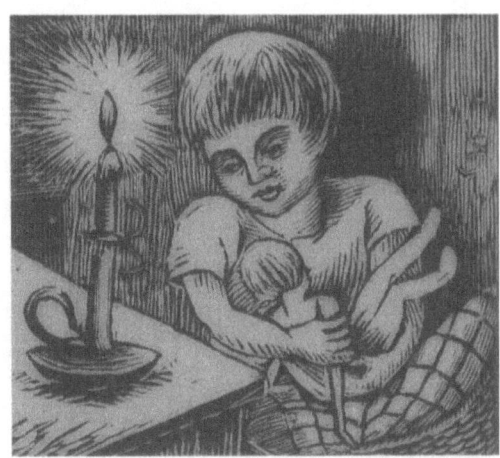

Abb. 13: *Mädchen mit Puppe*, ca. 1936.

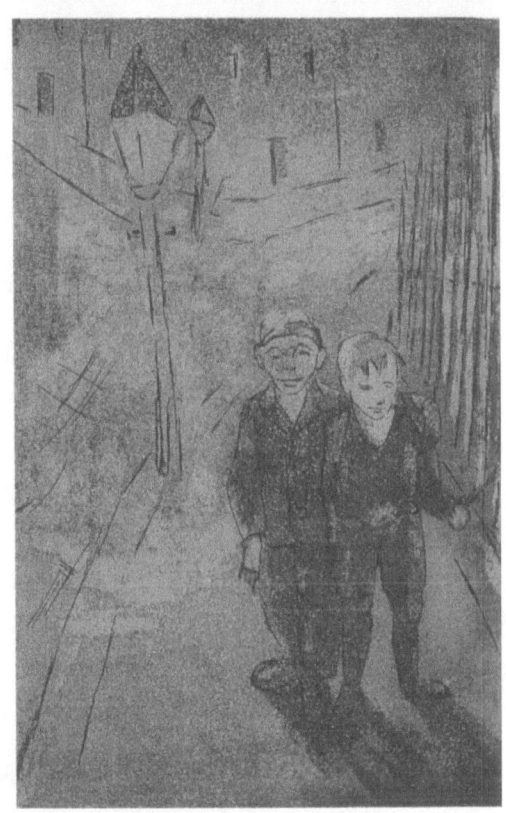

Abb. 14: *Zwei Knaben auf der Straße*, ca. 1935.

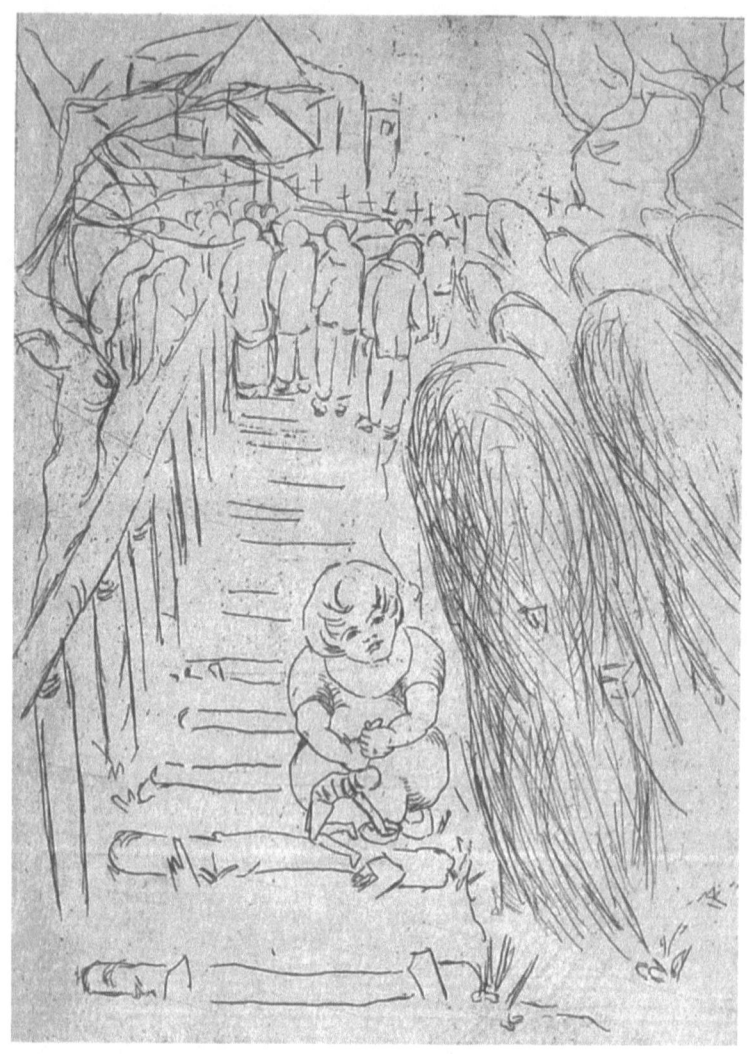

Abb. 15: *Kind vor Beerdigungszeremonie*, ca. 1934.

offenkundig. Die Umrisse der Büsche verschwimmen mit jenen der Trauern-
den.

   Das Kind ist in seiner Unbedarftheit ahnungslos ob des Leides der trauern-
den, gebeugten Gestalten im Hintergrund. Trotzdem spiegelt sich auch in seiner
Haltung die Ernsthaftigkeit der Szenerie, da es sich nicht unbeschwert im Spiel

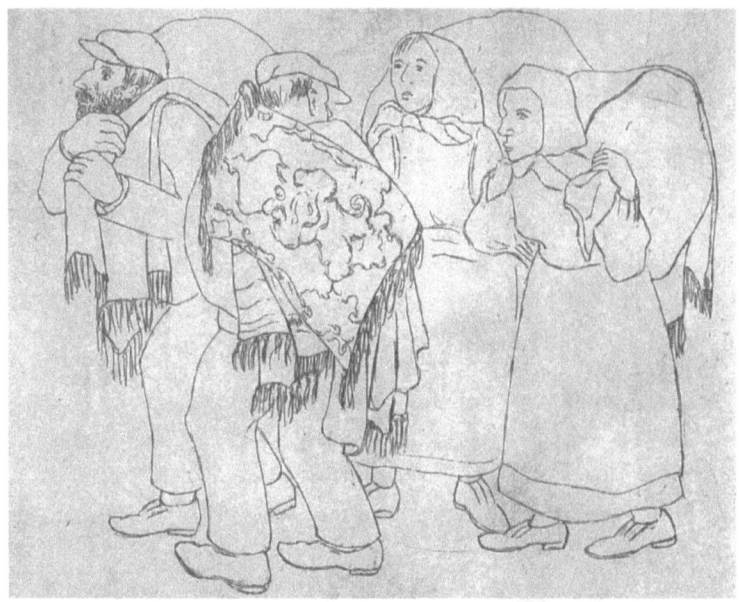

Abb. 16: *Teppichsammler*, ca. 1936.

mit der Puppe befindet, sondern diese schlaff an seinem Ärmchen herabhängen lässt. Die Natur spiegelt mittels der Kahlheit der Bäume die Situation wider, obwohl es sich, nach der kurzärmeligen Kleidung des Kindes zu schließen, um eine warme Jahreszeit handeln müsste.

Ihre Ausbildung als Kindergärtnerin verhalf Luiko sicherlich zur Einfühlung in die Welt des Kindes. Zugleich verweist sie aber in dieser späten Radierung auf einen größeren Sinnzusammenhang: dass nämlich unter den politischen Umständen Leid und Trauer auch vor Kindern nicht Halt machen und diese dem schutzlos ausgeliefert sind.

Einfache Menschen

Maria Luiko wendet sich mehr und mehr von den sorgenfreien, bürgerlichen Lebensbeobachtungen ab und richtet verstärkt ihren Blick auf die Lebensumstände einfacher und bedürftiger Menschen. Diese ausdrucksvollen Schilderungen stehen daher im Fokus der folgenden Betrachtungen, an deren Beginn ein Zitat der Malerin Grethe Jürgens stehen soll, das die Motivierung von Künstlern der 1920er und 1930er Jahre für die Darstellung menschlicher Lebenssituationen und des Menschen allgemein beschreibt:

„Es werden Arbeitslose, Landstreicher oder Bettler gemalt, aber nicht weil es ‚interessante Typen‘ sind und auch nicht, weil man wie Käthe Kollwitz zum Beispiel an

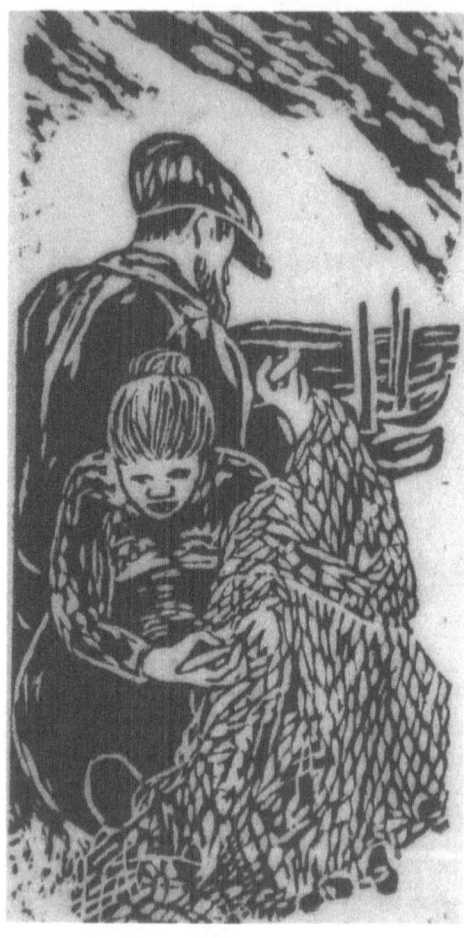

Abb. 17: *Fischerpaar beim Netzflicken*, 1939.

das soziale Gewissen und an das Mitleid der Gesellschaft appellieren will, sondern weil man plötzlich sieht, daß in diesen Gestalten der stärkste Ausdruck unserer Tage liegt.“[33]

Über die Charakterisierung des Individuellen hinaus lässt Luiko stets Hinweise auf die Schicksalhaftigkeit und das soziale Leben des Dargestellten einfließen. Sie verwendet darauf keinen aufwendigen, genrehaften Hintergrund – auch wenn manche Bilder teilweise das Milieu beleuchten – oder andere Attribute. Ihr gelingt dies vielmehr durch die Mimik und Gestik, die Wahl der Kleidung,

---

[33] Jürgens zit. nach von der Dollen: Malerinnen im 20. Jahrhundert, S. 117.

der Lokalität und der Bildkomposition bzw. Perspektive. Als Beispiele können die Blätter *Schuster*[34] und *Teppichsammler* (Abb. 16) genannt werden, da hier vor allem die Gesichter sprechen. Gerade in letzterem spiegelt sich Leid, Kummer und Sorge oder aber einfach Schicksalsergebenheit. So zeigt zum Beispiel das späte Blatt *Fischerpaar beim Netzflicken* (Abb. 17) aus dem Jahr 1939 die Einfachheit und Schlichtheit dieser Menschen. Ein Paar sitzt, einander mit dem Rücken zugewandt, am Ufer und flickt gemeinsam ein Fischernetz. In ihrer persönlichen Autarkie scheinen sie völlig von der Welt abgewandt ihrer Tätigkeit nachzugehen.

Wie immer deutlicher wird, geht es Maria Luiko zunehmend darum, Lebensgrundsätzen, die sich in übergreifenden Themen herauskristallisieren, nachzuspüren. Anders als die bissigen, entlarvenden Darstellungen des Verismus, z.B. George Grosz', zeigt Luiko den Menschen mit einer spürbaren Empathie für die Situation der sozial schwächer Gestellten oder gar Niedergedrückten.

Sie zeigt ihre Figuren nicht mit übertriebenem Pathos in ihrer Not, Hässlichkeit oder Verlassenheit. Ebenfalls verzichtet sie auf jede Art der Psychologisierung.

Arbeiter

Arbeiterdarstellungen kommen ferner häufig vor. 1929, im Jahr ihrer Mitgliedschaft der Jury des Glaspalastes, präsentiert Luiko erstmals eine Arbeiterdarstellung: die nicht erhaltene Lithographie *Bauarbeiter*.

Die Bildszenen befinden sich meist vor einem neutralen Hintergrund, einer Mauer, Häuserwand oder auf offener Straße. Das Ausschnitthafte der Darstellungen, das Festhalten eines Momentes, ist erneut augenscheinlich.[35] Dies vermittelt sich durch die Art der Präsentation: Es sind keine Bildnisse, die autonom für sich stehen und dem Porträtierten Individualität zuschreiben, sondern es handelt sich um allgemein gehaltene Bildaussagen, die die Anstrengung der Lebenssituationen verdeutlichen. Angeführt sei hier als Beispiel die Radierung *Mann mit geschultertem Sack* (Abb. 18), in der das Hochformat diese Augenblicksaufnahme, einem kurzen Beobachtungsmoment gleich, betont. Die gebückte Haltung verhindert das Sichtbarwerden des Gesichts des Mannes und betont somit die Anonymität und das Herausgreifen eines Menschen, als Vertreter einer Gruppe. Die Last seiner Tätigkeit macht es daher unmöglich, mit dem Betrachter in eine direkte Beziehung zu treten.

Eine weitere Gemeinsamkeit der Darstellungen liegt in der einfachen, gezielten Linienführung. Die damit vermittelte Schlichtheit steht zum einen für die Einfachheit der Verhältnisse, zum anderen für eben jene Momentaufnahme,

---

[34] Im Besitz des Münchner Stadtmuseums.
[35] Dieses kompositorische Element verwendet Luiko besonders in den Darstellungen, die Menschen in Situationen der Bedrohung zeigen.

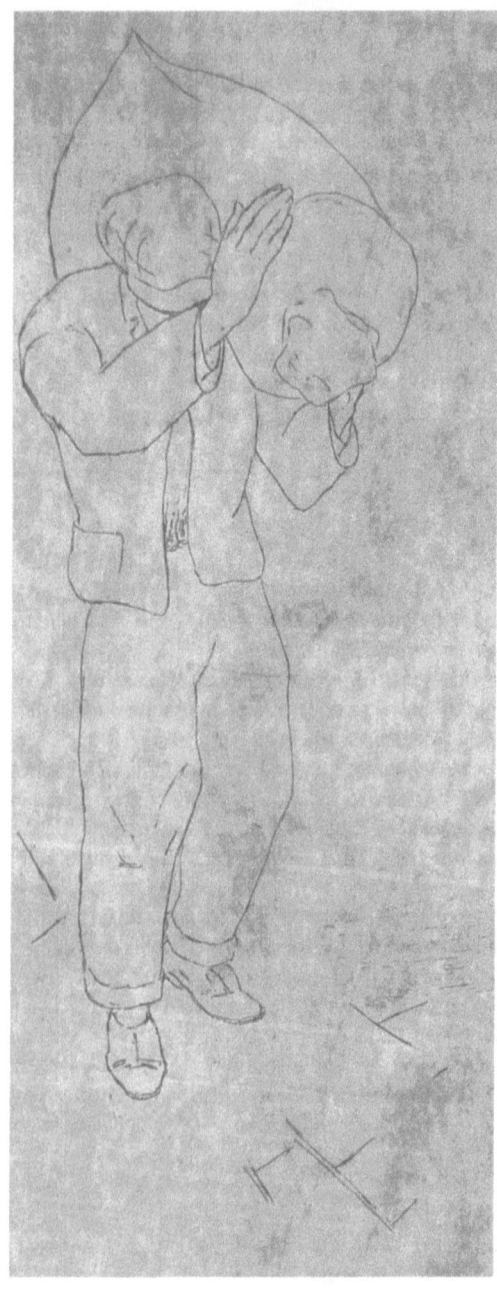

Abb. 18: *Mann mit geschultertem Sack*, ca. 1934.

die mit der Darstellung von Tagelöhnern für diese temporäre Beschränktheit aufzufassen ist.

Maria Luiko steht mit den frühen Arbeiterbildnissen *Arbeitsrast* (Abb. 19) und *Männer am Fluß* sowie *Bauarbeiter* (Abb. 20), vermutlich Ende der 1920er, Beginn der 1930er Jahre entstanden, in der Tradition der eher naturalistischen Abschilderung der Arbeitsdarstellungen des 19. Jahrhunderts, wie sie Adam C. Oellers in seiner Publikation zur Bildnismalerei der Neuen Sachlichkeit beschreibt[36]. Gegenüber diesen allgemeineren Kategorien entwickelten sich in den 1920er Jahren erste Eigenständigkeiten in der Porträtierung.[37] Seit dem Ersten Weltkrieg erfuhr die sozialkritische Kunst Verbreitung und die Persönlichkeit des Einzelnen, die individuelle proletarische Existenz, rückte ins Gesichtfeld der Künstler. Trotzdem ist das individuelle Bildnis des Arbeiters noch relativ selten und kein gebräuchlicher Bildnistyp. Milieu- und situationskritische Momente sind beim Arbeiter – ebenso wie beim Bauernporträt häufig in der nicht porträthaften Darstellung angesiedelt. Laut Oellers ist die Entwicklung des Arbeiterporträts im Laufe der 1920er Jahre durch bestimmte „Schübe" gekennzeichnet, an denen die Einflüsse und Wirkungen gesellschaftlicher und kulturpolitischer Verhältnisse deutlich abzulesen sind.[38] Eine erste Formulierung erfuhr das autonome Arbeiterporträt, das für die Steigerung des Selbstbewusstseins einer erstarkenden Klasse steht, durch Otto Dix, Conrad Felixmüller und Otto Griebel.

Die Graphiken Luikos aus den Mitt-1930er Jahren wie *Schneekehrer* und der eingangs behandelte *Mann mit geschultertem Sack* stehen für die Tendenz der Auflösung der Individualität und der verstärkten Typisierung, die auch Oellers beschreibt[39]. Die Arbeiterdarstellungen Luikos sind augenscheinlich geprägt von der mühevollen Ausübung einer Tätigkeit. Diese konkrete Beobachtungsgabe Maria Luikos ist durchaus gleichfalls als engagierter Realismus wie ihn Käthe Kollwitz, freilich in einer stark symbolhaltigeren Sprache, und Lea Grundig prägten, zu verstehen. In München begegnete Luiko diesen einfachen Menschen, häufig Ostjuden, im Münchner Gärtnerplatzviertel, wo sich viele der um die Jahrhundertwende aus dem Osten geflohenen Juden aufhielten. Diese Zuwanderung setzte ab 1882 und verstärkt nach 1904 ein, trotzdem war München keineswegs eines der Hauptziele osteuropäischer jüdischer Zuwan-

---

[36] Vgl. Adam C. Oellers: Ikonographische Untersuchungen zur Bildnismalerei der Neuen Sachlichkeit [Diss. Univ. Bonn], Mayen 1983, S. 230.

[37] Vgl. ebd., S. 229.

[38] Vgl. ebd., S. 231.

[39] Ebd., S. 239. Vgl. auch S. 246: Hier bezieht sich Oellers auf Kuhirt, *Das Werden des sozialen Realismus in der deutschen bildenden Kunst.* Er führt an: „Die Gestalt des ‚Arbeiters', des ‚Proletariers' schlechthin als Repräsentanten der Klasse wandelte sich mehr und mehr zum konkreten Individuum mit einer reichen Fülle menschlicher Qualitäten und konkreter Beziehungen zur Umwelt, wandelte sich zum Typ, handelnd unter typischen Umständen."

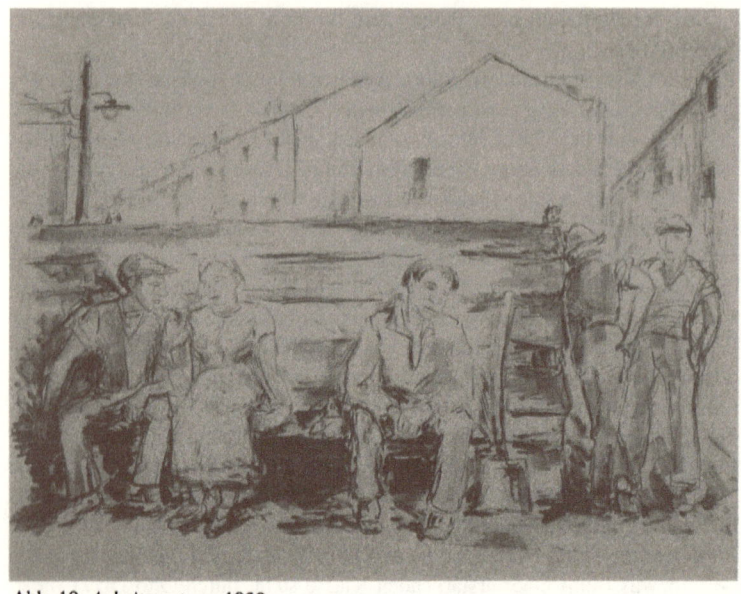

Abb. 19: *Arbeitsrast*, ca. 1930.

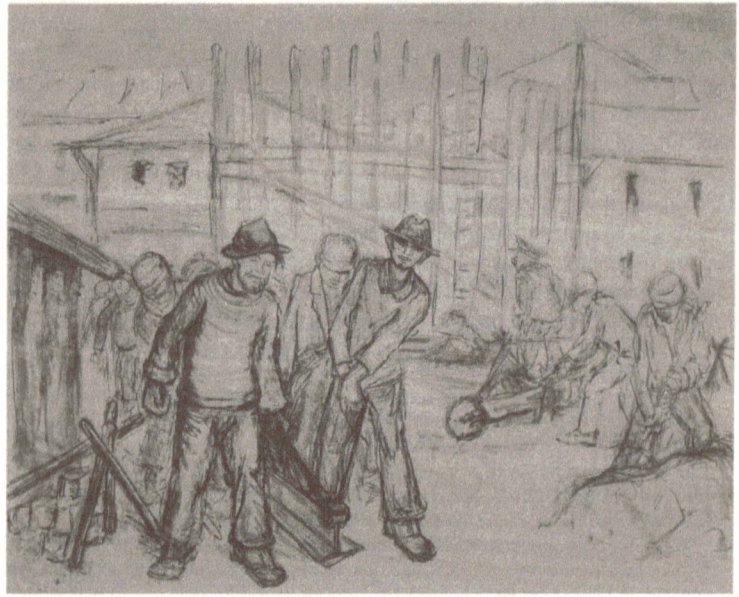

Abb. 20: *Bauarbeiter*, ca. 1929.

derung. Nur etwa 400 Familien wählten Anfang des 20. Jahrhunderts München als neuen Wohnort.[40] Sie arbeiteten als Handwerker, Kleinhändler, Hausierer oder als Gelegenheitsarbeiter ohne festen Beruf und festes Arbeitsverhältnis.[41] Als junge Künstlerin, die den Blick auf die soziale Misere richtet, die in den 1920er und 1930er Jahren weite Bevölkerungsteile traf, ragt Maria Luiko im Münchner Umfeld heraus.

Soziale Randgruppen

Ihren Blick für das soziale Elend schärfend, richtet sie ihn folglich auf die Untersten der Gesellschaft. Sie beobachtet eine alte Frau, die Tauben füttert (Abb. 21), eine Bettlerin, Augenkranke und einen Mann, der auf der bloßen Erde schläft (Abb. 22). Hier wird eine Personengruppe dargestellt, die gesellschaftlich und, wie letzterer, sozial „am Boden" ist – im Gegensatz zu der einen Schritt höher angesiedelten Gruppe der Arbeiter, die kompositorisch entweder sitzend oder stehend gezeichnet werden.

Ihr künstlerisches Engagement verwendet Luiko für die Benachteiligten jener Zeit: Tagelöhner, Bettler, Kranke – oft traf auf die erwähnte ostjüdische Bevölkerung Münchens dieses Schicksal zu. Personen, die gestern eventuell noch ein Dach über dem Kopf hatten und nun aufgrund der wirtschaftlichen und politischen Umstände obdachlos und ohne Zukunft sind und mit dem Tod zu rechnen haben.

In den 1920er Jahren waren bei Malern der Neuen Sachlichkeit Darstellungen vom menschlichen Elend umgesetzt worden. Beispielhaft sind hier zu nennen: Karl Hubbuchs *Veilchenverkäufer*[42], Otto Dix' *Prager Straße*[43] sowie Josef Scharls *Kauernder*[44]. Hubbuchs Verkäufer geht einer untergeordneten Tätigkeit nach, während hingegen Dix' Kriegsversehrter einen Menschen darstellt, der ohne eigenes Verschulden an den untersten Rand der Gesellschaft geraten und auf die Almosen der vorübereilenden Menschen angewiesen ist. Beide nehmen Partei für den armen Menschen ein, wohingegen Scharl um eine stärkere Neutralität bzw. Realität in der Wiedergabe bemüht ist.

Im Holzschnitt *Bettlerin* (Abb. 23) greift Maria Luiko dieses Thema auf und verarbeitet ihre Beobachtung auf ihre eigene Weise. Dargestellt ist eine kniende oder am Boden sitzende Frau, die mit großen emporgerichteten Augen aufsieht.

---

[40] Vgl. Doris Seidel: Zeitweilige Heimat – Die Blechners in München 1920 bis 1939, in: Andreas Heusler: Ich lebe – es ist ein Wunder: Schicksal einer Münchner Familie während des Holocaust, München 2001, S. 25–47, hier S. 27.
[41] Vgl. zur Situation der Ostjuden in Deutschland Egmont Zechlin: Die deutsche Politik und die Juden im Ersten Weltkrieg, Göttingen 1969, S. 102–104.
[42] Abgebildet in: Hans-Jürgen Buderer: Neue Sachlichkeit. Bilder auf der Suche nach der Wirklichkeit. Figurative Malerei der zwanziger Jahre (Ausstellungskatalog Städtische Kunsthalle Mannheim), hg. von Manfred Fath, München/New York 1994, S. 121.
[43] Abgebildet in: Dix, S. 93.
[44] Abgebildet in: Firmenich (Hg.): Josef Scharl, S. 72, Tafel 20.

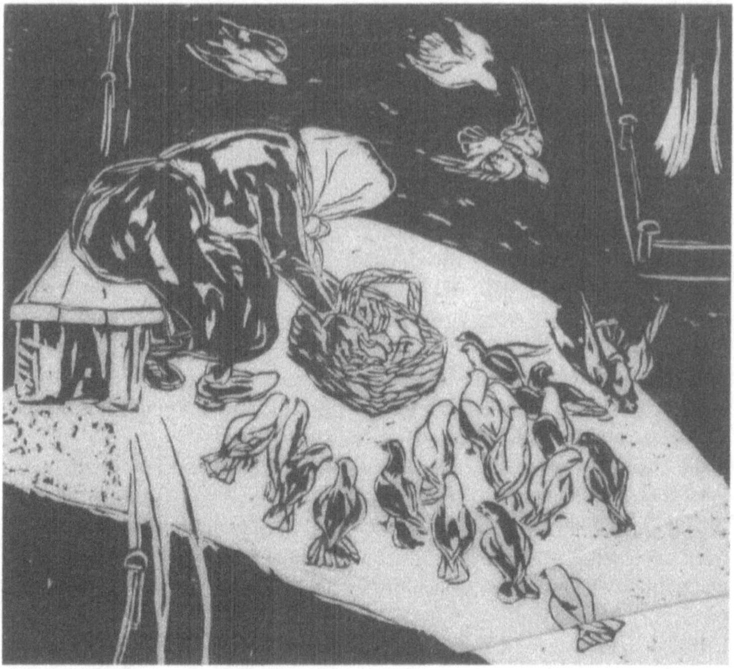

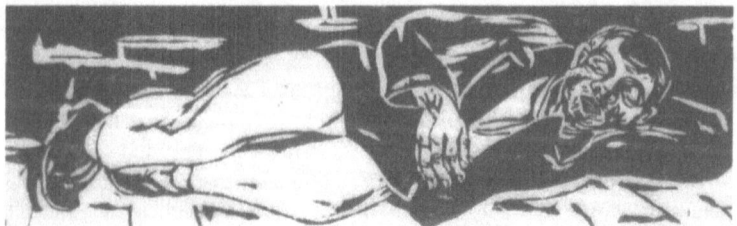

Abb. 21: *Alte Frau beim Taubenfüttern*, ca. 1936.

Abb. 22: *Schlafender Mann*, ca. 1936.

Ihre linke Hand hält sie erwartungsvoll nach oben; sie ist auf das Mitleid und
wie Dix' Kriegsversehrter auf die Spende anderer angewiesen. Die Nahsicht
des Gesichtes beeindruckt. In expressiver Gestaltungsweise konzentriert sich
Luiko auf das zerfurchte Gesicht und die groben Hände. Hier wird besonders
ein Motiv Maria Luikos, das sich durch ihr gesamtes Werk zieht, deutlich: die
Ausdruckskraft von Gesicht und Händen. Die formale Monumentalität, die die
inhaltliche indiziert, rückt diese Arbeit in die Nähe der Bildformulierungen
von Käthe Kollwitz. Das Gesicht der Bettlerin erscheint durch die grobe,

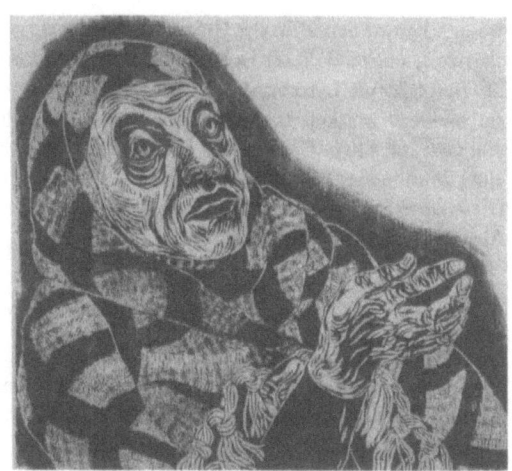

Abb. 23: *Bettlerin*, ca.
1936.

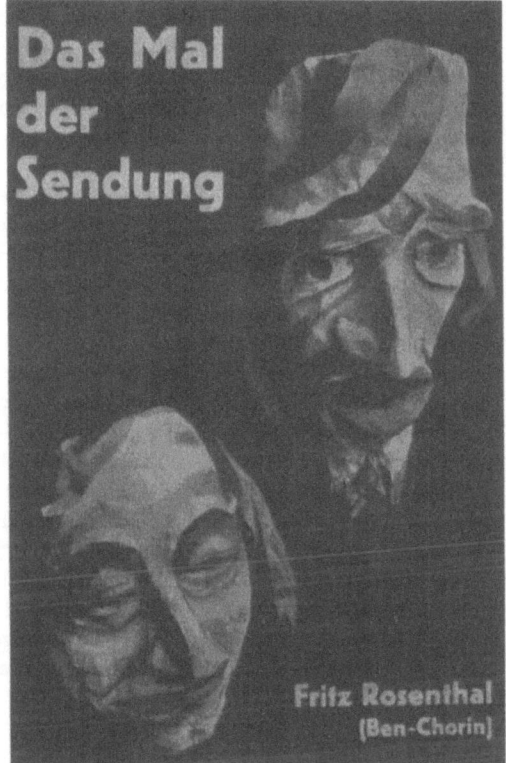

Abb. 24: *Masken*, ca.
1934/35, Einband für
Schalom Ben-Chorin:
Das Mal der Sendung.
Die Lieder des ewigen
Brunnens Neue Folge.

wenig filigrane Schraffur des Holzschnitts wie eine geschnitzte Maske. Möglicherweise entstand dieser Holzschnitt parallel zu Luikos Umschlaggestaltung für Ben-Chorins Lyrikband *Das Mal der Sendung*[45] (Abb. 24), für welchen sie mehrere Masken schnitzte. Die unterschiedlich stoffliche Behandlung von Gewand sowie Gesicht und Händen assoziiert beim Betrachter die Figur einer Marionette, wie sie Luiko zu gleicher Zeit für den Kulturbund schuf. Diese Divergenz von Ornamentierung und grober Beschaffenheit verstärkt den Abstraktionsprozess der Darstellung.

Daseinsformen im Zuge der Bedrohung

Die Folgen, die die zunehmende Bedrohung und gesellschaftliche Ausgrenzung während der NS-Zeit bei den betroffenen Menschen auslösen, werden bei fortschreitender Analyse offenbar. Es geht Maria Luiko verstärkt um die Zusammenhänge zwischen der äußeren Bedrohung und der inneren Leere, die die Isolierung aus der Gesellschaft beim einzelnen Menschen hinterlässt. Sie rückt die Weise, in welcher dies das Individuum verarbeitet, in teilweise gleichnishaften Darstellungen in den Vordergrund, wobei sie sich traditioneller Motive bedient. Die Isolation des Menschen wird besonders in seinem Wechselverhältnis zu anderen deutlich, wie dies an einigen Paardarstellungen zu beobachten ist. Trotz des Themas der Absonderung handelt es sich vereinzelt um einfühlsame Szenerien wie beispielsweise der Holzschnitt *Liebespaar* oder *Paar in einer Winterlandschaft* (Abb. 25) zeigt. In *Liebespaar* (Abb. 26) berücksichtigt Maria Luiko die alltägliche Gegebenheit einer sexuellen Beziehung eines Liebespaars und wendet sich somit von den Ideologisierungen allgemeingültiger Paardarstellungen ab. Sie zeigt die sexuelle Liebe auf einer gleichberechtigten Ebene. In einem Innenraum liegen die beiden Liebenden engumschlungen in einem Bett. Mann und Frau sind ganz aufeinanderbezogen, wobei sich der Mann über der Frau befindet und mit seinen Händen ihr Gesicht umfasst. In dieser Symbiose und im Negieren erotischer Reize wie nackter Körperteile, bieten sie sich nicht dem Betrachter an. Diese Innigkeit des Paares wird verstärkt durch die kompositorische Darstellung in einem Innenraum. Nur ein Fenster, das mit einem durchsichtigen Vorhang versehen ist, bildet eine Kontaktmöglichkeit nach außen. Die gesamte Szenerie wirkt völlig raum- und zeitenthoben, ein Eindruck, der durch die Abtrennung von der Umwelt verstärkt wird.

Diese Abgeschiedenheit kann als Kommentar auf die gesellschaftliche Situation um 1936/38 verstanden werden. Sozusagen als Verweis auf eine Zeit, in der zwischenmenschliche, emotionale Beziehungen besser versteckt und geheim gehalten wurden. Luiko als Jüdin spiegelt darin ihre Einstellung den

---

[45] Schalom Ben-Chorin: Das Mal der Sendung, Der Lieder des ewigen Brunnens Neue Folge, München 1935.

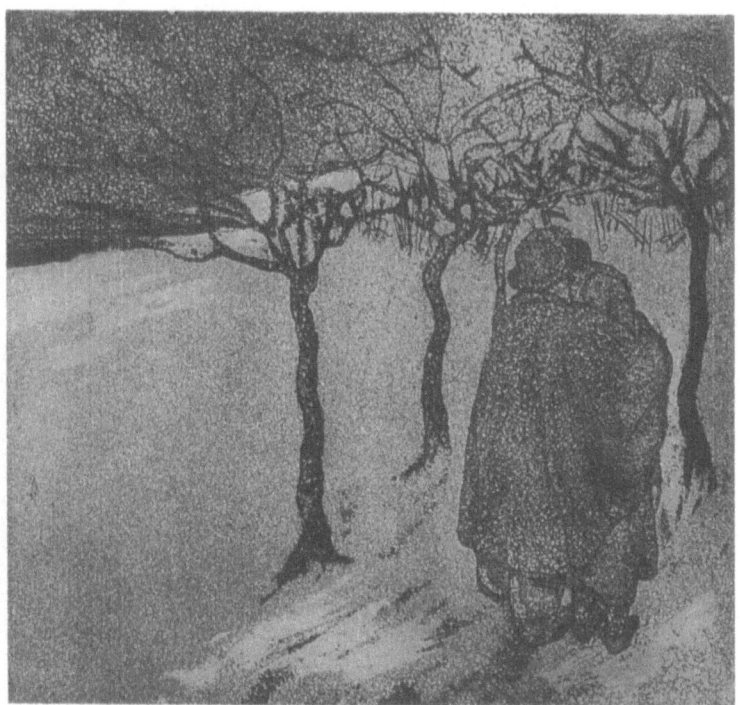

Abb. 25: *Paar in einer Winterlandschaft*, ca. 1936.

politischen Ereignissen gegenüber, die dem Menschen in seinen (Liebes-)Beziehungen nur noch die Abgeschlossenheit übrig lässt. Im Gegensatz dazu steht das Gemälde *Im Kaffee* aus dem Jahr 1929, wo ein öffentliches Bekennen gesellschaftsübergreifend noch möglich war.

Die Stilistik des Holzschnitts erinnert an Frans Masereels Paardarstellungen wie z.B. *Spleen* und *De kus*[46], beide aus dem Jahr 1924: Die größere Härte im Schwarz-Weißkontrast sowie die scharfkantigere Flächengestaltung sind bei Masereel ebenfalls Mittel, den Bildgedanken durch die Eigenschaften des Holzschnitts auszudrücken. Auch motivisch gibt es Parallelen, da sich Masereel bereits in den frühen 1920er Jahren der Beobachtung des Individuums in all seinen Lebensfacetten als auch dem „Schicksal der gedemütigten

---

[46] Abgebildet in: Gert Claußnitzer: Frans Masereel, Berlin (Ost) 1990, unpaginiert. Masereels Holzschnittzyklus *Die Idee* war bereits 1924 im Verlag Kurt Wolff in München erschienen. 1927 folgte eine Volksausgabe.

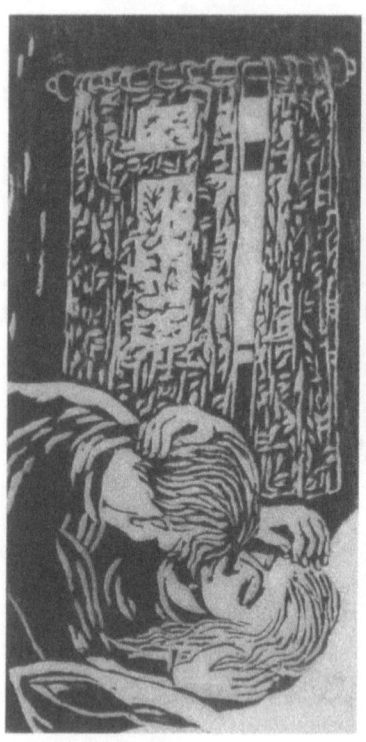 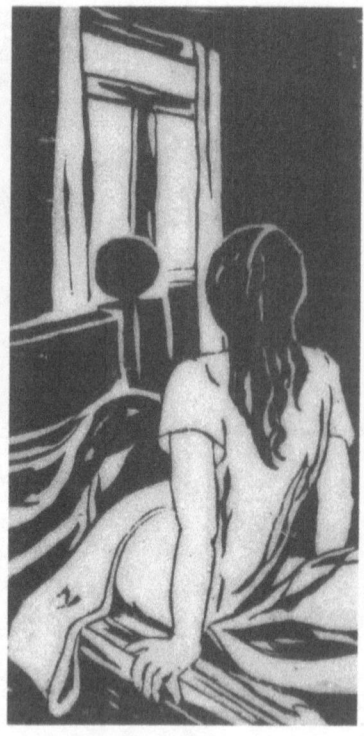

Abb. 26: *Liebespaar*, ca. 1938.   Abb. 27: *Im Dunkeln lauschende Frau*, ca. 1938.

Menschheit"[47] zuwendet. Ein Thema, das Maria Luiko in den 1930er Jahren in unterschiedlichen Codierungen aufgreift.

Dieselbe Innigkeit und das Aufeinanderbezogensein, jedoch ohne jegliche sexuellen Anspielungen, zeigt die Aquatinta *Paar in einer Winterlandschaft*. Die Künstlerin stellt das Paar als Rückfiguren inmitten einer unwirtlichen, trostlosen Umgebung dar. Liebevoll legt der Mann den Arm um die Frau und hüllt sie so in seinen Mantel, um sie vor der Kälte zu schützen. Doch auch hier wandert das Paar durch eine kahle Winterlandschaft abseits jeglicher Zivilisation und Öffentlichkeit. Noch sind sie sich gegenseitig verbunden. In den folgenden Beschreibungen zur Beziehungslosigkeit dringt die Bedrohung von außen bereits in die zwischenmenschlichen Beziehungen.

Einsamkeit und Isolation sind sowohl in den Paardarstellungen als auch in den Einzelbeobachtungen des Menschen Thema. Wiederkehrende Motive

---

[47] Claußnitzer: Frans Masereel, unpaginiert.

wie der Blick aus dem Fenster, die Rückansicht einer Figur oder die Raumab-
schlüsse mit Fenster sind offensichtlich und werfen die Frage nach dem allgemeinen Raumempfinden als Spiegelung der gesellschaftlichen Umstände auf.
Wie Christoph Vögele in seinem Aufsatz *Kastenraum und Flucht. Zur Raumpsychologie der Neuen Sachlichkeit* zusammenfasst, so reagierten bereits Literatur und Philosophie der Weimarer Republik auf die zunehmende „Vermas-
sung" mit einem Gefühl der Klaustrophobie.

„Das Menschsein des Einzelnen ist ‚durch die Kollektivierung in Frage gestellt. Sie
bedroht die Persönlichkeit und verringert zunehmend seine Freiheit. Es ist, als träte
an Stelle innerer Ordnungsprinzipien ein äußeres Ordnungssystem, eine Technokratie,
die den Menschen nach außen hin zwar ‚organisiert', ihm jedoch innerlich keinen Halt
zu bieten imstande ist. Er sieht sich letzten Endes auf sich gestellt, ja gerade auf sich
zurückgeworfen'."[48]

Vögele bezieht sich auf Karl Jaspers *Die geistige Situation der Zeit* aus dem
Jahr 1931, wenn er auf die „universale Heimatlosigkeit" und die Isolation des
Einzelnen und dessen „Kasernierung" verweist.[49] Die Existenz des Menschen
kann sich nur in einer hermetisch abgeschlossenen Welt abspielen. Auf die
Werke Luikos bezogen lässt sich feststellen, dass diese Gefühle der Isolation
des Einzelnen und dessen Kasernierung verstärkt in den Holzschnitten der
späten 1930er Jahre auftauchen und somit diese Geisteshaltung auf ihre Situation der Verfolgung als auch der „inneren Emigration" übertragen – beispielsweise in den Graphiken *Im Dunkeln lauschende Frau* (Abb. 27) und *Frau am
Fenster* (Abb. 28). Dieses Leitmotiv wird ergänzt durch das Motiv des „Innen-
raums mit Fenster" bzw. des „Blicks aus dem Fenster", häufige Sujets in der
Malerei der Romantik[50] und der Neuen Sachlichkeit, die auch Georg Schrimpf
in seinen Gemälden *Am Fenster*[51], 1925, und *Ausschauendes Mädchen*[52],
1937, thematisierte.

Das Fenster ist als Raumsymbol anzusehen, da es zugleich Außen- und
Innenraum trennt und verbindet und somit die Grenzstelle zwischen den
beiden Bereichen markiert. In Maria Luikos Holzschnitten ist es die einzige

[48] Alexander Gosztony: Der Mensch in der modernen Malerei, Versuche zur Philosophie des Schöpferischen, zit. nach Christoph Vögele: Kastenraum und Flucht, Panorama und Kulisse. Zur Raumpsychologie der Neuen Sachlichkeit, in: Hülsewig-Johnen (Hg.): Neue Sachlichkeit – Magischer Realismus, S. 25–43, hier S. 29.
[49] Ebd.
[50] Ein sehr häufiges Motiv bei Georg Friedrich Kersting oder Georg Waldmüller. Ebenfalls bei Caspar David Friedrich, *Frau am Fenster*, 1822, abgebildet in: Werner Hof-
mann: Caspar David Friedrich: Naturwirklichkeit und Kunstwahrheit, München 2000,
S. 15.
[51] Abgebildet in: Hülsewig-Johnen (Hg.): Neue Sachlichkeit – Magischer Realismus,
S. 109, Tafel 18.
[52] Abgebildet in: Hülsewig-Johnen (Hg.): Neue Sachlichkeit – Magischer Realismus,
S. 110, Tafel 19.

Verbindung zur Außenwelt und zugleich Indiz für die Isolation der dargestellten Frauen. Auch im Blatt *Liebespaar* ist das Fenster ein wichtiger kompositorischer Bestandteil. Die Fenster öffnen jedoch nicht den Blick auf eine andere, freiere Welt, sondern es fällt auf, dass durch die Fenster kein Detail der Außenwelt erkennbar ist. Gerade im Blatt *Im Dunkeln lauschende Frau* bleibt die Außenwelt undefinierbar, ein weißes Nichts, was die Einsamkeit der Dargestellten umso mehr verstärkt. Die Haltung der Frau, das starre Blicken zum Fenster, vermittelt Angst – eine Momentaufnahme, als ob sie eben von einem Geräusch aufgeschreckt sei. Somit wird das Fenster zum Mittlerelement zwischen der Bedrohung, die sich davor befindet, und dem Schutzraum des Schlafzimmers.

Die *Frau am Fenster* weist durch das Beiseiteschieben der Gardine dasselbe Haltungsmotiv auf wie Schrimpfs *Am Fenster*. Es ist hier ein Detail der Außenwelt erkennbar: die (Straßen-)Lampe, ein ebenfalls immer wiederkehrendes Motiv bei Maria Luiko, die ihr Gesicht und einen Teil der Hauswand erhellt. Allerdings bezeugen ihre weit aufgerissenen Augen ein Gefühl der Angst. Im Zusammenhang mit der „inneren Emigration", die das Blickfeld jüdischer Künstler immer stärker beschnitt, sei an dieser Stelle betont, dass das Motiv des Interieurs zum Ort der Isolation und des verzweifelten Rückzugs wurde. Ebenfalls sich wiederholende Bildmotive wie Mauern und durch Gitter verschlossene Fenster thematisieren die Eingrenzung des Lebensraumes und zugleich die Sehnsucht nach menschlicher und künstlerischer Freiheit.[53] Ob es sich bei den beiden letztgenannten Darstellungen um eine Folge handelt, ist nicht offensichtlich, sie stehen jedoch in motivischer und stilistischer Nähe.

Auffällig an den Paardarstellungen ist die Beziehungslosigkeit, die zwischen den Figuren besteht und für den Betrachter fühlbar wird. Beispielsweise ist im Holzschnitt *Gegenüberstehendes Paar* (Abb. 29) durch die äußere Erstarrung des Mannes, seinen gesenkten Blick und vor allem die verschränkte Armhaltung die Distanz zu der Frau, die ihm zugewandt und mit dem Rücken zum Betrachter steht, spürbar. Maria Luiko greift auf ihr ausdrucksstarkes Motiv der übergroßen Hände zurück. Obwohl das Hochformat die Figuren näher zusammenrückt, vermittelt dies nicht Intimität und Vertrautheit, sondern unterstreicht vielmehr den Eindruck von hilfloser Kommunikationslosigkeit. Die Künstlerin verschärft diese Beziehungslosigkeit in der Radierung *Älteres Paar* (Abb. 30), die im Jahr 1933 entstand, zu ausgeprägter Entfremdung und Vereinsamung innerhalb einer Beziehung. Vor neutralem Hintergrund, ohne jede Andeutung der Umgebung, befinden sich eine ältere Frau, auf einem Stuhl sitzend, und ein ihr den Rücken zukehrender Mann. Der Mann ist in einer kompositorisch dominanteren Position, da er steht, während die Frau sitzend gezeichnet ist. Die Frau wirkt ermattet und vom Alter gezeichnet. Die Emotionslosigkeit zwischen den beiden wird verstärkt durch die ablehnende Haltung des Mannes,

---

[53] Vgl. Reese: Melancholie, S. 222–224.

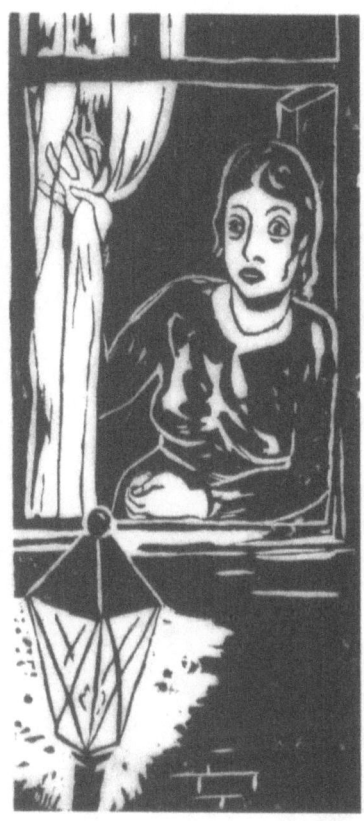

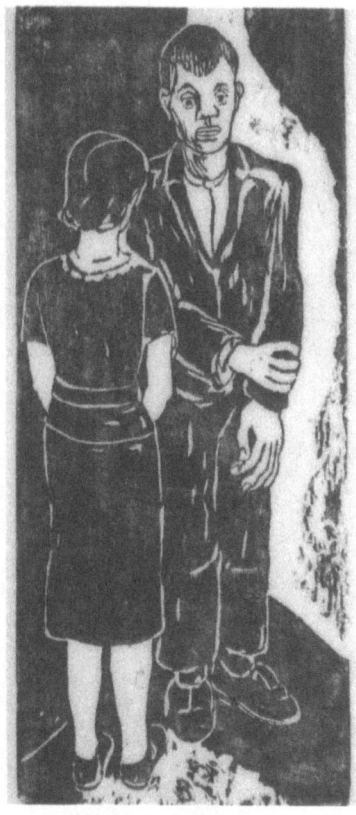

Abb. 28: *Frau am Fenster, ca. 1938.*

Abb. 29: *Gegenüberstehendes Paar,*
ca. 1938.

der seine Hände in den Taschen hält. Das Fehlen interpretierbarer Details, die auf ein Zusammenleben verweisen würden, impliziert das Auseinanderleben des Paares.

Die Isolation des Menschen, selbst wenn er in Beziehung zu einem Partner tritt, ist in diesen Graphiken das zentrale Thema. In den Paardarstellungen steht die Frage nach einer gemeinsamen Zukunft, die auch gegenseitige Unterstützung und Zuneigung mit einschließt, von der Aquatinta *Paar in einer Winterlandschaft* abgesehen, im Raum. Maria Luiko greift somit wiederum ein Thema auf, das in der Malerei der Neuen Sachlichkeit Niederschlag fand. Hier zeigen die leidenschaftslosen Ehepaardarstellungen eine Abkehr von den Familienbildern des 19. Jahrhunderts.[54] Allerdings thematisieren die Maler der

---

[54] Vgl. hierzu Seelen: Das Bild der Frau, S. 75–81.

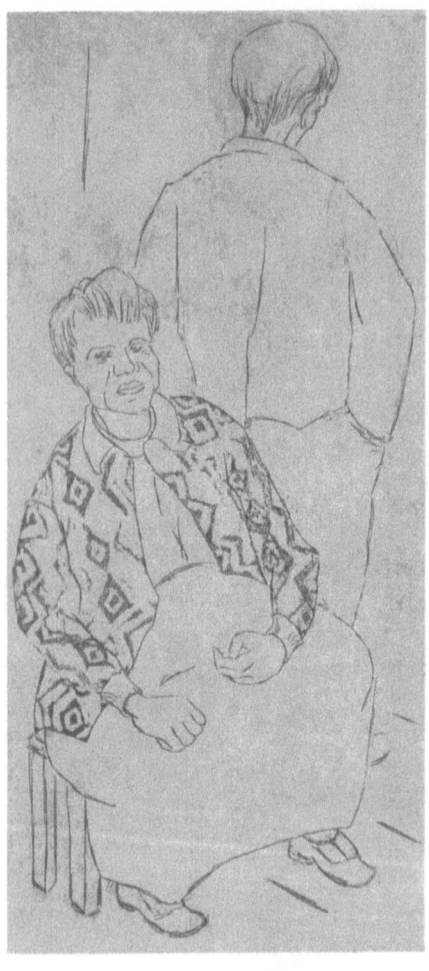

Abb. 30: *Älteres Paar*, 1933.

Neuen Sachlichkeit, wie beispielsweise Anton Räderscheidt, den Verlust von
Zusammenhalt innerhalb einer Ehe, der bedingt wird von der geschlechtlichen
Gleichberechtigung. Diese Geschlechterfrage wird nur teilweise im Werk Luikos angerissen. Vielmehr scheint die Beziehungslosigkeit und Abkehr von dem
Partner ein Sinnbild für die zeitbedingte innere Einsamkeit und Not des Menschen zu sein. Die Paardarstellung in diesem Kontext verweist daher umso
stärker auf die unausweichliche Veränderung des Menschen. Betrachtet man
die Umstände, unter denen Luikos Graphiken entstanden, so ist der Gedanke
nach geschlechtlicher Gleichstellung für Luiko zweitrangig, da es für sie als
jüdische Künstlerin in einem weit größeren Kontext um die Gleichstellung des

Individuums geht. An diesem Punkt wird die Entwicklung Luikos evident: Die nach Harmonie ausgerichteten frühen Werke weichen einer kritischen, nachdenklichen Sicht auf die Lebensumstände und weisen darüber hinaus auf die Frage nach den Grundrechten des Menschen und die Vereinzelung bzw. den Verlust von Beziehung, wenn ihm diese entzogen werden.

Bedrohung, Gefahr, Gefangenschaft

Künstlerisch reagiert Maria Luiko auf die gesellschaftlichen Ereignisse mit einzelnen graphischen Arbeiten, die unverschlüsselten, politischen Inhalts sind.[55] Es scheint, als ob Maria Luiko in den Darstellungen, die Verfolgung und Gefangenschaft thematisieren, zu ihrem eigentlichen Thema findet. In jenen Blättern zeigt sich die Künstlerin als kritische Zeitzeugin und mahnende Visionärin. Mit diesen Bildszenen stellt sie als jüdische Künstlerin im München der Mitt- und ausgehenden 1930er Jahre eine engagierte Ausnahme dar. Allerdings steht die Frage im Raum, ob und wo sie die Möglichkeit hatte, diese Blätter außerhalb der graphischen Ausstellungen des Kulturbundes auszustellen. Aus ihren Briefen geht hervor, dass sie auf Gelegenheiten durch Vermittlung jüdischer Bekannter im Ausland hoffte.

Schon während des Ersten Weltkriegs und verstärkt in den 1920er Jahren beziehen viele jüdische Künstler Position gegen Krieg, Gewalt und gegen jegliche soziale Ausgrenzung, indem sie eine kritische und politisch engagierte Kunst schaffen, wie in ganz unterschiedlichen künstlerischen Formen beispielsweise bei Ludwig Meidner, John Heartfield, Marc Chagall, Lea Grundig und Felix Nussbaum geschehen. Hans Günther Golinski äußert in dem Ausstellungskatalog *Das Recht des Bildes*, dass eine übermäßige politische Aufmerksamkeit und eine hoch entwickelte Sensibilität für gesellschaftliches Unrecht das Schaffen vieler jüdischer Künstler bis heute kennzeichne.[56]

Es finden sich bei Maria Luiko keine Darstellungen des Krieges mit Frontsoldaten, Schlachtfeldern oder Toten. Auch Szenen des Holocaust, Bilder aus Konzentrationslagern oder der Mord an Juden kommen nicht vor. Trotzdem beinhalten die nachfolgend beschriebenen Blätter eine starke visionäre, mahnende Aussagekraft durch die Darstellung von Bedrohung, Isolation, Gefahr und Gefangenschaft.

Bedrohung vermittelt sich in dem Blatt der *Marschierenden Truppen* (Abb. 31). Auch wenn unklar ist, um welche Art des Aufmarsches, entweder ein Polizeiaufmarsch, ein Spielmannszug als Teil der Truppen oder eine

---

[55] Auch wenn hier der Begriff „politisch" verwendet wird, soll dies nicht implizieren, dass Maria Luiko als politische Künstlerin zu gelten hat, geschweige denn sich Ende der 1930er Jahre ganz politischen Sujets verschreibt. Allerdings ist Fakt, dass die realistische Darstellungsweise bildhafte Gleichnisse schafft für die erfahrbare Realität.

[56] Vgl. Hans Günther Golinski: Das Recht des Bildes – zu den Motiven einer Ausstellung, in: Ders./Hiekisch-Picard (Hg.): Recht des Bildes, S. 8–26, hier S. 22.

militärische Parade, es sich handelt, die Uniformität, das In-Reihe-Gehen der
dargestellten Männer, deren Anzahl völlig unbestimmbar ist, die Kahlheit der
Bäume, und vor allem der ausschnitthafte Blick über die Häuserdächer hinweg, erwecken in erster Linie einen beunruhigenden Eindruck. Es handelt sich
um keine Vorstadtidylle wie die zuvor entstandenen Lithographien und Zeichnungen, die die Neuhauser Straßenumgebung der elterlichen Wohnung in der
Loristraße zeigen. Die politische Realität ist bis in die Vororte gekommen und
präsentiert sich in diesem vormaligen Idyll in bedrohlicher Atmosphäre. Ähnlich verhält es sich mit der Radierung *Menschen in Warteschlange* (Abb. 32).
Unheilvoll erscheint die Situation, in der eine Gruppe Menschen, in der sich
auch uniformierte Polizisten befinden, auf die ein in einer Schlange Wartender
vor einem Haus deutet, die wohl für die Ausgabe von Essen oder Ähnlichem
ansteht. Die Wartenden erscheinen als anonyme Gruppe, sie sind dem Betrachter mit dem Rücken zugewandt, es ist kein Gesicht erkennbar. Mehrere Polizisten bewachen die Szene. Der im rechten Bildvordergrund angeschnittene
Polizist verdeutlicht die Unausweichlichkeit und die Enge der Situation. Die
abschätzigen Blicke und Gesten, die die zu einem Grüppchen zusammenste-
henden Menschen denen in der Schlange zuwerfen, vermitteln Ausgrenzung,
Missachtung und Denunziation. Die Angst vor Diffamierung und Ausgesto-
ßensein und auch deren Konsequenzen steht über der Bildszene.

Durch eine extreme Ausschnitthaftigkeit, die Fokussierung und Reduzie-
rung auf einen aussagekräftigen Moment, wird das gleiche Thema in *Warnung*
(Abb. 33) verdeutlicht. Der Holzschnitt zeigt zwei Männer auf Augenhöhe,
von denen der linke den rechten, rückwärtig ansichtigen, am Handgelenk festhält und ihm eindringlich in die Augen blickt. Die Komposition der Darstellung weckt Assoziationen zu Frans Masereels Einzelholzschnitt *Das Paar*[57]
von 1930. Auch hier erscheint die vordere Bildfigur in Rückansicht, während
man das Gesicht und die eindrückliche Geste der Frau frontal wahrnimmt. In
Luikos Holzschnitt steigert der helle Lichtstrahl im Hintergrund, der an die
Lichtführung des Scherenschnitts *Auferweckung* erinnert, die Eindrücklichkeit
der Situation. Das Blatt *Festnahme* (Abb. 34) ist als eine sukzessive Steigerung in der Dramatik der Szenerien anzusehen. Es zeigt frontal einen festge-
nommenen Mann mit nach vorne gestreckten Armen und Händen, der etwa
die Hälfte des Blattes einnimmt. Seine Geste lässt schwer erkennen, ob ihm
die Handschellen bereits angelegt wurden oder ob er im Begriff ist, verhaftet
zu werden. Am oberen Bildrand befinden sich kopfüber drei dunkle, silhouet-
tenhafte, menschliche Schatten, von denen einer die männliche Figur bereits
am Hutansatz berührt. Kompositorisch stehen die Männer hinter der zentralen
Figur, die somit den Betrachter anschaut. Sie wendet ihnen den Rücken zu,
kann daher ihr Näherkommen nur erahnen. Einzig ihre Schatten sprechen für
ihre unmittelbare Präsenz. Die Kontrastierung zwischen der umrissgezeich-

---

[57] Abgebildet in: Frans Masereel, Dresden 1959, Abb. 30.

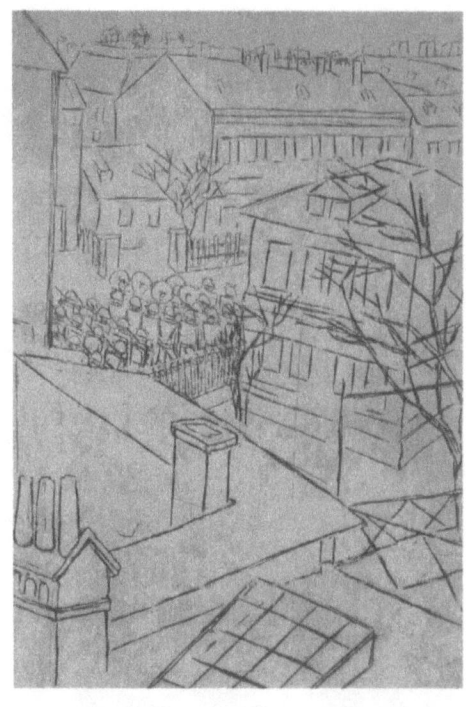

Abb. 31: *Marschierende Truppen*, ca. 1934.

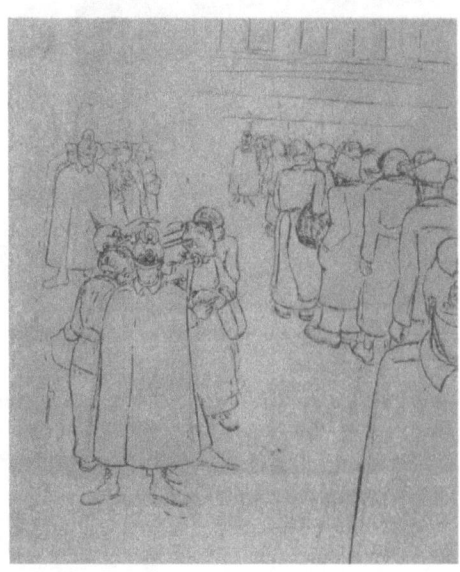

Abb. 32: *Menschen in Warteschlange*, ca. 1936.

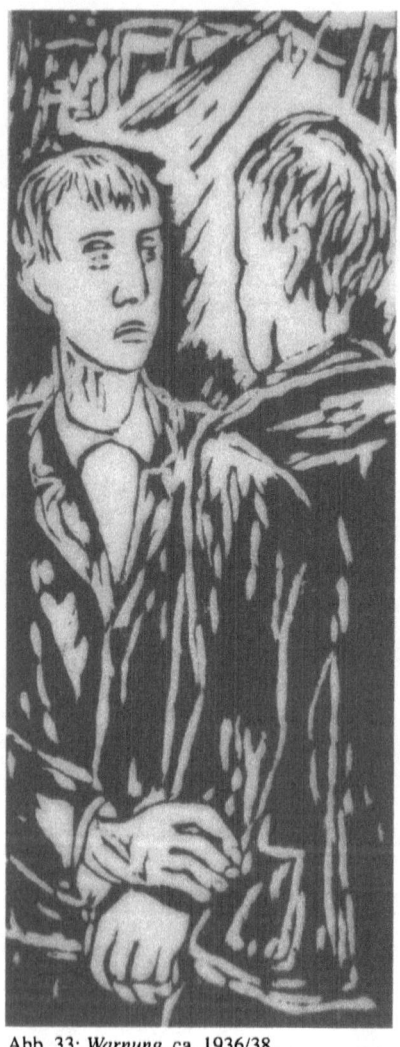

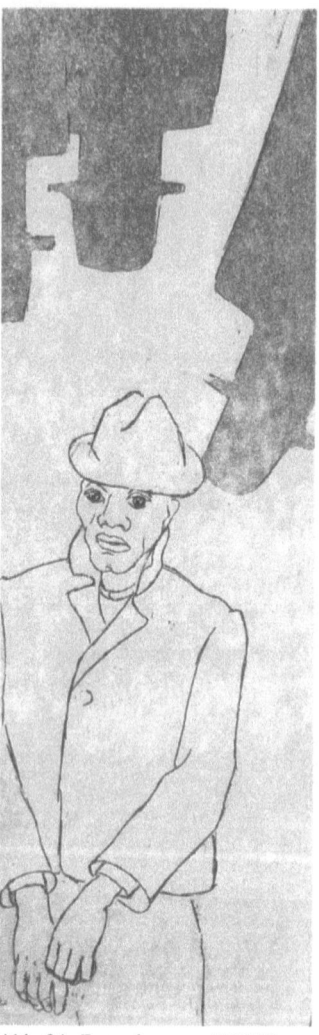

Abb. 33: *Warnung*, ca. 1936/38.   Abb. 34: *Festnahme*, ca. 1936/38.

neten Figur und den bedrohlichen Schatten verstärkt die unheilschwangere
Atmosphäre. Der Grund für seine Gefangennahme geht aus der Darstellung
nicht hervor. Die Geste und die Kontaktaufnahme zum Betrachter, die hilfesu-
chend als auch anklagend zu deuten ist, vermitteln einen wehrlosen Eindruck,
der Bestürzung beim Betrachter für sein Schicksal hervorruft. Auch hier wird
die Bedrohlichkeit und Not der Situation mit den kompositorischen Mitteln der

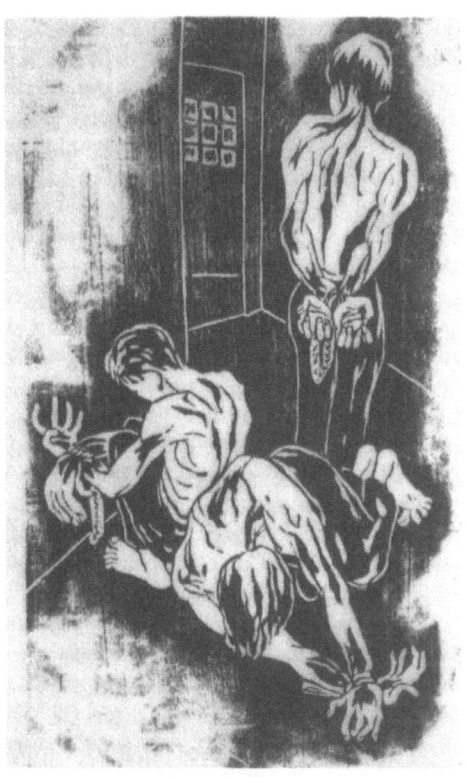

Abb. 35: *Gefesselte Männner*
im Gefängnis, ca. 1936/38.

Ausschnitthaftigkeit, Begrenztheit des Bildraumes und vor allem der Enge –
hier das Näherkommen der Schatten –, in der sich die zentrale Figur befindet,
hervorgerufen.

Die Bedeutung der Szene geht nicht nur aus den Motiven, sondern auch
aus ihrer Zusammensetzung hervor. Dies zeigt die unreale Lichtführung, die
Licht und Schatten nicht nach der Realität der äußerlichen Beleuchtung, sondern der inneren Bedeutung anordnet. Die Wirkung dieser Permutation besteht
darin, das Gefühl der Bedrohung auch für den Betrachter nachempfindbar zu
machen.

In dieser Reihe der politischen Szenen ist der Holzschnitt *Gefesselte Männer im Gefängnis* (Abb. 35) ein ausdrucksstarkes Zeugnis für Maria Luikos
gleichnishafte Bildfindungen, die die gesellschaftliche Situation spiegeln. Die
Graphik zeigt drei Männer in unterschiedlichen Körperpositionen, die sich in
einer käfigartigen Zelle befinden. Dieser ist in der linken Bildhälfte eine Tür
vorgesetzt, deren einzige Öffnung ein mit Gitterstäben versehenes Fenster ist.
Die Männer sind alle mit nacktem Oberkörper dargestellt, auf denen mittels

der expressiven Holzschnittlinien die Muskeln stark hervortreten. Dieses Blatt
weist ebenfalls das Motiv der vom Betrachter abgewandten Gesichter auf. Auffallend ist die Überdimensionierung der gefesselten Hände[58]. Sie dient dazu,
die Marter der Fesselung und den ausweglosen Zustand des Gefangenseins
stärker zu offenbaren. Gerade bei der linken, hockenden Figur scheinen die
Hände mit dem Foltergerät der Fessel zu einem unauflösbaren Gebilde zu ver-
schmelzen. Somit ist die äußere Bedrohung, die Machtausübung durch das
Medium der Fessel den Gefangenen in den Körper gezeichnet. Durch die Fär-
bung des Holzschnitts setzt Luiko den Fokus einem großen Schatten gleich auf
die drei Männer und die Türe, die ihren einzigen Weg zur Außenwelt anzeigt.
Einer Simultandarstellung gleich befinden sich die drei in der Zelle: Der rechte
steht noch erwartungsvoll mit dem Blick zur Tür gerichtet, während der linke
bereits resignativ mit gesengten Augen am Boden hockt. Der vordere Gefangene liegt zusammengekrümmt auf der Erde, wobei nicht ersichtlich wird, ob
er lebendig ist oder bereits tot. Die Härte des Holzschnitts dient als Ausdrucksmittel, die Bildaussage mittels der graphischen Technik zu verdeutlichen. Die
Ursache der Gefangennahme erschließt sich aus der Darstellung nicht. Es kann
sich um Gefangene handeln, die ein kriminelles Delikt begangen haben, um
politische Gefangene, die dem Regime missfielen, oder um Gefangene, die aus
rassischen Gründen die Ablehnung und Gewalt der Machthaber erfuhren.

Mit der Darstellung von unbekannten, aus rassischen oder politischen Gründen Gefangenen hat Maria Luiko ein Zeichen für die Bedrängnis des Menschen
in jener Zeit geschaffen. In dieser „Vision" von potentieller Grausamkeit werden die Gefangenen zum Symbol gegen alle Unfreiheit, die auf Erlösung wartet, in realem wie in übertragenem Sinne. In dieser visionären Bedeutung steht
auch der späte Holzschnitt *Menschengruppe vor der Deportation* (Abb. 36).
Die Traumata der Judenverfolgung werden in einer allgemeineren Sprache
abgefasst: Eine Menschengruppe steht und sitzt wartend im Freien. Dicht anei-
nander gedrängt und doch innerhalb einer anonymen Masse, sind die Menschen gezwungen, der kommenden Dinge zu harren und ihre gewohnte Umgebung zu verlassen. Manche befinden sich auf dem kalten Boden, andere auf
ihren Koffern oder Decken. Eine überdimensionierte Kette begrenzt den rechten Bildrand und weckt Assoziationen mit einer Befestigungskonstruktion, wie
sie an Güterbahnhöfen oder Frachthäfen zu finden ist. Alle Bildfiguren sind
schwarz gekleidet, die Frauen tragen zudem Kopftücher. Die Körper, die sich
nicht vom Betrachter abwenden, haben weiße, leere Gesichter. Nur ein Mann
erhebt sich im Bildzentrum und blickt leicht nach rechts gewandt aus dem Bild
heraus; er ist die einzige Gestalt, deren Gesichtszüge kenntlich gemacht sind.
Die Arme hält er steif am Körper entlang nach unten. Sowohl seine als auch

---

[58] Hände sind auch bei Frans Masereel ein wichtiges, ausdrucksstarkes Motiv; z.B.
L'Homme qui marche (1951), *Les Mains* (1951), *Dans la ville* (1956), abgebildet in:
Claußnitzer: Frans Masereel, unpaginiert.

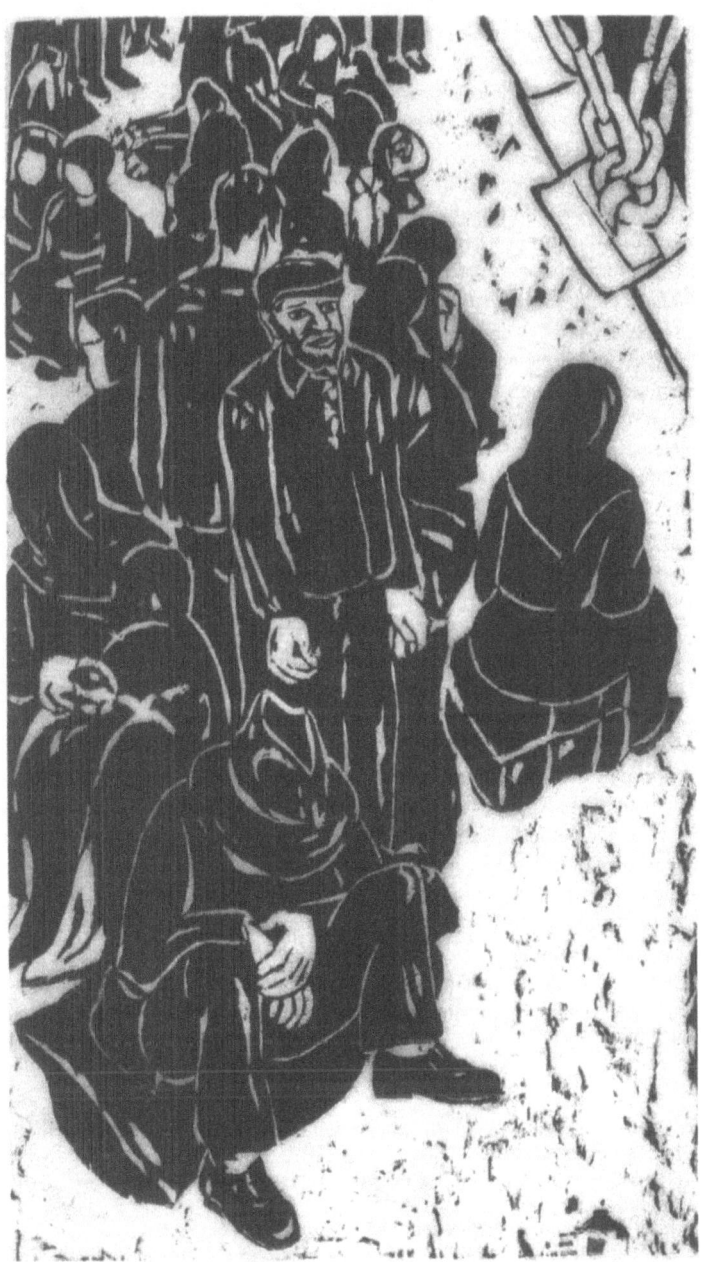

Abb. 36: *Menschengruppe vor der Deportation*, ca. 1938/39.

die Hände der mit gesenktem Kopf vor ihm hockenden Figur sind wieder über-
proportional gezeichnet. Die gesamte Körperhaltung, besonders die Mimik,
vermittelt Hilflosigkeit und Resignation. Inmitten dieser unzähligen sitzenden,
schwarzen Gestalten, die alle dasselbe Schicksal teilen, wirkt sein Erheben wie
ein letztes „Aufbäumen", bevor auch er sich in sein Schicksal fügt.

Bereits im Oktober 1938 gab es erste Ausweisungen polnischer Juden, die in
München lebten und arbeiteten. Auf eine Verfügung der Geheimen Staatspo-
lizei in Berlin wurden 18 000 polnische Juden des Deutschen Reiches verwiesen. Die Einigung zwischen Deutschland und Polen ermöglichte zuletzt den
bereits verwiesenen teilweise die Rückkehr in ihre Städte. Andere wurden in
Grenzgebieten unter unwürdigen Bedingungen festgehalten.[59]

Maria Luiko konnte durchaus Zeugin dieser Ausweisungen und der damit
verbundenen Schikanen geworden sein. Somit verknüpft sie die historische
Vertreibung von Juden, vor allem aus den Ostländern, mit den aktuellen Zeit-
umständen. Auf die von Luiko noch nicht geahnten Massendeportationen
der 1940er Jahre bezogen, zeugen diese Bildszenen von einer fast visionären
Kraft.

So ist das Blatt auch als Allusion der Künstlerin zu verstehen. Mit den Mitteln des Holzschnitts verbindet sie das Motiv zu einem expressiv-visionären
Realismus.

Eine Künstlerin, die sich zeitparallel eingehend mit dem Aufzeigen der Ungerechtigkeit gegenüber der jüdischen Bevölkerung befasst hat, ist Lea Grundig.
Selbst als Jüdin diffamiert, später verfolgt und mit Ausstellungsverbot behaf-
tet, zeigt sie in eindringlichen Radierungen der Mitt-1930er Jahre Themen wie
Judengasse in Berlin, die Strasse der zum Tode Verurteilten[60] oder *Der Jude
ist schuld*[61]. Auf den ersten Blick differente Darstellungen, denen jedoch, wie
auch in den Bildbeispielen Maria Luikos, die Isolation und Einsamkeit des
Individuums, die Hilflosigkeit und Verzweiflung durch die bewusste Ausgrenzung aus der Gesellschaft gemein ist.

Einen wichtigen Aspekt innerhalb dieser Analyse markiert Luikos Ölge-
mälde *Anrufung* (Abb. 37), welches auf der Ausstellung in den Klubräumen des
Jüdischen Frauenbundes 1937 in Berlin gezeigt wurde. Die Kunsthistorikerin
Lotte Pulvermacher bezeichnet es als Ausdruck des „sozialen Themas"[62].

Die Komposition zeigt fünf Handpaare in unterschiedlichen Gesten. Heinz
Demisch, der sich mit der Gebärde der parallel erhobenen Hände befasst hat,

---

[59] Vgl. zu den ersten Deportationen Münchner Ostjuden und deren Folgen Seidel: Zeitweilige Heimat, S. 45–46.
[60] Abgebildet in: Lea Grundig. Werkverzeichnis der Radierungen, Berlin (West) 1973,
Abb. 43.
[61] Abgebildet in: Golinski/Hiekisch-Picard: Recht des Bildes, S. 265.
[62] Lotte Pulvermacher: Ausstellung Münchner jüdischer Künstler in Berlin, in: BIGZ,
Nr. 9, 1.5.1937, S. 186–187, hier S. 187.

differenziert zwischen sakralem und profanem Gestus.[63] Die sakrale Gebärde meint die Oranten-Haltung, die einem Höheren entgegengetragen wird; die profane Gebärde geht einher mit Gefühlen des Schreckens und der Freude. Diese beiden Ausrichtungen werden von Maria Luiko in ihrem Gemälde verbunden: Die Figuren, die die Arme und Hände zum Himmel erheben, implizieren das Beten zu etwas Höherem, wohingegen die beiden Personen, die sich die Hände vor das Gesicht halten, mit dieser Gebärde primär Angst und Verzweiflung ausdrücken. Auch ohne Erklärung des historischen Kontexts erschließt sich die Verzweiflung, gar Todesangst, die diese Menschen bewegt. Die Künstlerin führt den Darstellungsmodus der Expressivität der Hände fort. In dem Gemälde erfährt dies noch eine Steigerung, da aufgrund der Farbverteilung, die sich auf der Reproduktion abzeichnet, nun fast ausschließlich Hände zu erkennen sind.

Das Bild wurde schon 1935 angefertigt. Dies belegt ein Brief an Ben-Chorin, in welchem sie schreibt: „Ich habe ein Bild gemalt, da sind viele Hände drauf".[64] Da sich das Sujet der Hände, ihre überdimensionierte Darstellung und die unterschiedlichen Gesten durch ihr gesamtes Werk ziehen, ist an dieser Stelle die Frage nach der Bedeutung, die Maria Luiko dem zumisst, zu stellen. Luikos eigene Haltung hierzu lässt sich sekundär aus folgender Äußerung an Ben-Chorin schließen:

„Dass das Hamburger Familienblatt sich an mich wendet glaube ich nicht, weil ich einmal für sie eine Illustration gemacht habe, die sie dann nicht wollten. Sie beanstandeten zu grosse Hände und dergleichen. So ausgemachten süsslichen Kitsch wie die es wollen, kann ich leider nicht."[65]

Hier wird ersichtlich, dass gerade die Hände für sie ein Bildelement zur Steigerung der Ernsthaftigkeit und auch Eindringlichkeit des Sujets sind.

Als übergreifendes Sinnbild für diese Gruppe der Graphiken, die, sei es erlebte oder aus der Historie antizipierte Bedrohung und Gefahr schildern, steht zum Abschluss die von ihr selbst betitelte Radierung *Der Schrei* (Abb. 38).

Dieses Blatt kann als Pars pro Toto gesehen und mit den Worten Ziva Amishai-Maisels' zu Rezeptionsbildern von Edvard Munchs *Der Schrei* als Konklusion angeführt werden. Die Autorin erörtert in ihrer Publikation *Depiction and Interpretation, The Influence of the Holocaust on the Visual Arts*:

„This imagery was so common that the scream itself became a widespread symbol of the World War II in general and the Holocaust in particular. The use of the scream as a symbol of man's condition had, of course, achieved renown through Munch's *The Scream* of 1893.

---

[63] Vgl. Demisch: Erhobene Hände, S. 9–11.
[64] StadtAM, Judaica, Varia, 2, Brief Maria Luikos an Schalom Ben-Chorin vom 24.6.1935.
[65] StadtAM, Judaica, Varia, 2, Brief Maria Luikos an Schalom Ben-Chorin vom 4.9.1936.

However, it was repeated by so many artists before and during World War II that it became a leitmotif of the war. [...] the scream represents horror both at the war and its results, as well as a call for help, an aspect which is particularly clear in Lipchitz's *The Terrified One* of 1936."[66]

Mit diesem Sujet drückt Maria Luiko auch ihre eigene Angst, ihr eigenes Opfergefühl aus. Die bereits erwähnte jüdische Künstlerin Lea Grundig verwendet dasselbe Thema innerhalb ihres Zyklus *Der Jude ist schuld* aus den Jahren 1935/36. Hier ist es der letzte Schrei eines sterbenden Mannes, der in Angst vor der Bedrohung erstarrt ist.[67] Im Kontext des Holocausts wird das rezipierte Motiv des Schreis, wie Amishai-Maisels ausführt, zum Todesschrei des dargestellten Opfers, zugleich zum Schrei des Künstlers gegenüber seinem Bildobjekt, zum Schrei des Betrachters im Anblick des Bildes und schlussendlich zum Schrei des Widerstands.[68]

Die Blätter der *Gefesselten Männer im Gefängnis* und *Der Schrei* versinnbildlichen die Endstationen der Judenverfolgung. Durch die Reduktion auf die Körper der Gefangenen bzw. den Kopf des Mannes erreichen sie eine aus sich selbst sprechende Aussagekraft, die weiterer Interpretationen entbehrt.

Jüdische Motive

Mit welchem Ernst Maria Luiko ihre jüdische Identität in künstlerischer Hinsicht vertrat, lässt sich aus den frühen Werken der 1920er Jahre schwer erschließen. Die Bildtitel der ausgestellten Werke im Glaspalast verweisen ebenfalls auf kein jüdisches Sujet. Die stärkere Auseinandersetzung Luikos mit jüdischen Themen im Laufe der 1930er Jahre wird anhand verschiedener Äußerungen in ihren Briefen an Schalom Ben-Chorin nachvollziehbar. Luiko berichtet von unterschiedlichen Bildsujets. So z.B. ein „Tallitjude",

„ein Bild mit dem Titel ,Der Wartende', einen rothaarigen Juden darstellend, und ein Bild ,Anrufung'. Das sind jüdische Motive, alle sehr dunkel zwar, aber ich halte sie doch am Besten geeignet. Die Stilleben und Landschaften sind ja alle heller und farbiger aber es lässt sich ausser der Reihe damit weniger anfangen."[69]

Sie hatte ihrem Freund Ben-Chorin ebenfalls zur bevorstehenden Emigration im Herbst 1935 nach Palästina eine *Mesusa* (Abb. 39) als Abschiedsgeschenk geschnitzt. Die geschnitzte Figur stellt einen Rabbi in traditioneller Kleidung dar, der mit erhobenen Händen die Tora hält. Darunter, das heißt zwischen

---

[66] Amishai-Maisels: Depiction and Interpretation, S. 147.

[67] Lea Grundig, *Der Schrei*, 1935, Blatt 7 der Folge *Der Jude ist schuld*, abgebildet in: Lea Grundig. Radierungen 1933–1938 (Ausstellungskatalog München, Galerie Hierling), o.A., unpaginiert.

[68] Amishai-Maisels: Depiction and Interpretation, S. 147.

[69] StadtAM, Judaica, Varia, 2, Brief Maria Luikos an Schalom Ben-Chorin von Montag, undatiert.

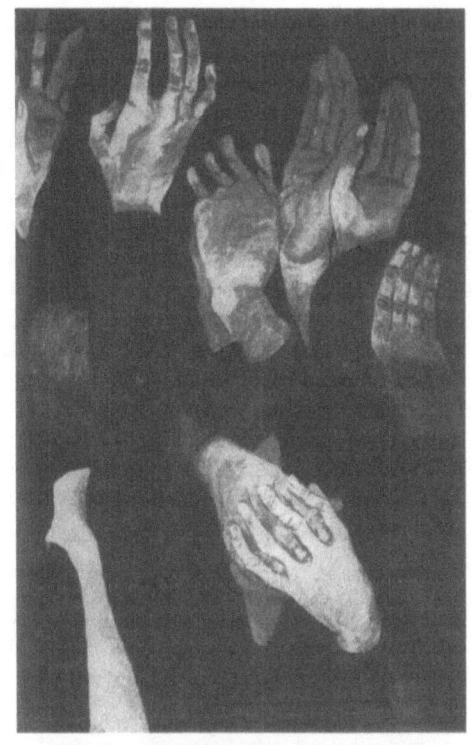

Abb. 37: *Anrufung*, 1936.

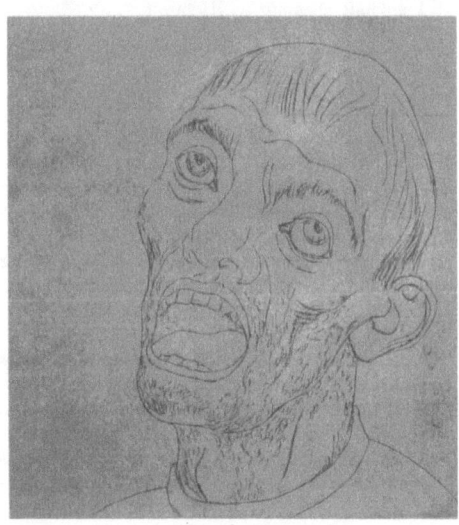

Abb. 38: *Der Schrei*, 1936.

seinen Händen, befindet sich die nötige Aussparung für den Deuteronomiums-Text. Traditionellerweise wird eine Pergamentrolle in einem meist aus Metall oder Glas bestehenden Zylinder als Mesusa eingeschlossen, die die beiden Abschnitte Deut. 6, 4–9 und Deut. 11, 13–21 enthält.[70] Am rechten Türpfosten von jüdischen Haus- und Wohnungseingängen angebracht, soll die Mesusa den Eintretenden daran erinnern, die Bedeutung der Inschriften zu beherzigen. In orthodoxen Kreisen ist es üblich, beim Eintritt in einen Raum mit einem Finger die Mesusa zu berühren und ihn dann zu küssen. Eine Abminderung der Mesusa erfolgte im Lauf der Jahrhunderte, da man von der Mesusa wie von einem Amulett, Schutz und Abwehr böser Geister erwartete.[71] Da die vorliegende Mesusa ein Abschiedsgeschenk für die bevorstehende Emigration Ben-Chorins nach Palästina darstellte, ist sicherlich auch der inhärente Schutzcharakter von intendierter Bedeutung.

Gerade der Austausch mit dem religiösen Dichter Ben-Chorin mag zu einer intensiveren Auseinandersetzung mit dem jüdischen Glauben, seinen Inhalten und Traditionen geführt haben.[72] In einem Brief an ihn setzt sich Luiko mit Kafka auseinander. An seinem Beispiel erläutert sie ihre eigene Haltung zur spezifisch jüdischen Ausdrucksweise:

„Ich empfinde sein Wesen als zu tiefst jüdisch aber von der dunklen Seite her, die tragische Erscheinung des Jüdischen Einzelindividuums. Das geht eben wieder an die nur erfühlbaren Dinge. [...] Was ich an Kafka als nur beim jüdischen Menschen für möglich halte ist das individuelle Leiden an der Umwelt, das Mass und die Tiefe dieses Leidens, das Leiden durch Mitleid, die Ausweglosigkeit dieses Leidens, die Leidensfähigkeit an etwa anderen glücklicheren Naturen gleichgültigen oder mindestens übersehbaren Dingen. Was man beinahe aus Instinkt an ihm ablehnt, ist dass dies alles ansteckend ist und man sich wehrt leidend gemacht zu werden. Ich empfinde aber K. durchaus nicht als krankhaft, eben nur als Nachtseite."[73]

---

[70] Vgl. „Mesusa" in: Jüdisches Lexikon. Ein enzyklopädisches Handbuch des jüdischen Wissens in vier Bänden, hg. von Georg Herlitz und Bruno Kirschner, Berlin 1927ff., Bd. IV/1, Me–R, 1930. Sp. 140–143. Deut. 6, 4–9 handelt von der unbegrenzten Liebe und Hingebung an den einen Gott, Deut. 11, 13–21 von der göttlichen Vergeltung und entsprechenden Verantwortlichkeit des Menschen. Die zum Religionsgesetz erhobene jüdische Sitte knüpft an die in Deut. 6, 9 und 11, 20 gleichlautenden Worte an: „Und Du sollst sie [die von der Liebe zu Gott und seiner Vergeltung handelnden Worte] schreiben an die Pfosten deines Hauses und an deine Tore."

[71] Vgl. ebd., Sp. 140.

[72] Schalom Ben-Chorin berichtet in seiner Autobiographie *Jugend an der Isar* von seiner Hinwendung zum Judentum in den späten 1920er und beginnenden 1930er Jahren. Zu Anfang der 1930er Jahre veröffentlichte Ben-Chorin in zahlreichen jüdischen Zeitungen seine Gedichte. Auch lyrische Einzelpublikationen erschienen, wie beispielsweise *Das Mal der Sendung* (1934) oder *Die Lieder des ewigen Brunnens* (1934).

[73] StadtAM, Judaica, Varia, 2, Brief Maria Luikos an Schalom Ben-Chorin vom 4.7.1935.

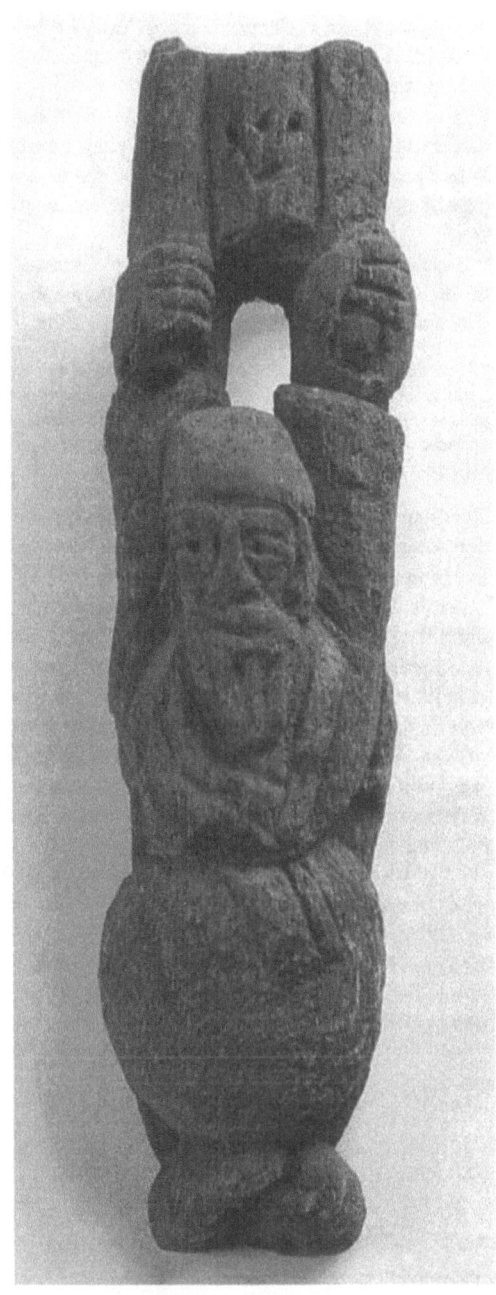

Abb. 39: *Mesusa*, 1935.

In Anbetracht der vorhergegangenen Analysen bewahrheitet sich durch diese
Äußerung Luikos Intention der Einfühlung in die Bildsujets und die Thematisierung des Mitleids.

In der großen Mappe befindet sich das Blatt der *Betenden* (Abb. 40)[74]. Die
Radierung zeigt den Innenraum einer Synagoge während eines Gottesdienstes.
Jüdische Männer, auf dem Haupt die Kippa und um die Schultern den Tallit
tragend, sitzen in Reihen hintereinander und sind in betende Gesten versunken.

Die Darstellung betender Juden und jüdischer Rituale ist eine Möglichkeit
für den Künstler, seine Identifikation mit dem Judentum auszudrücken. Ziva
Amishai-Maisels legt diesbezüglich dar:

„The artist could emphasize either the communal service in the synagogue and in the
home or he could stress individual dedication to prayer; he could depict wealthy congre-
gations in ornate temples or poor Jews huddled together in small drab synagogues; [...]
all these scenes are usually meant to affirm a continuing faith rather than to describe a
particular event."[75]

Das Gebet wird aber auch als individueller Akt der Andacht und Kontempla-
tion wahrgenommen und Luiko hebt dabei die Geistigkeit dieser Männer und
ihre Hingabe an den Glauben in Zeiten der Bedrohung hervor.

Die bewusste Hinwendung zum Judentum war eine Reaktion vieler jüdischer Bürger auf Hitlers antisemitische Propaganda. In dem Moment, als die
assimilierten jüdischen Deutschen entrechtet und ausgegrenzt wurden, bot die
Identifikation mit dem Judentum Halt und nach dem Entzug der gesellschaftlichen Zugehörigkeit ein Gefühl der Daseinsberechtigung.[76]

Einen Weg der neuen Auseinandersetzung und „Re-Identifikation" mit dem
Judentum als Reaktion auf den Antisemitismus findet Maria Luiko in der
Anfertigung kunstgewerblicher Gegenstände. Sie schnitzte im Auftrag des
jüdischen Lehrlingsheims eine nicht erhaltene *Jad*, die als Kultgerät dem Zeigen der Torastellen dient und üblicherweise aus Silber gearbeitet ist. Von weiteren kunstgewerblichen Gegenständen berichtet sie im Brief vom 19. Dezember 1937. Ausführlich beschreibt Luiko die Anfertigung eines *Sedertellers*
aus Zinn mit gravierten Sternbildmotiven. Der *Sederteller* ist neben anderem
Bestandteil des „häuslichen" Pessachfestes, des Seder. Auf ihm befinden sich
die rituellen Speisen und er symbolisiert folglich die Opfergabe.[77]

Sicherlich bot die Anfertigung von Kunsthandwerk Maria Luiko zudem
eine finanzielle Einnahmequelle, da sie von der Anfertigung „profaner" Teller

---

[74] Möglicherweise handelt es sich hier um ein Blatt aus einer Folge, da sie dem auf dem
Blatt vermerkten Titel „Betende" eine I. vorgesetzt hat.
[75] Amishai-Maisels: Depiction and Interpretation, S. 288.
[76] Vgl. hierzu ebd.
[77] Vgl. „Pessach" in: Neues Lexikon des Judentums, hg. von Julius H. Schoeps,
Gütersloh/München 1998, Sp. 648–649.

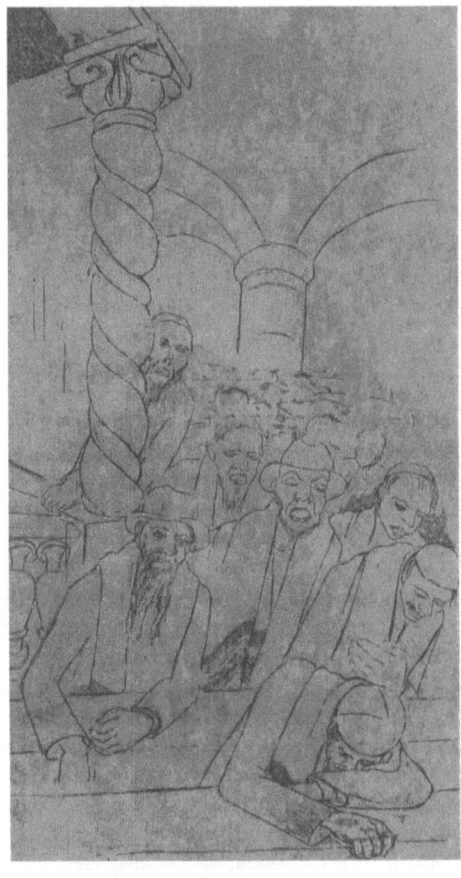

Abb. 40: *Betende*, ca. 1936.

berichtet. Wie aus dem Artikel „Kunsthandwerk der Juden" im *Jüdischen Lexikon* hervorgeht, kann von einem spezifisch „jüdischen Kunsthandwerk", dem ein eigener Stil immanent ist, weniger gesprochen werden, da sich „infolge der Anlehnung an den jeweilig geltenden Stil nirgends eine Tradition heranbildete, die ein einheitliches Gepräge aufweist".[78]

Wie bereits erwähnt, geht aus Briefen und Zeitungsrezensionen hervor, dass Luiko einige Ölgemälde mit jüdischen Sujets schuf.[79] Erhalten ist bis auf das Gemälde *Anrufung*, das in der jüdischen Presse als „jüdisches Motiv" festgehalten wird, kein weiteres. Es existiert einzig ein Holzschnitt ihres Künst-

---

[78] Vgl. „Kunsthandwerk der Juden" in: Jüdisches Lexikon, Bd. III, Ib–Ma, 1929, Sp. 938–939.
[79] Vgl. hierzu BIGZ, Nr. 9, 1.5.1937, S. 186–187.

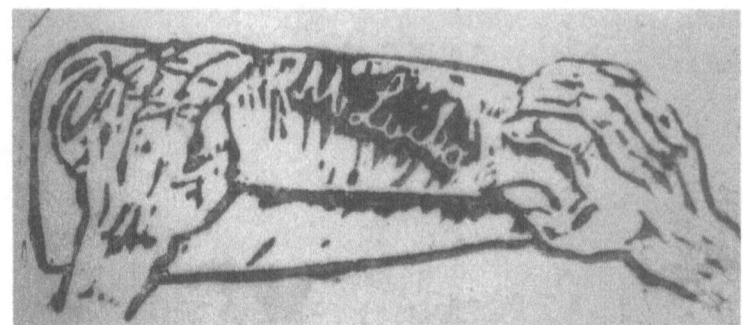

Abb. 41: *Exlibris Maria Luiko*.

lerfreundes Rudolf Ernst, welcher die Malerin vor ihrem Gemälde *Jüdischer Priester* zeigt.[80]

Aussagekräftig hinsichtlich ihrer eigenen Haltung in den 1930er Jahren ist ihr *Exlibris* (Abb. 41), das sich in einem Buch, welches sie Karl Amadeus Hartmann schenkte, erhalten hat. Das Exlibris per Definition weist meist mit dem Bildschmuck auf die Person, den Namen, den Beruf oder andere biographische Umstände und Ereignisse hin.[81] Maria Luikos Exlibris zeigt zwei Hände, die im Begriff sind, eine Torarolle, auf der ihr Name geschrieben steht, zu entrollen. Die Aussagekraft beruht auf zwei Gründen: die Tora ist neben ihrer liturgischen Funktion auch Symbol für Leiden und Vertreibung, denn in ihrer ganzen Geschichte nahmen die Juden die Tora mit, wenn sie zur Flucht gezwungen waren. Die Tatsache, dass Luiko dieses Motiv für ihr eigenes Exlibris verwendet, deutet daher auf die Bedeutsamkeit hin, die sie einerseits ihrer Selbstbekenntnis zum Judentum im religiösen Sinne[82], andererseits der Identifikation mit der Geschichte des jüdischen Volkes beimisst.

Doch ist festzuhalten, dass Kunstwerke, die jüdische Sujets thematisieren, nicht zwangsläufig jüdische Kunst sind. Der folgende kursorische Exkurs möchte im Rahmen der erfolgten Ausführungen diese Problematik mit Ausblicken auf die jüdische Kulturtätigkeit ergänzen.

[80] Rudolf Ernst, *Maria Luiko vor ihrem Ölbild „Jüdischer Priester"*, 1935, Münchner Stadtmuseum.

[81] Vgl. die Exlibris der Schwester Dr. Elisabeth Kohn und Prof. August Luxenburger, die sich in der kleinen Mappe mit graphischen Arbeiten befinden. Das der Schwester, der Rechtsanwältin, zeigt eine Eule als Symbol der Weisheit, mit einem Buch versehen, sowie eine Figur, die Cello spielt. Vermutlich eine Anspielung auf Elisabeths musische Interessen.

[82] Auch wenn hierin eine gewisse Diskrepanz besteht, da von Maria Luiko mehrfach in den Briefen geäußert wird, dass Religiosität ihr eher fremd ist. Vgl. u.a. StadtAM, Judaica, Varia, 2, Brief Maria Luikos an Schalom Ben-Chorin vom 1.4.1936 und vom 23.8.1937.

Exkurs: Die Problematik einer spezifisch jüdischen Kunst

In den Rezensionen der 1930er Jahre wird häufig auf das „Jüdische" in Maria Luikos Werken hingewiesen.[83] Dies mag zum einen damit zu begründen sein, dass diese Rezensionen ausschließlich in der jüdischen Presse veröffentlicht wurden und – wie im Folgenden zu sehen sein wird – in der Zeit der Verfolgung der Akzent auf einer Überbetonung der jüdischen Thematik lag. Trotz allem soll exkursiv der Frage nachgegangen werden, wie es sich mit dem „Jüdischen" in der Kunst des 20. Jahrhunderts verhält und wie es in der Rezeption[84] verstanden wurde. Dem ist die unter Kunsthistorikern strittige Frage anzuschließen, ob für die jüdische Kunst alle als Juden geborenen Künstler von kunsthistorischer Relevanz sind oder nur jene, die wesentliche Beiträge zu dieser Kunst geleistet haben, indem sie entweder liturgische Objekte schufen oder ihre jüdische Identität auf originäre Weise ausdrückten.[85]

Im Vergleich zur Architektur oder Kunstgewerbe ist es im Bereich der Malerei, Graphik und Bildhauerei weit schwieriger, eine Eingrenzung bezüglich der jüdischen Kunst vorzunehmen, da es in diesen Gattungen neben den religiösen Themen auch andere Sujets gibt, bei denen es, mit den Worten Hannelore Künzls, „eine Ermessensfrage ist, ob man sie zur religiösen Kunst zählt oder nicht"[86]. Sie verweist auf eine erste Gruppe freischaffender jüdischer Künstler um die Mitte des 19. Jahrhunderts, die jüdische Themen in ihr Repertoire aufnahmen und die die Möglichkeit hatten, sich mit ihren Bildern über die jüdische Bevölkerungsgruppe hinaus an die Allgemeinheit zu wenden.[87]

[83] Vgl. z.B. Georg Hirschfeld: Das Mal der Sendung, in: BIGZ, Nr. 15, 1.8.1935, S. 329–330, hier S. 329. Hier rezensiert Hirschfeld über die geschnitzten Masken für die Umschlaggestaltung zu Ben-Chorins *Das Mal der Sendung*: „Diese neue Sammlung von Gedichten Fritz Rosenthals (Ben-Chorins) wird von einem Umschlagbilde begleitet, das mit dem Inhalt des Buches nur symbolisch verbunden ist, aber mit seiner Eigenart wachsend nachwirkt. Die beiden Masken von Maria Luiko deuten auf das Wesen des Kampfes um ewiges und zeitliches Judentum, als stumme, rätselvolle Hülle, hinter der die Verse des Dichters warten. Ein altjüdischer, rabbinischer Typ die eine, mit dem still wissenden duldsamen Lächeln – die andere mit ihrer dumpf vernagelten Drohung, ihrer fanatischen Spitzigkeit lastend vertraut."
[84] Lange sah die Rezeptionsliteratur Marc Chagall als Protagonisten der jüdischen Kunst des 20. Jahrhunderts an, da ihm die „Überwindung des Spannungsfeldes von jüdischer Tradition und moderner Bildfindung" gelang. Vgl. Sed-Rajna (Hg.): Die jüdische Kunst, S. 13.
[85] Vgl. hierzu auch Ziva Amishai-Maisels: Jüdische Künstler. Vom achtzehnten Jahrhundert bis in die Gegenwart, in: Sed-Rajna (Hg.): Die jüdische Kunst, S. 325–358, hier S. 325.
[86] Künzl: Jüdische Kunst, S. 183.
[87] Vgl. ebd., S. 183–184.

Im 19. Jahrhundert wirkten sich Emanzipation[88], Pogrome und ein beginnender Zionismus einerseits auf all jene jüdischen Künstler aus, die ihre Identität zum Ausdruck brachten, und andererseits auf jene, die den Weg der Assimilation wählten.[89] Der Kulturzionismus hatte das Ziel, die Entwicklung einer jüdischen Volkszugehörigkeit auf der Grundlage der Erkenntnisse von Werten der eigenen Kultur zu schaffen. Diese Ambition nach einer eigenständigen kulturellen jüdischen Identität stand ganz im Gegensatz zum allgemein verbreiteten Assimilationswillen, der zur völligen Anpassung an die Kultur des jeweiligen Staates und zur Aufgabe der eigenen Kultur führen musste.[90] Die Kunst wurde nicht nur als Ausdruck eines nationalen Bewusstseins empfunden, sie wurde auch eingesetzt, um die Ziele dieser Bewegung zu propagieren.

Im Vergleich zu den historischen Rahmenbedingungen des 19. Jahrhunderts und den daraus nachvollziehbaren künstlerischen Reaktionen gestaltet sich im 20. Jahrhundert daher das Kunstschaffen weit komplexer und bedarf der gesamtkontextuellen Interpretation, die den Lebensalltag, den Stil und die individuelle Symbolik des Künstlers mit einschließt. So stellt gemäß der jüdischen Kunst in der Zeit der Weimarer Republik Michael Brenner in seiner Publikation *Jüdische Kultur in der Weimarer Republik* die Frage, wie die Weimarer Moderne die Ausbildung einer unverwechselbar modernen jüdischen Kultur auf dem Gebiet der bildenden Kunst beeinflusst hat.[91] Die allgemeinen gesellschaftlichen Forderungen nach Rückkehr zu authentischen Lebensformen beeinflussten auch die Auseinandersetzung vieler jüdischer Künstler mit dem eigenen jüdischen Kulturerbe.[92] Brenner erläutert, dass „die bildenden Künstler und Komponisten eine fiktive, angeblich authentische jüdische Welt orientalischer und osteuropäischer Juden als Grundlage ihrer eigenen kulturellen Identität"[93] konstruierten. Angeregt durch die Zielsetzung des Zionismus, das Erstarken einer jüdischen Geschichts- und Völkerkunde sowie

---

[88] Diese Emanzipation äußert sich bildnerisch in der „Darstellungswürdigkeit jüdischen Lebens und dessen Gleichstellung mit dem christlichen". Vgl. Golinski: Recht des Bildes – zu den Motiven einer Ausstellung, S. 14.

[89] Vgl. hierzu Amishai-Maisels: Jüdische Künstler, S. 325–333.

[90] Vgl. Jane Rusel: Hermann Struck (1876–1944): das Leben und das graphische Werk eines jüdischen Künstlers (= Judentum und Umwelt, Bd. 66, zugl. Diss. Univ. Mainz 1995), Frankfurt am Main 1997, S. 75.

[91] Michael Brenner: Jüdische Kultur in der Weimarer Republik, München 2000, S. 170–171. Vgl. hierzu auch Avram Kampf: Jüdisches Erleben in der Kunst des 20. Jahrhunderts, Weinheim/Berlin 1987, S. 9.

[92] Michael Brenner verdeutlicht, dass aufgrund der gesellschaftlich-kulturellen Umstände sich kaum ein deutscher Jude der Auseinandersetzung mit dem eigenen Judentum erwehren konnte. „Für manche führte diese Auseinandersetzung zu einer bewussten und vollständigen Trennung von der jüdischen Gemeinschaft, für die Mehrheit bedeutete sie eine neue Identitätssuche." Michael Brenner: Wie jüdisch waren Deutschlands Juden? Die Renaissance jüdischer Kultur während der Weimarer Republik (= Reihe Gesprächskreis Geschichte, 35), Bonn 2000, S. 22.

[93] Brenner: Jüdische Kultur in der Weimarer Republik, S. 172.

die generelle Suche nach einer „ethnisch definierten Kunst", wurden jüdische Künstler wieder bzw. zum ersten Mal der kulturellen Ausdrucksformen der Juden Osteuropas und des Nahen Orients gewahr.[94] Dies geschah in einer Epoche, die allgemein geprägt war von der Suche nach Authentizität und dem Sinn des Lebens.[95] Die Befassung mit dem Ostjudentum und seiner vermeintlichen Authentizität bildete in einer Zeit der politischen Ungewissheit ein „Gegengewicht positiver Identifikationsmöglichkeit"[96]. Das größte Problem dieser Entdeckung und Auseinandersetzung bedeutete die Definition des „spezifisch Jüdischen" und seiner Darstellbarkeit. Der Diskurs, der erstmals zu Beginn des 20. Jahrhunderts geführt wurde[97], spitzte sich in den 1920er und 1930er Jahren zu.

In der zeitgenössischen Kunstgeschichtsschreibung benennt Kurt Freyer 1927 in seinem Artikel „Kunst, Jüdische" im *Jüdischen Lexikon*[98] die Unterschiede zur Kunst anderer Nationen. So fehle der jüdischen Kunst der ausgeprägt spezifisch jüdische Charakter, da die jüdische Kunst zu allen Zeiten Formen und Motive der jeweiligen „Wirtsvölker" benutzt habe. Auch mangele es ihr am inneren Zusammenhang über große Zeiträume hinweg und außergewöhnliche Leistungen einzelner Künstler oder einer ganzen Epoche seien nicht existent, „[da] ihr Schaffen mehr der Kunstgeschichte des Volkes gehört, in dessen Mitte sie leben, als der des j. Volkes"[99].

Ernst Cohn-Wiener, der 1929 das erste Buch zur „Jüdischen Kunst" veröffentlichte[100], nimmt in seinem abschließenden Kapitel *Der Weg zum Heute* kurz Bezug auf das Schaffen zeitgenössischer jüdischer Künstler:

„Die jüdische Kunst steht heute am Scheideweg, wie das Judentum selbst. Während viele seiner großen Begabungen sich bis zur vollen Vermischung in die europäische Kunst ergießen, suchen andere den Weg zur eigenen Kunst. Jüdische Impressionisten

---

[94] Vgl. ebd.

[95] Vgl. Brenner: Wie jüdisch waren Deutschlands Juden?, S. 30.

[96] Inka Bertz: Jüdische Kunst als Theorie und Praxis vom Beginn der Moderne bis 1933, in: Golinksi/Hiekisch-Picard (Hg.): Recht des Bildes, S. 148–161, hier S. 156. Allerdings darf diese positive Aussage auch nicht darüber hinwegtäuschen, dass es gerade von deutscher jüdischer Seite zu gewollten Abgrenzungen kam, da viele den ärmlichen Ostjuden die Schuld am wachsenden Antisemitismus gaben.

[97] Vgl. hierzu auch ebd., S. 151. Inka Bertz verweist auf Martin Buber, der bereits 1901 den Beginn einer Epoche der „Jüdischen Renaissance", die Teil einer „großen modernen national-internationalen" Kulturbewegung werden sollte, konstatierte.

[98] Das Jüdische Lexikon erschien von 1927 bis 1930. Es leistete einen wichtigen Beitrag, da es als Teil der Allgemeinbildung galt, über jüdische Grundbegriffe Bescheid zu wissen. Vgl. hierzu Brenner: Wie jüdisch waren Deutschlands Juden?, S. 20.

[99] Kurt Freyer: „Kunst, Jüdische", in: Jüdisches Lexikon, Bd. III, 1927, Sp. 934–938, hier Sp. 934.

[100] Ernst Cohn-Wiener versucht in seinem Werk *Die Jüdische Kunst. Ihre Geschichte von den Anfängen bis zur Gegenwart*, Berlin 1929, eine Definition jüdischer Kunst vorzunehmen, ihre Existenz trotz des Bilderverbots aufzuzeigen sowie die Ausformulierung eines eigenen Stils vorzunehmen.

und jüdische Expressionisten stehen sich gegenüber, wie Rationalismus und Mystik. Im Ringen um die Geltung in der Welt haben sich diese beiden Kontraste außerordentlich scharf herausgebildet."[101]

Im Gegensatz zu Freyer charakterisiert Cohn-Wiener das innere Wesen jüdischer Kunst[102] als das unausweichliche Schaffen einer „schöpferische Seele"[103]. Daher schwinge auch in jedem Kunstwerk eines Juden selbst dann das Jüdische mit, wenn er es verleugne. Er resümiert:

„Kurz gesagt: die jüdische Kunst ist äußerlich von der Kunst der Länder abhängig, in denen sie geschaffen wird. Aber sie erlebt anderes und in anderer Weise. Und so entstehen überall sehr unterscheidbare jüdische Varianten. Jüdische Kunst ist immer Kunst einer Seele. Seit Beginn seiner Geschichte strebt Israel nach Vertiefung. Sein geistiges Leben war religiöses Leben. […] Der Charakterzug seines Lebens und seiner Kunst ist die Mystik."[104]

In Cohn-Wieners Formulierungen zeigt sich der Wille, in Zeiten des wachsenden Antisemitismus eine universale Identifikationsmöglichkeit über das Herausbilden spezifischer (spiritueller) Wesensmerkmale der Kunst zu bieten.
Es entstanden in den Artikeln der 1920er Jahre Verallgemeinerungen und die vermeintliche Auffassung einer Kongruenz von Judentum und Moderne, wie Inka Bertz an Beispielen der Kunstkritiker Max Osborn, Julius Meyer-Graefe und Felix Welsch belegt.[105] Wie paradox und uneinheitlich die auf intellektueller Ebene geführte Debatte schlussendlich war, wird an den unterschiedlichen Positionen der Literatur der 1920er Jahre ersichtlich, die aus ihrem Kontext heraus für sich die Interpretation und Deutung des jüdischen Wesens in Anspruch nehmen. Der Pluralismus der Moderne in der ersten Hälfte des 20. Jahrhunderts spiegelt sich auch und gerade im Schaffen jüdischer Künstler dominierend wider, und nur wenige widmeten sich ausschließlich jüdischen Themen.[106]
Fakt ist, dass es durch die politischen Entwicklungen der 1930er Jahre zu einer Eindimensionierung dieses Diskurses kam. Unter den Sonderbedin-

---

[101] Cohn-Wiener: Die Jüdische Kunst, S. 264.
[102] Seine Äußerungen bezüglich des Kunstimmanenten sind augenscheinlich geprägt von der nachwirkenden Ideologie des Expressionismus.
[103] Cohn-Wiener: Die Jüdische Kunst, S. 264.
[104] Ebd., S. 264–266.
[105] Vgl. Bertz: Jüdische Kunst als Theorie und Praxis, S. 158. Inka Bertz hält fest, dass hier der Bezugspunkt der Ontologisierung des Jüdischen nicht mehr der Zionismus, sondern die Moderne selbst sei.
[106] Vgl. hierzu auch Siehe der Stein schreit aus der Mauer, S. 385.
Ein Kunstsammler wie der spätere Direktor des ersten Berliner Jüdischen Museums, Karl Schwarz, der ab 1927 Werke von jüdischen zeitgenössischen Künstlern sammelte, bildete eine Ausnahme, da die meisten jüdischen Museen vor allem Zeremonialobjekte präsentierten.

gungen schien nun besonders, wenn nicht sogar ausschließlich, der Fokus auf die jüdische Form- und Themenfindung gerichtet zu sein.

Inwiefern sich Maria Luiko in den 1920er Jahren aktiv mit der Diskussion um die Spezifik jüdischer Kunst auseinandergesetzt hat, ist nicht bekannt. Allerdings ist, wie im vorigen Kapitel behandelt, in den 1930er Jahren die Verarbeitung jüdischer Motive[107] erkennbar. Die Anfertigung traditionell jüdischen Kunstgewerbes und die Interpretation hebräischer Stücke auf der Marionettenbühne[108] stehen in diesem Kontext. Luikos Aussage von 1936, „[d]as Pessachlamm werden wir bei Ehrentreu essen, wir sind dort eingeladen zwecks Heidenmission"[109], zeigt jedoch auch, dass die intellektuelle Zugehörigkeit nicht zwingend vereinbar mit einer religiös gelebten sein musste.

Bildnisse

Reine Bildnisse sind im rekonstruierbaren Werk Maria Luikos selten. Zu den wenigen gemalten zählen das *Porträt Schalom Ben-Chorin*, das bereits behandelte Bildnis *Mutter und Sohn* und das der Schwester Lisel als *Jemenitin*, welches 1937 auf einer Ausstellung in den Klubräumen des Jüdischen Frauenbundes in Berlin gezeigt wurde.

In den Bildnissen als auch in den Selbstporträts tritt das erzählerische Moment, der Ausschnitt aus einer Alltagssituation, zurück. Der Wille zu stärkerer Konkretisierung der individuellen Züge und des Charakters des Modells bedarf einer eher nüchternen Wiedergabe. Diese Definition des Bildes ist Teil der Charakteristika der Malerei der Neuen Sachlichkeit, die der realitätsbezogenen Porträtmalerei eine immense Aufwertung zumaß.

Innerhalb der Graphiken sind zwei Bildtypen zu beobachten: zum einen jene, die recht realistisch und detailreich die Person einfangen, und andere, vermutlich die späteren Werke, z.B. *Profilporträt eines Mannes*, die sich mittels reiner Umrisslinien auf das Wesentliche in der Wiedergabe beschränken. Hier tritt stilistisch die Parallelität mit den Alltagsdarstellungen zu Tage.

Das *Porträt Schalom Ben-Chorin* (Abb. 42) aus dem Jahr 1935 zeigt den 23jährigen in einem Bruststück in leicht seitlich gedrehter Haltung. Mit etwas gesenktem Blick schaut Ben-Chorin nicht direkt zum Betrachter, sondern scheint einen unbestimmten Punkt zu fixieren. Im Gegensatz zu ihrem Selbstbildnis, das nachfolgend behandelt wird, blickt Ben-Chorin nicht auffordernd und selbstbewusst aus dem Bild heraus, sondern ähnelt vielmehr der melancholischen Darstellung der Mutter des *Mutter und Sohn*-Gemäldes.

---

[107] Z.B. das Porträt der Schwester als Jemenitin, der erwähnte *Tallitjude* oder die *Betenden* in der Synagoge.
[108] Vgl. hierzu das Kapitel zu den hebräischen Stücken des Münchner Marionettentheaters Jüdischer Künstler.
[109] StadtAM, Judaica, Varia, 2, Brief Maria Luikos an Schalom Ben-Chorin vom 1.4.1936. Ernst Ehrentreu war orthodoxer Rabbiner in München.

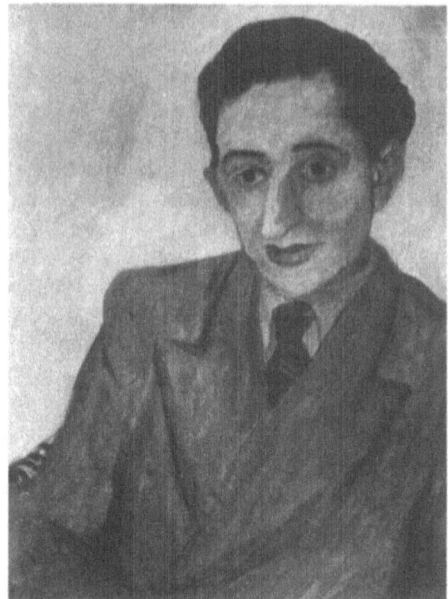 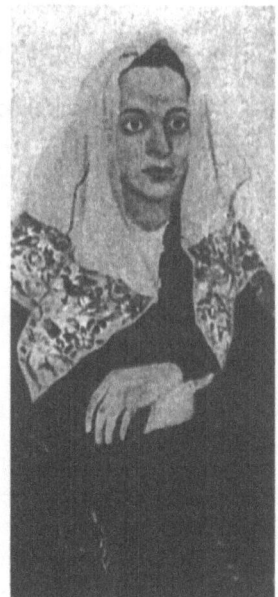

Abb. 42: *Porträt Schalom Ben-Chorin*, 1935.   Abb. 43: *Jemenitin*, 1937.

Dieser Augentypus der Melancholie korrespondiert einerseits mit Ben-Chorins Schriftstellertum und verweist zum anderen auf die Zeitumstände – schließlich emigrierte Ben-Chorin noch im Jahr der Entstehung des Gemäldes nach Jerusalem.

Der Verzicht auf weitere beschreibende Details, die auf die Profession oder Charakteristika der Person verweisen würden[110], dient dazu, die Person umfassender und allgemeiner darstellen zu können. Eben nicht eine Momentaufnahme wie bei den vorher genannten Darstellungen herauszugreifen, sondern den Mensch, hier den Freund Ben-Chorin, in seinem Wesen zu erfassen und in dem Porträt die Vergegenwärtigung seiner individuellen Lebenserfahrung zu erkennen.

Auf ähnliche Weise kann man auch das Bildnis der Schwester Lisel als *Jemenitin* (Abb. 43) begreifen. Hier sind zwei Aspekte zu überlegen: Zum einen ging es Luiko um die allgemeingültige Aussage eines bestimmten, lokal

---

[110] In der Tradition der Porträtmalerei ist die Beifügung von Attributen, die den Porträtierten näher charakterisieren, Teil der Gattungsspezifik. Auch die Malerei der Neuen Sachlichkeit bediente sich häufig dieser Attributbeigaben, teilweise auch codiert, wie beispielsweise im *Porträt des Fotografen Hugo Erfurth mit Objektiv* (1925) von Otto Dix.

und traditionell erkennbaren Menschentyps. Gerade in den zeitgenössischen jüdischen Zeitungen ist das Präsentieren unterschiedlicher jüdischer Menschentypen zu beobachten. Das *Israelitische Familienblatt* zeigt in einer losen Folge, betitelt *Das jüdische Antlitz*, Fotografien von z.B. *Jemenitenkindern*, eine *Sefardische Jüdin*, *Hafenarbeitern* oder einer *Jüdische Schauspielerin*. Diese Typenbildung[111] diente naheliegenderweise dazu, Juden verschiedenster Herkunft der westlichen Bevölkerung mittels einer allgemeingültigen Aussage vorzustellen und auf die gemeinsame Wurzel des Judentums zu verweisen. Gerade im Kontext der Verfolgung bzw. Ausgrenzung wurde so versucht, ein Gemeinschaftsgefühl zu erzeugen oder auch Vorurteile zu überwinden.

Zum anderen greift Luiko mit wiederholten Darstellungsmitteln – des starren Blickes, der Statik der Figur[112] – auf Elemente zurück, die die Porträtierte in die bildlich-stilistische Nähe des Mutter und Sohn-Gemäldes als auch des Selbstporträts rückt. Somit transponiert Luiko die *Jemenitin* in ihr gegenwärtiges Umfeld und erweitert die typisierte Darstellung um den Aspekt einer psychologisierenden Bildaussage, welche ihr in den Graphiken eher fremd ist.

Selbstporträts

Das Selbstporträt offenbart dem Betrachter traditionellerweise die Physiognomie des Malers und zugleich dessen Selbsteinschätzung und gegebenenfalls sein Verhältnis zur Bildkunst. Laut Rainer Zimmermann spielt das Selbstbildnis in den 1920er und 1930er Jahren eine besondere Rolle für die Künstler dieser Zwischenkriegsgeneration.[113] Die Erschütterungserlebnisse des Krieges und die Selbstbefragung des Künstlers – auch und vor allem nach seiner sozialen Rolle – weiten sich zur bildnerisch dargestellten Verbindung mit der sozialen Realität aus. Es finden sich daher kaum Selbstbildnisse, „wie sie in der bürgerlichen Malerei dem Selbstgefühl des gesellschaftlich anerkannten Künstler Ausdruck gaben"[114]. Der Grund hierfür liegt vor allem in der sozialen und künstlerischen Randposition des Künstlers, dessen Identitätskrise durch die allgemeine Orientierungslosigkeit der Zeit verstärkt wurde. Durch die kritische Situation in den 1930er Jahren nehmen die Selbstbildnisse an Zahl und

---

[111] Diese typisierenden Fotografien erinnern an die Porträts August Sanders in *Antlitz der Zeit*, erschienen 1930. Diese Menschendarstellungen sind in der Typisierung so verstärkt, dass das Individuum hinter seiner Repräsentation einer gesamten „Gruppe" verschwindet.

[112] Hinsichtlich dieser Statik, die besonders den neusachlichen Porträts obliegt, beobachtet Jutta Hülsewig-Johnen, dass diese Statik kein „verfehlter Naturalismus" sei, sondern Mittel zum funktionalen bildnerischen Prinzip sowie der Steigerung der Formvorgaben bzw. der bildlichen Verabsolutierung. Hülsewig-Johnen: Wie im richtigen Leben?, S. 23. Vgl. dazu auch die Bildanalyse zu Luikos Ölgemälde *Mutter und Sohn*.

[113] Vgl. Zimmermann: Expressiver Realismus, S. 115.

[114] Ebd., S. 115.

Intensität zu. Erhard Frommhold sieht darin „eine gewisse Eignungsprüfung für den Widerstand"[115], die sich in den Mitt-1930er Jahren ergab.

Die Ikonographie weiblicher Selbstporträts beschränkt sich laut von der Dollen auf drei Facetten der Person. Meistens stellen sich Malerinnen in Ausübung ihres Berufes oder in ihrem Selbstverständnis als Frau dar – oder sie nehmen das Bildnis als rein formale Aufgabe.[116] In ihrem Beruf als Malerin zeigen sie sich entweder posierend oder agierend, sie legen nun Wert darauf, sich als Arbeitende zu präsentieren. Als junge Frau ohne Berufsbezeichnung stellen sich die Malerinnen meist in der Form des Brustbildes dar mit den Attributen Kette, Kamm oder Hut oder einer einzelnen Blume, wenn sie nicht ganz auf jegliches Beiwerk verzichten.

Maria Luikos *Selbstporträt* (Abb. 44) von 1935 zeigt die Künstlerin in einem Bruststück in leicht seitlich gedrehter Haltung vor neutralem Hintergrund, der keine räumlichen Bezüge aufweist. Der Rahmen überschneidet beide Oberarme sowie den linken Unterarm. Ihr Bildnis ist frei von künstlerischen Attributen wie Pinsel, Zeichenstift oder Palette; sie präsentiert sich nicht vor der Staffelei und gibt in ihrer schlichten, bürgerlichen Kleidung keinerlei Hinweise auf ihr Künstlertum. Es fehlen ebenso offensichtliche Weiblichkeitssymbole, allein der gemusterte Rundkragen ihres Kleides spricht für ihr Frausein. Ihre strenge Frisur unterstreicht dieses Bild und das sachliche Äußere spricht für ihre Selbstbehauptung als Künstlerin. Die schlichte Kleidung, die Kurzhaarfrisur sowie der selbstbewusste Blick unterstreichen die Verbindung mit dem Bild der „Neuen Frau". Manja Seelen äußert zu der Tatsache, dass viele weibliche Künstlerinnen diese Art der Darstellung wählten: „Wenn das Bild der ‚Neuen Frau' und der ‚Sachlichen' [...] die Frau meint, die unsentimental und nüchtern neue Wege geht, dann handelt es sich bei diesen Selbstbildnissen der Künstlerinnen um Selbstbekenntnisse zu diesem Bild"[117].

Die Gesichtszüge Luikos sind geprägt von den großen, tief in den Augenhöhlen liegenden Augen, und die scharfen Linien verleihen dem Gesicht einen markanten Eindruck. Ihre geradlinige Nase hat sie als individuelles Merkmal bewusst herausgearbeitet. Bei diesem Porträt ist die Gewichtung auf die Aussagekraft des Blickes und der Augen evident: Der selbstbewusste, stolze und autonome Eindruck der Körperhaltung wird gleichwertig durch ihre betont großen, dunklen Augen ergänzt, die den Betrachter zu einem stummen Dialog auffordern. Das gesamte Porträt ist als Wechselverhältnis von Nähe und Distanz zu verstehen. Maria Luiko erscheint auf ihrem Selbstporträt als eine selbstsichere, am Schicksal gereifte Frau. Stilistisch ist es dem Porträt Ben-Chorins verwandt, da auch sie ihr Bildnis auf die bloße Existenz ohne Künstler- oder Weiblichkeitsattribute, die ihr Dasein rechtfertigen würden, reduziert.

---

[115] Frommhold zit. nach Zimmermann: Expressiver Realismus, S. 115.
[116] Vgl. hierzu von der Dollen: Malerinnen im 20. Jahrhundert, S. 187–188.
[117] Seelen: Das Bild der Frau, S. 159.

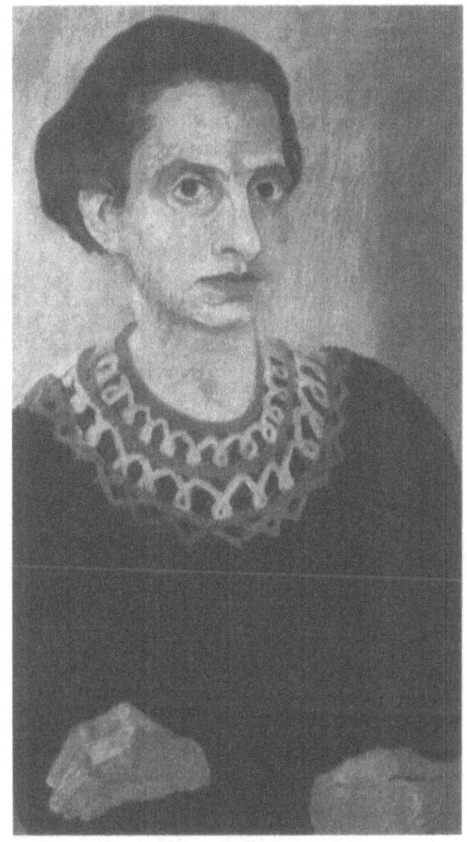

Abb. 44: *Selbstporträt*, 1936.

Anzunehmen ist, dass sie diese Form einerseits wegen der Kritik an Frauen-
kunst generell, andererseits aber als Selbstbehauptung gegenüber dem Nazi-
Regime wählte.

In einer der beiden Mappen lässt sich ein weiteres Bildnis als Selbstporträt
Luikos identifizieren (Abb. 45). Die Radierung gibt mit den großen, tief in den
Augenhöhlen liegenden Augen und der geraden, markanten Nase die Physiognomie der Künstlerin wieder. Hierbei handelt es sich um ein frontal ausge-
richtetes Brustbild vor ebenfalls undefiniertem Hintergrund. Ebenso evozieren
hier die betont großen, dunklen Augen einen selbstbewussten, bestimmten
Ausdruck und fordern den Betrachter abermals zum Dialog auf.

Zwar entbehren Luikos Selbstporträts einer eindeutig gesellschaftlichen
sowie öffentlichen Dimension, wie sie oftmals bei männlichen Künstlerselbst-
bildnissen intendiert ist. Milly Heyd wirft differente Aspekte auf, die beim

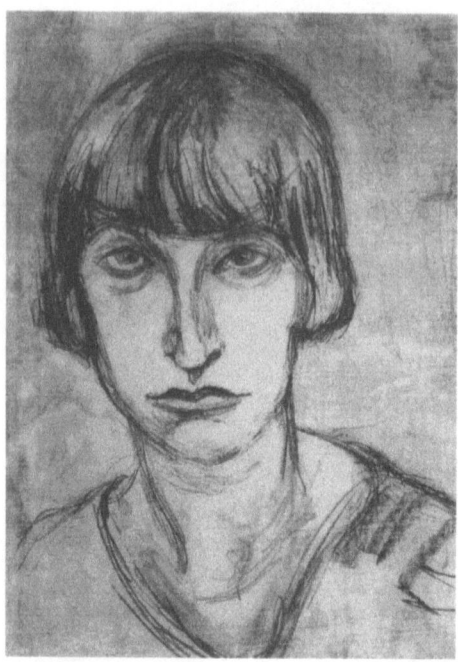

Abb. 45:
Selbstporträt, ca. 1936.

Betrachten der Selbstporträts jüdischer Künstler zu beachten seien: zum einen,
ob die religiöse, ethnische oder nationale Zugehörigkeit von Belang ist, zum
anderen, ob sie in einer eigenen Bildsprache ihre Identifikation ausdrücken
und ob ein Konflikt zwischen ihrem Minderheitenstatus und der Umgebung
zum Tragen kommt.[118] Religiöse, ethnische und nationale Hinweise sind in
Luikos Selbstporträts nicht zu finden.

  Jedoch gilt, dass sie in einer unverstellten Wiedergabe ihrer eigenen Wirklichkeit, mittels ihrer Haltung und ihres Blicks, hintergründig auf ihre existentielle, realistische Situation, in der sie sich als Künstlerin befindet, aufmerksam
macht. Sie verkörpert in beiden Bildnissen eine selbstbewusste Frau, die sich
den Zeitgeschehnissen stellt. Ihr geht es nicht um Idealisierung, um die Fin-
dung ihrer Position als Malerin durch das Beifügen von Malerattributen oder
das Darstellen in einer aussagekräftigen Rolle. Ihre Intention ist die Bewah-
rung und Erhaltung der Persönlichkeit, um nicht in Resignation und Apathie
zu verfallen. Aussagekraft hat allein die Unmittelbarkeit des Bildnisses einer
politisch und sozial denkenden Frau.

---

[118] Vgl. Milly Heyd: Selbstporträts: Zur Frage der jüdischen Identität, in: Golinksi/
Hiekisch-Picard (Hg.): Recht des Bildes, S. 86–99, hier S. 86.

Betrachtung unter geschlechtsspezifischen Aspekten

Wie eingangs erwähnt, können geschlechtsspezifische Aspekte nur exemplarisch und innerhalb eines größeren Zusammenhangs erörtert werden. Nichtsdestoweniger lassen sich im Werk Maria Luikos Aspekte finden, die man der Eigenart des „weiblichen Kunstschaffens" zuordnen kann, denn mehrere Kriterien bedingen die Besonderheit weiblichen Kunstschaffens in der ersten Hälfte des 20. Jahrhunderts.

Die Öffnung der Münchner Akademie für Bildende Künste für Frauen 1920/21 ermöglichte Maria Luiko die Berufsmäßigkeit des Künstlertums und damit die Möglichkeit zu finanzieller Unabhängigkeit. Die Tatsache, dass ihr Schaffen durch die nationalsozialistische Diktatur abrupt beendet wurde, machte ihre gerade aufstrebende Karriere zunichte und ließ sie in Vergessenheit geraten.

Für den oftmals gebrauchten Begriff „verschollene Generation" lassen sich zwei Ursachen feststellen: Zum einen zerschlugen die Zeitgeschehnisse den eben errungenen Erfolg und zum anderen wurden die Maler und Malerinnen übersprungen, die sich nicht der gegenstandslosen Strömung angeschlossen hatten, da die Kunstgeschichtsschreibung nach 1945 vor allem das Non-Figurative bevorzugte. Besonders auf das Schicksal jüdischer Künstlerinnen bezogen, benennt Hedwig Brenner in ihrer Schrift zur jüdischen Kunst als Gründe für deren spätes Auftreten einerseits die erschwerte Situation von kunstschaffenden Frauen, andererseits mussten sich jüdische Malerinnen und Bildhauerinnen stärker gegen patriarchalisch geprägte Familienstrukturen wenden.[119] Erschwert waren die Schaffensbedingungen alleinstehender Künstlerinnen, die oftmals auf familiäre Unterstützung angewiesen waren, um freischaffend tätig sein zu können. Die Ausübung einer Lehrtätigkeit an Kunst-, Werk- und Volkshochschulen sowie graphische Auftragsarbeiten und Buchillustrationen und nebenher betriebenes Kunsthandwerk ermöglichten zudem finanzielle Unabhängigkeit, da die wenigsten Malerinnen von der freien Kunst leben konnten. Naheliegend ist, dass auch dies am Anfang die Gründe für Maria Luikos paralleles Studium an der Städtischen Kunstgewerbeschule und ihre Ausrichtung auf die Graphik waren. Denn Graphikerinnen waren aus den oben genannten Gründen unabhängiger und besser abgesichert.

Brachten die Weimarer Jahre insgesamt eine liberalere Atmosphäre, so spiegelte sich dies auch im äußeren Bild der modernen, berufstätigen Frau. Die

---

[119] Vgl. Hedwig Brenner: Jüdische Frauen in der bildenden Kunst. Ein biographisches Verzeichnis, Konstanz 1998, S. 13–14. Die traditionell geprägte jüdische Herkunft unterband den Frauen, sich außerhalb des Hauses zu betätigen. Des Weiteren verbietet das jüdische Religionsgesetz, Gesichter darzustellen, „da doch der Mensch ‚als Ebenbild Gottes' erschaffen sei" und dies einer blasphemischen Tat gleichkäme. Der Entschluss für den Künstlerberuf bedeutete daher die Emanzipation von der Familie und den überlieferten Religionsvorschriften.

mit Kurzhaarfrisur dargestellten Frauen in Luikos Bildnissen *Im Kaffee*, *Frau mit Zigarette und zwei Männern* (Abb. 46) und auch ihr Selbstbildnis weisen jene Attribute auf, die zu diesem Bild gehören. Britta Jürgs schreibt hierzu: „Ob Herrenmantel oder kurzer Rock, Bubikopf oder Topfhut, mit Zigarette oder Palette in der Hand: Die ,Neuen Frauen' der Weimarer Republik stellten sich anders dar als ihre Vorgängerinnen".[120] Als „Neue Frau" wurde jene Frau bezeichnet, die sich bemühte, aus der ideologischen, sozialen und ökonomischen Rollenfestlegung traditioneller Weiblichkeit auszubrechen und eine „größere Unabhängigkeit im bürgerlichen Lebensbereich"[121] zu erreichen.

Zu einem erneuten Wandel des Frauenbildes kam es mit der Machtübernahme der Nationalsozialisten. Die ideologische Umwertung der Frauenrolle, das erneute Diskutieren um „das Wesen des Weibes", bedeutete das „abrupte Ende einer hoffnungsvollen Entwicklung" für die Frauen, „die sich nach jahrzehntelangen Kämpfen"[122] das Recht auf Selbstbestimmung erworben hatten. Gerade die Künstlerinnen verkörperten durch ihre Berufswahl das Bild der nun verstärkt negativ besetzten „Neuen Frau" und sahen sich strengsten Restriktionen[123] und öffentlichen Anfeindungen ausgesetzt. Zudem entzogen die verordneten Einschränkungen der „gleichgeschalteten" Reichskulturkammer den meisten, nicht regimekonformen Künstlerinnen die Möglichkeiten der Berufsausübung und somit der Existenzsicherung. Aufgrund ihrer jüdischen Herkunft war Maria Luiko die Mitgliedschaft in der Reichskulturkammer von vorneherein verwehrt.

Avantgardistische Tendenzen kommen in den Werken weiblicher Künstlerinnen der Zwischenkriegszeit eher selten vor. Der weibliche Beitrag zu einer Bildkunst, die auf die Tradition zurückgriff, ist wesentlich bedeutender als derjenige, der im Anschluss an die Avantgarde entstand.

Britta Jürgs bemerkt, dass die neusachliche Auseinandersetzung mit Technik, Industrialisierung oder Fortschrittsideen bei den weiblichen Vertreterinnen der Neuen Sachlichkeit eine geringere Rolle spiele als bei vielen ihrer männlichen Kollegen.[124] Für viele Künstlerinnen und Schriftstellerinnen der Neuen Sachlichkeit war die schillernde Seite der Weimarer Republik mit ihren Cafés, Bars und Filmvorführungen nur in Ausnahmefällen auch ein literarisches oder

---

[120] Britta Jürgs: Leider hab ich's Fliegen ganz verlernt. Portraits von Künstlerinnen und Schriftstellerinnen der Neuen Sachlichkeit, Grambin/Berlin 2000, S. 8.
[121] Vgl. Livia Z. Wittmann: Jüdische Aspekte in der Subjektwerdung der neuen Frau, in: Inge Stephan/Sabine Schilling/Sigrid Weigel (Hg.): Jüdische Kultur und Weiblichkeit in der Moderne (= Literatur – Kultur – Geschlecht. Studien zur Literatur- und Kulturgeschichte, Bd. 2), Köln/Weimar/Wien 1994, S. 143–157, hier S. 143.
[122] Von der Dollen: Malerinnen im 20. Jahrhundert, S. 47.
[123] Diese Restriktionen gipfelten im öffentlichen Ausstellungsverbot bzw. in der Diffamierung als „entartete Künstler".
[124] Jürgs: Leider hab ich's Fliegen ganz verlernt, S. 10.

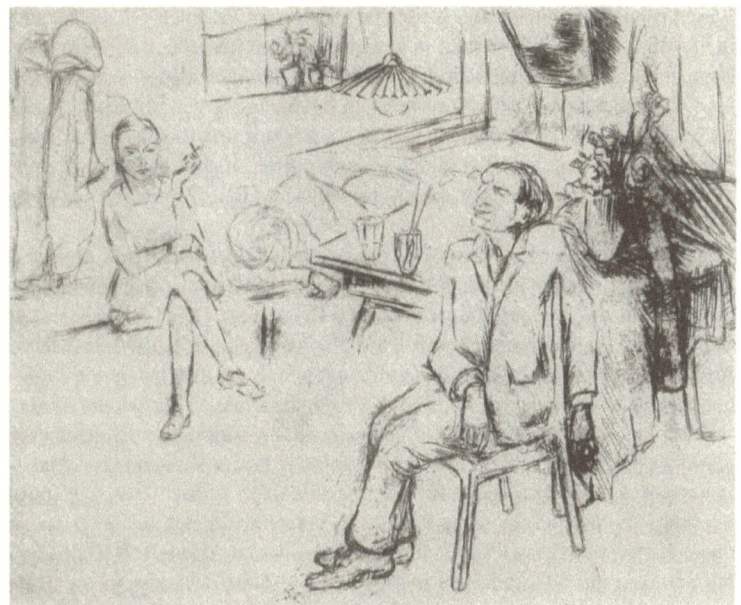

Abb. 46: *Frau mit Zigarette und zwei Männern*, ca. 1936.

bildnerisches Sujet.[125] Wie auch Maria Luiko beschäftigen sie sich zumeist mehr mit dem Alltagsleben der kleinen Leute, zeichnen Arbeitslose, Straßenhändler und Zirkusleute. Es findet sich ebenso häufiger die Neigung zum Naiven. Ingrid von der Dollen stellt fest: „Die Flucht in die Objekte wird bei den Frauen zur Anteilnahme, sie nehmen Kontakt zu diesen auf und bleiben selbst hinter ihnen präsent [...]."[126]

Im Vergleich mit männlichen Kollegen der Neuen Sachlichkeit herrscht bei den weiblichen Künstlerinnen daher eine positivere Weltstimmung und auch keine problemorientierte Auseinandersetzung mit der Position des Individuums gegen seine als fremd empfundene Umwelt. Trotz aller Fortschrittlichkeit der Künstlerinnen in ihren Berufen waren sie doch oft traditionellen Vorstellungen und Weiblichkeitsbildern, bezüglich Ehe und Familie, verhaftet. Die Widersprüchlichkeit weiblicher Lebensläufe zwischen traditionellen Frauenbildern und fortschrittlichen Ideen einer berufstätigen, emanzipierten „Neuen Frau" wird deutlich.

Ein wesentliches Charakteristikum weiblicher Bildkunst ist das gefühlsmäßige Erfassen individueller Zusammenhänge, der Wille, dem menschlichen

---

[125] Vgl. ebd.
[126] Von der Dollen: Malerinnen im 20. Jahrhundert, S. 127.

Wesen näher zu kommen. Der weibliche „Hang zum Erzählen"[127] schlägt sich in der Bildkunst Luikos sowohl in genrehaften Familienszenen auf dem Land als auch in milieucharakteristischen Stadtbeobachtungen nieder. Von der Dollen widerlegt das Vorurteil der weiblichen Bevorzugung von Stillleben. Kaum ein Stillleben lässt sich im erhaltenen als auch rekonstruierbaren Œuvre Maria Luikos finden – sie verweist einzig in einem Brief, datiert auf den 15. April 1934, auf ein Primelstillleben, welches sie Schalom Ben-Chorin und Gabriella zur Hochzeit schenken wollte.

Das Hauptthema Maria Luikos ist die Darstellung des Menschen, präzisiert in seiner Bestimmung als Randexistenz oder im Leid und insofern sinnbildlich zu sehen für das Schicksal einer gesamten Generation. Dabei ist weniger der Mensch innerhalb der gesellschaftlichen Rangordnung, in seiner spezifischen Rolle von Interesse, als das Individuum, allein oder im differenzierten Beziehungsgeflecht wie beispielsweise in den Paardarstellungen ausgeführt wurde.

Erklärungen für die geringe Aufmerksamkeit, die weibliches Kunstschaffen gefunden hat, finden sich bei näherer Betrachtung zum einen darin, dass Malerinnen auf das Spektakuläre, auf „Schockwirkung" verzichteten und dafür harmonische, ästhetische Motive wählten. Frauen arbeiteten meist spontaner und näherten sich dem Objekt gefühlsmäßiger statt intellektuell.[128] Zum anderen erzielten die Künstlerinnen meist geringere Außenwirkung, da sie keine Manifestationen verfassten und nicht zu programmatischer Gruppenbildung neigten.

Treffen auf die frühen Werke Maria Luikos diese Anhaltspunkte unweigerlich zu, so ist dennoch zu beobachten, dass sie sich mit ihren politischen Szenen, ihrem ausdrucksstärksten Thema Ende der 1930er Jahre, über diese harmonischen Bildthemen hinausbewegt. Das subjektive und gleichzeitig kritische Erfassen der Wirklichkeit rückt Maria Luiko zudem in die Nähe des Expressiven Realismus.

---

[127] Ebd., S. 147.
[128] Vgl. ebd., S. 199.

Aspekte des Expressiven Realismus

Die Analyse zu stilistischen Ausformulierungen der Juryfreien zeigte, dass das spezifische Wahrnehmen des Objekts in Kombination mit neusachlichen, formalen Tendenzen zur Ausformulierung des Expressiven Realismus geführt hat. Die Forschungsliteratur zum Expressiven Realismus begründet sich auf den Definitionen und Erkenntnissen Rainer Zimmermanns, die in *Expressiver Realismus. Malerei der verschollenen Generation* zusammengefasst sind. Zimmermann schreibt plakativ, dass es sich beim Expressiven Realismus um keinen Stil, sondern um eine künstlerische Grundhaltung handelt.[129] Als breite malerische Strömung, deren Charakteristikum im unmittelbaren Verarbeiten der subjektiven Erlebnisse innerhalb des Gegenständlichen liegt, wird der Expressive Realismus ab Mitte der 1920er Jahre angesiedelt.

„Realismus" darf in diesem Sinn nicht als Stil angesehen werden, das heißt als möglichst getreue Nachahmung der Erscheinungen der Wirklichkeit, was vielmehr einem Naturalismus entspräche, sondern in seiner inhaltlichen Bedeutung. Der Künstler positioniert sich in seiner Einstellung der Wirklichkeit gegenüber, um mit künstlerischen Mitteln nicht nur auf die Erscheinungen hinzuweisen, sondern auf die inneren Zusammenhänge der Realität. Dies bedarf der Kenntnis jener Zusammenhänge, ihrer Widersprüche und den jeweiligen Entwicklungstendenzen einer Gesellschaft.

Betrachtet man nun die Graphiken Luikos unter Heranziehung dieser Merkmale, so wird vor allem in den Sujets die Hinwendung zur erfahrbaren Welt unter Einbringung der persönlichen künstlerischen Handschrift deutlich. Es lässt sich ein Interesse für die Randbereiche der menschlichen Existenz – Bettler, Arbeiter, einfache und arme Menschen – feststellen. Rainer Zimmermann bezeichnet dieses Darstellen sozialer Themen als „Mitleiden ohne Mitleid"[130]. Mit diesem Begriff wird „jene Grenze, die sentimentale Anklage ebenso wie polemische Distanzierung von realistischer Kunst scheidet"[131], bestimmt.

Die Frage nach dem menschlichen Schicksal ist nicht ein Bildmotiv unter vielen im Werk Luikos, sondern steht im Mittelpunkt ihres künstlerischen Schaffens. Das reine Aufzeigen der Trauer, der Hoffnungslosigkeit und des Unrechts, lässt Maria Luiko als Beobachterin und Verarbeiterin der Realität hervortreten. Bei der Untersuchung auf formaler Ebene empfiehlt sich hier der Expressive Realismus, da das Motiv weder einer subjektiven Stilisierung noch einer das Detail abschätzenden Darstellung unterworfen wird.

---

[129] Vgl. Zimmermann: Expressiver Realismus, S. 155.
[130] Ebd., S. 105.
[131] Ebd.

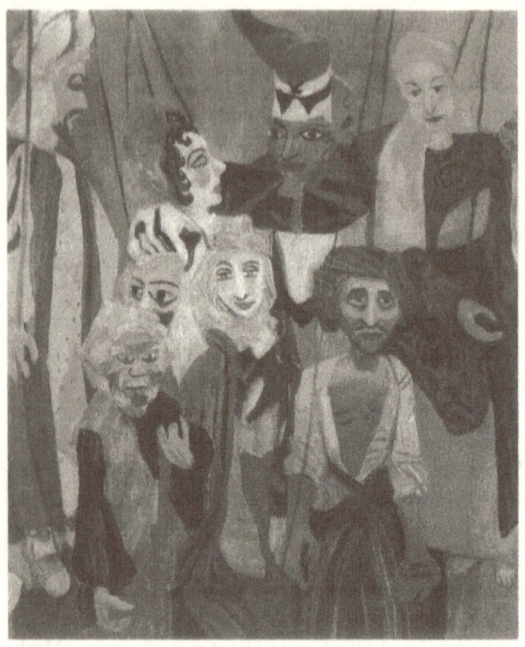

Abb. 47:
Marionetten, 1935.

Die gebrochene Farbigkeit ihrer Ölgemälde, z.B. die *Marionetten*[132] (Abb. 47), lässt ferner einen Rückschluss auf den Expressiven Realismus zu. Als Absage der jüngeren Maler der 1920er Jahre an die „plakative Buntheit vieler expressionistischer Bilder"[133] wird die Neigung zu Dunkeltonigkeit, die nahezu monochrom erscheint, gesehen. Diese Malerei löst sich von der Farbigkeit und vermittelt mittels einer gedämpften Tonigkeit die Aussage einer Hinwendung zur subjektiv beobachteten Realität, wie es auch den Bildnissen Luikos obliegt.

Der Begriff „expressiv" lässt nach Gemeinsamkeiten und Unterschieden zum Expressionismus Ausschau halten. Zum einen wenden sich die Bilddarstellungen den Grundfragen menschlicher Existenz zu, wie Beziehungen, Isolation, Hoffnung und Angst, und halten in der „Expressivität" der malerischen Ausdrucksmittel an der Bedeutung des Subjekts für das Entstehen des Kunstwerks fest, ohne sich einem extremen Subjektivismus zu verschreiben. Zum anderen bilden der Verzicht auf Zentralperspektive und die Wahrung der

---

[132] Auch wenn das Gemälde *Marionetten* das einzige Ölbild in erhaltener Farbreproduktion ist, so geben die Schwarz-Weiß-Abbildungen der anderen Gemälde trotzdem aufschlussreiche Hinweise zu Farbigkeit und Hell-Dunkel-Malerei.
[133] Zimmermann: Expressiver Realismus, S. 112.

Einheit der Bildfläche die Grundlage für Skizzenhaftigkeit und Spontaneität, die „unter Festhalten am Gegenständlichen weiterentwickelt"[134] werden. Eben diese Merkmale grenzen diese künstlerische Strömung wiederum von der Malerei der Neuen Sachlichkeit ab, die seit der Ausstellung in der Mannheimer Kunsthalle 1925 als realismustreue Kunstbewegung galt.

In den Werken Luikos sind besonders die Skizzenhaftigkeit der Lithographien sowie das narrative Element der gesamten Graphiken zu beobachten. Ausgeprägt ist bei den Holzschnitten die expressive Gestaltung der Hände, ein Formelement zur Steigerung des Bildausdrucks, dessen sich beispielsweise auch Käthe Kollwitz bedient.

Der Unterschied zum Expressionismus liegt im bereits erwähnten neuen Verhältnis zur Wirklichkeit und in der Negierung einer ideellen Natur. So wird das Motiv aufgewertet und in betonter Nüchternheit stärker in den Vordergrund gestellt. Eben hier ist Maria Luiko anzusiedeln, da sie sich realistischer Inhalte annimmt und diese in subjektiven Momentaufnahmen präsentiert. Dieser Bildausschnitt ist meist so gewählt, dass er primär als Situationssequenz erscheint, jedoch eine Welt- und Weitsicht ergibt, bei der das Geschehen in seinem ganzen Ablauf deutlich werden kann. Dies trifft auf die politischen Szenen wie beispielsweise *Festnahme* oder *Menschen vor der Deportation* zu, da hier der zeitbedingte Zusammenhang als übergeordnete Lesart ersichtlich wird.

[134] Ebd.

Resümee

Festzuhalten ist, dass sich im Zusammenfassen der graphischen, malerischen und rekonstruierbaren Werke motivische sowie stilistische Ähnlichkeiten herausfiltern lassen und dadurch ein größerer Kontext erkennbar wird, der schlussendlich Wandlungen im Werk Luikos sichtbar macht.

Betrachtungen zum künstlerischen Stil offenbaren das Gleichgewicht zwischen Abstrahierung und lebensnahem Realismus. Die Nähe zum Expressionismus des Scherenschnitts der 1920er Jahre, die innere Spannung, die hier zum Ausdruck kommt, weicht in den Graphiken der 1930er einer subjektiv empfundenen Realitätsnähe.

Hinsichtlich stilistischer Mittel ist bei den Radierungen eine auffallende Silhouettenhaftigkeit der Figuren zu beobachten, wodurch die Nähe zum Scherenschnitt als auch zum Illustrativen, Kunstrichtungen, die Luiko an der Kunstgewerbeschule sowie bei ihrem Bühnenbildlehrer Emil Preetorius kennengelernt hat, evident wird. Desgleichen handelte es sich bei ihren ersten, im Glaspalast ausgestellten Werken unter den Juryfreien, um Illustrationen zu Ernst Tollers *Hinkemann*. Gemäß der Silhouette erscheinen Luikos graphische Darstellungen als flächige Abbilder von Menschen, Figuren und Gegenständen ohne Binnenzeichnung, wodurch die äußere Linie in diesem Sinn sowohl als Gestaltungs- als auch als Formelement der Bildwahrnehmung dient. Möglich ist zudem, dass Luiko unter anderem von chinesischen Illustrationen hierzu inspiriert wurde, was sich mit ihrem Interesse für illustrierte chinesische Märchenbücher, von denen sie eines Karl Amadeus Hartmann zum Geschenk machte[135], begründen lässt. Weitere Einflüsse ihres Lehrers Emil Preetorius sind in der Kleingraphik, speziell in der Exlibris-Gestaltung, zu sehen.[136] Denkbar ist ebenso, dass sie Anregungen für die lineare Ausführung ihrer Graphiken bei dem Münchner Malerkollegen Josef Scharl fand, der technisch auffallend ähnliche Radierungen – beispielsweise von seinem Sohn – anfertigte.[137] Die Skizzenhaftigkeit, die den Bildgegenstand auf das aus ihrer Sicht Notwendige reduziert, ist ein weiteres stilistisches Merkmal. Dieses Stilprinzip von formaler Ökonomie verstärkt sich innerhalb der Radierungen und weitet sich auch auf die Lithographien aus.

---

[135] Dieses Buch trägt auch das Exlibris Maria Luikos – Hände, die eine Tora-Rolle entrollen. Es befindet sich heute im Besitz der Karl Amadeus Hartmann-Gesellschaft.

[136] Emil Preetorius war zudem Sammler chinesischer Miniaturen. Vgl. hierzu Emil Preetorius, 1883–1973. Illustrator, Graphiker, Bühnenbildner, Sammler und Kunsttheoretiker, zum 100. Geburtstag, Text von Hans Karl Stürz, hg. von der Hessischen Landes- und Hochschulbibliothek, Darmstadt 1984, S. 20–25. Preetorius könnte Luiko auch das Interesse für chinesische Graphik vermittelt haben, schließlich befindet sich Luikos Exlibri auch in einem Band zu chinesischen Märchen.

[137] Hierbei handelt es sich um das Blatt *Schlafender Junge* von 1932 und Maria Luikos Radierung *Säugling* von 1935.

Die filigrane Silhouettenhaftigkeit der Figuren betont den Ausschnittcharakter der Darstellungen. Zugleich lassen die klaren Umrisslinien Luikos Vorliebe für das Dekorative erkennen, wie sie auch in der stofflichen Behandlung einzelner Holzschnittmotive, beispielsweise der *Bettlerin*, zu Tage tritt. Die Stilistik der Holzschnitte ist großflächig, wenig splittrig und vor allem kraftvoll, was auch durch die starken Hell-Dunkel-Kontraste hervorgehoben wird. Die Holzschnitte der späteren 1930er Jahre mögen unter Anreizen des belgischen Graphikers Frans Masereel stehen, dem im März/April 1930 eine Ausstellung in der Städtischen Galerie in München[138] gewidmet war, da sich zum einen ein Wandel im kritischen Ernst der dargestellten Sujets, zum anderen eine Fokussierung auf den momentgebundenen, expressiven Ausdruck, erzeugt durch den Schwarz-Weiß-Kontrast des Holzschnittes, bemerkbar macht.

Das ähnliche Format der Radierungen und der Holzschnitte assoziiert einen Reihencharakter, weshalb nicht ausgeschlossen werden kann, dass die Blätter in Verbindung zueinander stehen. Ihren Schwerpunkt verlagert Luiko mehr und mehr auf die Darstellung des Kopfes und der Hände. Hier findet sie zu einem Gestaltungsmittel, das ihr verhilft, die Bildaussage zu unterstreichen und zu verdeutlichen – diese Reduktion auf eine Geste diente auch Karl Caspar als Stilelement.

Die anfänglichen Radierungen und Lithographien sind erzählender, ausformulierter und detailreicher, ein gewisser Hang zum Narrativen und teilweise auch Naiven ist erkennbar. In den späteren Arbeiten setzt die Künstlerin den Fokus auf eine reduziertere, ausschnitthafte Darstellung. Dieses Motiv der Isolierung, beinhaltend die Reduktion auf eine Geste, auf eine Tätigkeit oder ein Geschehen, kann in den späteren Blättern als Gleichnis für einen größeren Zusammenhang gesehen werden.

[138] Vgl. hierzu Kunst und Künstler, Jg. XXVIII, hg. von Karl Scheffler, Berlin 1930, Heft 8, S. 346–347.

MARIA LUIKOS WIRKEN IM MÜNCHNER
MARIONETTENTHEATER JÜDISCHER KÜNSTLER

Der Jüdische Kulturbund

In den Jahren unter den erschwerten Bedingungen nationalsozialistischer Herrschaft erlebten die deutschen Juden eine intensive jüdische Kulturtätigkeit. Nach der Ausschaltung der Juden aus dem deutschen Kulturleben ging die Pflege des kulturellen Lebens der Juden in München auf den Jüdischen Kulturbund über, der vom Kultusministerium nur geduldet und mit besonderen Auflagen zugelassen worden war.[1] Michael Brenner bezeichnet die Gründe für dieses „letzte Aufflackern jüdischer Kulturtätigkeit" als „logische Folge der nationalsozialistischen Politik der Absonderung der Juden von den Nichtjuden".[2] Die Festschreibung und Begrenzung jüdischer Kräfte auf eine eigene Kultureinrichtung, die deutschlandweiten Jüdischen Kulturbünde, sicherte der nationalsozialistischen Verwaltung eine ständige Kontrolle.

Im Vergleich dieser Kulturtätigkeit zu jener der Weimarer Republik ist festzuhalten, dass diese jüdische Kultur der 1930er Jahre nicht als unmittelbare Fortsetzung der „kulturellen Renaissance" der Weimarer Republik angesehen werden darf, da sie sich unter völlig veränderten Umständen entwickelte. Michael Brenner legt dar, dass in der Weimarer Republik die Juden ein integrierender Bestandteil der nichtjüdischen Kultur und Gesellschaft gewesen waren.[3] Diese Kulturtätigkeit, die im Jüdischen Kulturbund ihre stärkste Ausdrucksform fand, konnte sich nur auf dem in der Weimarer Republik gelegten Fundament entwickeln.

Auf Gesuch Kurt Singers, des ehemaligen Intendanten der Städtischen Oper Berlin, genehmigte der Leiter des preußischen Theaterausschusses Hans Hinkel 1933 den Kulturbund Deutscher Juden, der 1935 in Jüdischer Kulturbund umbenannt wurde. Propagandistisch sollte von Seiten der NS-Regierung der Kulturbund für die Demonstration einer an Gesetzen orientierten liberalen Bevölkerungspolitik stehen und somit ausländische Kritik abwehren.

Das Ziel des Kulturbundes war es, den kulturellen Interessen der jüdischen Bevölkerung nachzukommen und den arbeitslos gewordenen Künstlern ein Betätigungsfeld zu erschließen. Die befohlene „Judaisierung" der Programme bedeutete einerseits die geistige Isolation, andererseits bestand dadurch künftig die Möglichkeit, jüdische Theaterstücke aufzuführen. Ebenso durften jüdische Verlage weiterhin Werke jüdischer Autoren publizieren, während diese bereits aus deutschen Bibliotheken entfernt und öffentlich verbrannt wurden. Die

---

[1] Vgl. Selig: Richard Seligmann, S. 41.
[2] Brenner: Jüdische Kultur in der Weimarer Republik, S. 231.
[3] Vgl. ebd.

Organisatoren waren zumeist akkulturierte deutsche Juden ohne besonderen jüdischen Hintergrund.[4] 1936 schlossen sich die Kulturbünde zum Reichsverband der Jüdischen Kulturbünde in Deutschland mit mehr als 36 regionalen und lokalen Verbänden zusammen. Die gesamtdeutsche Organisation wurde am 11. September 1941 aufgelöst.

Das ideologische Dilemma, das die internen Auseinandersetzungen der jüdischen Gemeinden bestimmte, bestand in der Frage, ob es möglich und wünschenswert sei, dass dieselben Künstler, die „man gerade aus den offiziellen Institutionen der deutschen Kultur hinausgeworfen hatte, weiter ihre alten Werte verbreiteten"[5], oder ob sie sich nicht verstärkt ihrer jüdischen Tradition zuwenden müssten, wie schon Jahre zuvor von verschiedenen Kreisen gefordert worden war. Diese Frage zog notgedrungen das definitorische Problem spezifisch jüdischen Ausdrucks nach sich.[6] Gerade um das Theatergeschehen, insbesondere die dramaturgische Situation, entbrannte eine kontroverse Debatte.[7]

Am Beispiel des Münchner Jüdischen Kulturbundes soll diesen Fragen nachgegangen und die Bedeutung der jüdischen Kulturtätigkeit näher erläutert werden.[8]

---

[4] Vgl. ebd., S. 234.

[5] Ebd., S. 235.

[6] Hinsichtlich der definitorischen Frage nach der Spezifik jüdischer Kunst und der um dieses Thema geführten Debatte vgl. den Exkurs zur Problematik einer spezifisch jüdischen Kunst.

[7] Vgl. Herbert Freeden: Jüdisches Theater in Nazideutschland (= Schriftenreihe wissenschaftliche Abhandlungen des Leo-Baeck-Instituts, 12), Tübingen 1964, S. 66–78.

[8] Diese Ausführungen stützen sich in den Kernpunkten auf den Ausstellungskatalog des Münchner Stadtmuseums, erschienen 1994, *Die gefesselte Muse. Das Marionettentheater im Jüdischen Kulturbund München 1935–1937*, in welchem Waldemar Bonard erstmals die Gründung und das Wirken des Münchner Marionettentheaters Jüdischer Künstler innerhalb des Jüdischen Kulturbundes in Bayern, Ortsgruppe München, behandelt. 44 Marionetten des Theaters, die sich Maria Luiko zuschreiben lassen, haben sich im Puppentheatermuseum des Münchner Stadtmuseums erhalten. Diese sollen nachfolgend im Kontext des Repertoires beschrieben werden.

Der Jüdische Kulturbund in Bayern, Ortsgruppe München

Der Jüdische Kulturbund in München wurde 1934 als Reaktion auf den Ausschluss aus dem allgemeinen öffentlichen Kulturleben gegründet. Der Komponist und Dirigent Erich Eisner[9] hatte am 10. Oktober 1933, in Anlehnung an das
Berliner Vorbild, den Antrag auf Genehmigung eines Jüdischen Kulturbundes
in Bayern gestellt. Seine Gründung war am 9. Februar von der Bayerischen
Staatsregierung abgesegnet worden.[10]

Der Kulturbund sollte drei Fachbereiche umfassen: „Vorträge und Arbeitsgemeinschaften", „Musik und Theater" sowie „Bildende Kunst". Erck sah die
Notwendigkeit des Bundes, „das jüdische Gemeinschaftsleben"[11] durch qua-
litativ hochwertige künstlerische und wissenschaftliche Veranstaltungen zu
fördern.

Die Abteilung „Musik und Theater" sollte zunächst Konzerte mit primärer
Beteiligung von in München und Bayern ansässigen jüdischen Künstlern ver-
anstalten. Die Aufgabe des Fachbereiches „Bildende Kunst" war es, „durch
Veranstaltung von Ausstellungen, Atelierbesuchen, Führungen etc. den in Not
geratenen Künstlern Verdienstmöglichkeiten zu schaffen"[12] und Aufträge pri-
vater Sammler, Firmen und jüdischer Gemeinden an die Künstler zu vermitteln.
Trotz einer gewissen Autonomie unterlagen die Programme des Jüdischen Kulturbundes rigorosen polizeilichen Auflagen und standen unter ständiger Zen-
sur und Kontrolle. Daher mussten Veranstaltungen mindestens zwei Wochen
vorab dem Ministerium sowie der Politischen Polizei angezeigt werden, die
auch Kontrollen vor Ort durchführten. Nur Mitglieder waren aufführungsbe-
rechtigt, und die Ankündigung von Veranstaltungen durfte ausschließlich in
jüdischen Zeitungen und durch Rundschreiben und Theaterzettel in Gebäuden
jüdischer Besitzer bekannt gemacht werden. Loyalität gegenüber der Partei
und ihren administrativen und exekutiven Organen wurde gefordert und somit
waren kritische oder satirische Äußerungen verboten. Die Veranstaltungen
fanden in Räumen statt, die der Israelitischen Kultusgemeinde gehörten oder
sich in jüdischem Privatbesitz befanden. Die meisten Aktivitäten des Jüdischen
Kulturbundes, so auch die Aufführungen des Marionettentheaters von 1934 bis

---

[9] Erich Eisners Künstlername war Erich Erck. Dieser wird im Folgenden beibehalten.
[10] Am 9.2.1934 genehmigte die Bayerische Staatsregierung die Gründung eines Jüdischen Kulturbundes in Bayern, dessen Träger der Verband Bayerischer Israelitischer
Gemeinden und die Gemeinden selbst sein sollten. Nach der Schaffung des Reichsverbandes wurde der Jüdische Kulturbund Bayern zum selbständigen Verein, mit den
Ortsgruppen München, Nürnberg-Fürth, Würzburg, Augsburg, Regensburg, Bamberg
und Aschaffenburg. Vgl. Freeden: Jüdisches Theater, S. 106–107.
[11] Erck zit. nach Bonard: Die gefesselte Muse, S. 13.
[12] Zit. nach Bonard: Die gefesselte Muse, S. 13.

1937, wurden im so genannten „Museum" am Promenadeplatz 12 bis zu dessen Schließung am 1. Februar 1937 abgehalten.[13]

Der Fachbereich „Vorträge und Arbeitsgemeinschaften" hatte das Ziel, „das Publikum zu unterhalten und belehrend auf Positionen und Identität der jüdischen Kultur einzuwirken".[14] Hierin bestand die Schwierigkeit, da den akkulturierten und assimilierten deutschen Juden der Begriff einer originären jüdischen Kultur fremd war. Die Diskussion um die Frage, was die jüdische Kultur ausmache, wurde auch im Münchner Kulturbund geführt. Hinsichtlich des Fachbereiches „Bildende Kunst" ist zu ergänzen, dass, nach Auswertung der Zeitungsrezensionen, die Feststellung Herbert Freedens in Bezug auf den Berliner Kulturbund auch für den Münchner Bund gelten kann: Diese Tätigkeit blieb gewissermaßen peripher.[15] Da es dem Kulturbund weder gelang, einen Kunstdiskurs anzuregen, noch Bilderkäufer oder Kritiker sich hervortaten, beanstandete bereits 1934 Max Osborn die mangelnde Berücksichtigung der Bildenden Künste bei der Aufstellung der Programme.[16] Aus diesem Grund rief die *BIGZ* mehrfach zum Kauf von Bildern jüdischer Münchner Künstler auf. Paradox mutet die Tatsache an, dass der Reichsverband aller jüdischen Kulturbünde, analog zur NS-Reichskulturkammer, zum Dachverband und zur zentralen Erfassungsstelle für alle jüdischen Künstler wurde und verantwortlich war für die Einhaltung aller behördlichen Vorschriften. Denn somit geriet die Selbsthilfe der Künstler zu einer unabsichtlichen bürokratischen Mithilfe bei der Verfolgung durch die nationalsozialistische Regierung.

Die Reichsausstellung Jüdischer Künstler vom 26. April bis zum 7. Juni 1936 im Jüdischen Museum in Berlin ist in dieser Phase sicherlich als ein wichtiges Ereignis anzusehen, da sie Motivation zum Arbeiten darstellte und gleichzeitig den jüdischen Künstlern die Möglichkeit bot, über die lokalen Grenzen hinaus vorstellig zu werden. Die Tatsache, dass Maria Luiko sich um die Organisation und Auswahl der Münchner Künstler bemühte, zeugt von ihrem Engagement innerhalb des Kulturbundes und der Wichtigkeit, die sie dieser Begebenheit zusprach.

Die Rolle, die dem Kulturbund zuzuschreiben ist, hat einen zwiespältigen Charakter. Einerseits sollte er Ablenkung, Unterhaltung und dadurch Erleichterung bieten, andererseits mag diese friedliche Illusion manchen davon abgehalten haben, das ganze Ausmaß zu erkennen und die persönlichen Konsequenzen zu ziehen. Auch Maria Luiko schreibt in ihrem letzten Brief an Schalom Ben-Chorin vom 13. Juni 1939: „Ich bedauere wirklich, das [sic!] wir gar

---

[13] Vgl. Bonard: Die gefesselte Muse, S. 16–17.
[14] Ebd., S. 16.
[15] Freeden: Jüdisches Theater, S. 128.
[16] Vgl. ebd.

so lange gehofft haben doch noch einen Weg nach Palästina zu finden. Wir haben viel wichtige Zeit darüber ungenützt verstreichen lassen."[17]

Julius Baab brachte dies Dilemma 1941 auf den Punkt:

„Sicherlich gut ist es, daß das teuflische Spiel der Nazis ein Ende hat, mit dem sie darauf hinweisen, daß die Juden in Deutschland sich sogar noch Theater und Kunstorganisationen leisten können. Denn nur zu diesem Zweck wurde dieser Kulturbund der Deutschen Juden von den Nazibehörden nicht nur erhalten, sondern anbefohlen [...]. Aber es mag abschließend verzeichnet werden, daß innerhalb dieses bösen Plans jahrelang viel Gutes getan wurde."[18]

Michael Brenners These, dass Zeiten der Bedrückung keine kulturelle Kreativität zulassen, dafür das Solidaritäts- und Gemeinschaftsgefühl stärken[19], gilt es nicht grundsätzlich zu widerlegen. Richtig ist sicherlich, dass sich übergreifend keine kreative jüdische Kultur parallel zur Diktatur etablieren konnte. Jedoch kann mit dem Verweis auf das Münchner Marionettentheater Jüdischer Künstler[20] sowie auf das Engagement Maria Luikos ein „regionales Gegenargument" angeführt werden. Zeigt doch das Münchner Beispiel, dass sich für eine gewisse Zeitspanne neue bzw. modifizierte künstlerische Ausdrucksformen finden ließen, um die eigene Kreativität zu lenken und Motivation für das Weiterarbeiten zu erlangen.

---

[17] StadtAM, Judaica, Varia, 2, Brief Maria Luikos an Schalom Ben-Chorin vom 13.6.1939.
[18] Baab zit. nach Bonard: Die gefesselte Muse, S. 22.
[19] Vgl. Brenner: Jüdische Kultur in der Weimarer Republik, S. 237.
[20] Im Folgenden MMJK.

Das Münchner Marionettentheater Jüdischer Künstler

Das MMJK war von 1935 bis 1937 eine Einrichtung innerhalb des Jüdischen Kulturbundes in Bayern und eine regionale Reaktion jüdischer Kulturschaffender auf die nationalsozialistischen Restriktionen. Die wichtigste Quelle für die Recherchen bildet die *BIGZ*, deren Herausgeber der Verband der Bayerisch-Israelitischen Gemeinden war. Hier wurden zwischen 1935 und 1937 Anzeigen mit Namen der Leiter, Ausstatter und Mitwirkenden des MMJK sowie Aufführungsrezensionen veröffentlicht.

Als neues Forschungsergebnis präsentiert sich die Tatsache, dass bereits vor Gründung des MMJK ein Biblisches Marionettentheater namens Bimath Buboth, die hebräische Bezeichnung für Puppenspiel, in München existierte.[21] Mitwirkende waren Maria Luiko, Rudolf Ernst und Schalom Ben-Chorin, der die Gestaltung der Texte verantwortete. Laut *IFM* hatte Maria Luiko die Anregungen zu diesem künstlerischen Marionettentheater, das als „biblische Experimentalbühne"[22] bezeichnet wurde, gegeben.[23] Maria Luiko konnte hier ihre Ausbildung in der Bühnenbildklasse Emil Preetorius und ihre erworbenen, gestalterischen Fähigkeiten als Bühnenbildnerin einbringen. Bimath Buboth machte sich an die illustrative Übertragung „von Geschichten der Bibel in die reizvolle Welt der kleinen, durch das Spiel der Fäden belebten Schauspieler"[24]. Die biblischen Texte wurden auf Hebräisch, teilweise in traditioneller Melodie, vorgebracht. Den Aufführungsrezensionen ist zu entnehmen, dass der Bibeltext durch altjüdische Legenden und Sagen, wie Aggada[25] und Midrasch[26], ausgeschmückt wurde.[27] Die Darbietungen wechselten folglich zwischen erzählenden und dramatischen Passagen. Hinsichtlich dieser Art der Vorstellung sei eine Rezension des *IFM* über das Drama *Ruth* angeführt:

[21] Vgl. IFM, Nr. 9, 1.3.1934, unpaginiert. Wann genau dieses biblische Marionettentheater gegründet wurde, ließ sich nicht rekonstruieren.

[22] IFM, Nr. 9, 1.3.1934, unpaginiert.

[23] Vgl. ebd.

[24] IFM, Nr. 23, 1.11.1934, Beilage „Aus alter und neuer Zeit", unpaginiert.

[25] Vgl. hierzu „Aggada", in: Neues Lexikon des Judentums, S. 25. Die Aggada umfasst erzählerische Traditionen verschiedenster Art, beispielsweise Geschichten, Sagen, Legenden, Anekdoten, Märchen, Fabeln, Gleichnisse, Witze und Rätsel sowie Wunder- und Weisheitsgeschichten. Die Aggada lebt von der spielerischen Phantasie bei der Schriftauslegung. Jeder kann einen Schriftvers so erklären, wie er es für richtig hält. Dennoch hat die Aggada in ihrer formellen und inhaltlichen Variationsbreite didaktische Bedeutung. Sie soll Empathie wecken und hat besonders in Predigten eine wichtige Funktion.

[26] Vgl. hierzu „Midrasch", in: Neues Lexikon des Judentums, S. 565. Midrasch ist die Bezeichnung für die rabbinische Auslegung der Bibel. Hierzu gehören auch apokalyptische und historische Schriften sowie Anthologien.

[27] Vgl. IFM, Nr. 9, 1.3.1934, unpaginiert.

„Das ländliche Idyll dieser Erzählung trägt der Sprecher in Talar und Spitzhut des gotischen Juden in der biblischen Ursprache vor, während sich das Geschehen auf der Bühne melodramatisch abspielt. Lieder und legendäre Stellen sind in den Rahmen des biblischen Berichts eingestreut."[28]

Eine neue Erkenntnis bringt eine Aussage Maria Luikos in ihrem Brief vom 11. Dezember 1935[29]. Hier berichtet sie, dass die Vertonung des Ruth-Liedes auf den Münchner Komponisten Karl Amadeus Hartmann[30] zurückgeht. Diese Zusammenarbeit mit Hartmann zeigt zwei Aspekte auf: zum einen den Willen des MMJK, auch musikalisch auf höchstem Niveau tätig zu sein und Neuerungen zu forcieren. Zum anderen bestätigt dies einmal mehr der Hartmann-Forschung dessen Weiterarbeit mit jüdischen Künstlern und somit seine unangepasste Haltung dem Nazi-Regime gegenüber. Christoph Lucas Brehler führt an, dass „Hartmanns Kontakt mit jüdischer Musik, der in München vor 1933 durch eine aktive jüdische Gemeinde sowie durch Freundschaften mit jüdischen Familien [unter anderem zu Maria Luiko, D.O.] ohnedies vorhanden war"[31], durch Aufführungen der Habima-Theatergruppe, die Hartmann in den Kammerspielen besuchte, vertieft wurde. Hartmann ließ sich von der an synagogalen Gesang erinnernden sowie von Lamento und Melismen geprägten Musik inspirieren.[32] Diese Elemente verband er mit seinem eigenen dynamisch-kraftvollen Ausdruckswillen. Unter diesem Eindruck standen sicherlich auch die Vertonung und die Aufführung des *Ruth*-Stückes.

Der Intention des Biblischen Marionettentheaters gemäß, wurde auch das alttestamentarische Buch Esther für die Marionettenbühne konzipiert. Über eine Wiederaufnahme des Stücks während der Spielzeit des MMJK ist nichts bekannt. Allerdings tauchen die Figuren teilweise in anderen Stücken wieder auf.[33] Die Wahl dieser beider Stücke mag damit begründet sein, dass es sich bei Esther und Ruth um biblische Gestalten handelt, die im Text relativ vage gezeichnet sind und daher der dichterischen Gestaltung, dramaturgischen Umsetzung und eventuell auch der psychologisierenden Auslegung einen weitgefassten Spielraum für die Interpretationen auf der Bühne bietet. Naheliegenderweise wurde Bimath Buboth in die Aktivitäten des neugegründeten Jüdischen Kulturbundes München integriert, um Repertoire und Darsteller erweitert und als Folge dessen in Münchner Marionettentheater Jüdischer Künstler umbenannt.

---

[28] IFM, Nr. 23, 1.11.1934, Beilage „Aus alter und neuer Zeit".
[29] Vgl. StadtAM, Judaica, Varia, 2, Brief Maria Luikos an Schalom Ben-Chorin vom 11.12.1935.
[30] Zu Leben, Wirken und Werk Karl Amadeus Hartmanns vgl. Götz/Wegner: Gegenaktion.
[31] Christoph Lucas Brehler: „Manche Bilder und Gestalten wird man so leicht nicht vergessen", in: Götz/Wegner: Gegenaktion, S. 51.
[32] Ebd.
[33] So beispielsweise Mordechai als *Bettler* in *Das Gelöbnis*.

Die Gründung des MMJK geht, wie bereits angeführt, auf Maria Luiko[34], Rudolf Ernst und Berthold Wolff als Initiator des Kulturbundes zurück. Der Anlass, ein Marionettentheater statt eines Personentheaters innerhalb des Kulturbundes zu etablieren, erfolgte sicherlich zum einen aus Mangel an jüdischen Schauspielern, zum anderen aufgrund der Schwierigkeit, bei beschränkten technischen und finanziellen Mitteln geeignete Ausdrucksmöglichkeiten zu finden. Die Einbindung des bereits vorhandenen Bimath Buboth ermöglichte ein schnelles Agieren.

Von großem Vorteil zeigte sich die bestehende Tradition von Marionettenbühnen in München wie das Münchner Marionetten-Theater Papa Schmids oder das Marionettentheater Münchner Künstler von Paul Brann. Gemäß der Improvisationsgabe, mit einfachsten Mitteln eine Bühne auszustatten, spielte sicherlich das Jüdische Marionettentheater von Alfons Rosenberg, welches ein reines Tourneetheater war, eine Inspirationsrolle.[35]

Die programmatische Zielsetzung des Marionettentheaters formulierte Berthold Wolff, der die Gesamtleitung übernahm, in der *BIGZ* 1935:

„In München haben sich eine Handvoll ideal gesinnter Künstler und Private zusammengetan und ein Marionettentheater errichtet, das am 30. Januar an die jüdische Öffentlichkeit treten wird. Nach den Absichten der Theaterleitung soll Schauspiel wie kleine Oper, soweit für das Puppentheater geeignet, gepflegt werden; vor allem Werke entweder jüdischen Milieus oder jüdischer Autoren. Die Bühne ist in der Umschulungswerkstätte der Münchner jüdischen Gemeinde hergestellt, das Wichtigste, die Puppen und Dekorationen, sind von zwei nicht unbekannten Münchner Künstlern, dem Maler Ernst und der Malerin Luiko hergestellt; Technisches wie Darstellerisches liegt ausschließlich in jüdischen Händen."[36]

Diese Proklamation macht die Ernsthaftigkeit des Marionettentheaters deutlich, da Wolff dieselbe ideologische Zielsetzung formulierte, wie sie für das Theatergeschehen innerhalb des Kulturbundes generell gefordert wurde. Die Behandlung jüdischer Fragen mittels jüdischer Stücke von jüdischen Autoren sollte im Vordergrund stehen. Der hohe Anspruch der Gruppe wird einmal mehr ersichtlich in der Namensgebung, einer Anspielung an Paul Branns Marionettentheater Münchner Künstler, das für die Impulsgebung einer modernen Weiterentwicklung des klassischen Marionettentheaters steht[37]. Für das Verständnis

---

[34] In Luikos Atelier in der Blutenburgstraße 12 wurden auch Proben zu einzelnen Stücken abgehalten, was aus einer Anzeige im März 1936 wegen Ruhestörung und der darauf folgenden Stellungnahme Luikos vom 22. April 1936 ersichtlich wird. Vgl. hierzu StaatsAM, Pol.Dir. 14698.

[35] Vgl. hierzu Bonard: Die gefesselte Muse, S. 26.

[36] Wolff in: BIGZ, Nr. 2, 15.1.1935, S. 31.

[37] Paul Brann hatte bildende Künstler für die Ausstattung seiner Stücke verpflichtet und bühnenerfahrene Sprecher und Sänger engagiert, um die Inszenierungen um musikalische Elemente zu erweitern. Der größte Entwicklungsschritt bestand im Ergänzen des traditionellen Repertoires von Volksstück und Kinderkomödie um politische

des Puppenspiels bedarf es Wolff zufolge eines gläubigen Theatergemüts. Nur so könne das Puppenspiel in seinen differenzierten Ausdrucksweisen – dramatisch, tragisch oder heiter – genossen werden.[38] Aufgrund der langen Marionettentheatertradition gab es in München ein gut vorbereitetes Publikum, das mit diesem Medium vertraut war. Die erste Aufführung des MMJK erfolgte am 30. Januar 1935 mit der Bühnenfassung einer angeblichen[39] Strindberg-Novelle – dem *Moses*.

Das Ensemble des MMJK bestand zwischen 1935 und 1937 aus bis zu sechzehn Künstlern in wechselnden Formationen.[40] Hierzu gehörten Walter Capell, Erich Erck, Rudolf Ernst, Ernest Frank, Paul Kuhn, Renate Loeb, Maria Luiko, Lilly Marschütz, Rudolf Offenbacher, Bernhard Renka, Walter Ries, Nicoletta Rosenthal, Charlotte Schönberg-Ernst, Elisabeth Springer, Josef Waldner, Berthold Wolff sowie Sonja und Josef Ziegler:[41] allesamt etablierte und in der Kulturszene bekannte Künstler und Intellektuelle.

Maria Luiko und Rudolf Ernst schufen die Figuren, das Bühnenbild und die Bühnenkonzeption und agierten selbst als Puppenspieler[42]. Durch das Zusammenspiel von Bühnendekoration, sprachlichen Rezitationen, Musik und Gesang war es dem Marionettentheater möglich, diese Operneigenschaften zu vereinen und ein, mit geringen, einfachen Mitteln geschaffenes, Ersatzerlebnis zu bieten. Dass das Marionettentheater eine künstlerisch ernstzunehmende

---

Satiren, Parodien, Grotesken und symbolisiertes Drama. Auch Branns Verständnis der Marionette war neu, da er von ihr die Offenbarung ihres Wesens, das sich nur in der Bewegung auf der Bühne ganz entfaltet, forderte und der Puppe somit eine eigene Persönlichkeit zusprach. Sein Ziel war es, durch das Zusammenwirken unterschiedlicher künstlerischer Kräfte die vollkommene Einheit im Sinne eines Gesamtkunstwerks zu schaffen. Vgl. hierzu Alois Cejka: Paul Brann und sein Marionettentheater Münchner Künstler, in: Günther Böhmer (Hg.): Paul Brann. Marionetten-Theater Münchner Künstler (Ausstellungskatalog München, Stadtmuseum), München 1973, unpaginiert, sowie Wolfgang Till: Puppentheater. Bilder – Figuren – Dokumente, München 1986, S. 93–106.

[38] Wolff in: BIGZ, Nr. 2, 15.1.1935, S. 31.

[39] Waldemar Bonard berichtigt, dass kein dramatisches Werk Arthur Strindbergs mit dem Titel „Moses" existiert. Allerdings handelt die Novellensammlung *Historische Miniaturen* von der Geschichte des Volkes Israels von der ägyptischen Knechtschaft bis zur französischen Revolution. Daher muss angenommen werden, dass Berthold Wolff die Novelle *Die ägyptische Knechtschaft* für die Aufführung adäquat bearbeitete. Vgl. Bonard: Die gefesselte Muse, S. 36.

[40] Vgl. ebd., S. 30. Bonard verweist darauf, dass die meisten dem mittelständischen Bildungs- und Wirtschaftsbürgertum entstammten, mit Ausnahme Maria Luikos, Berthold Wolffs und Nicoletta Rosenthals, die zum gehobenen Bürgertum gehörten.

[41] Die Nennung erfolgt in alphabetischer Reihenfolge.

[42] Vgl. hierzu Georg Hirschfeld: Marionetten, in: BIGZ, Nr. 2, 15.1.1936, S. 38. Der Schriftsteller Georg Hirschfeld resümiert: „Es ist ein kleines Wunder, wie nach der heimischen Musik die Marionetten von Marie Luise Kohn, das szenische Bild von Rudolf Ernst jenes Leben gewinnen, das die besten Schauspieler in schwere Zweifel bringen kann."

Einrichtung innerhalb des Kulturbundes werden sollte, impliziert die Formulierung Wolffs, „die Darbietungen sollen ernsthafter Kritik standhalten"[43].

War anfangs noch ein Schauspielensemble geplant, so musste bald das Marionettentheater die Opern- und Schauspielaufführungen ersetzen – sicherlich aufgrund finanzieller Engpässe zum Unterhalt eines Ensembles sowie der fehlenden festen Bühne.

Das Ziel dieses kleinen Zirkels jüdischer Künstler, die – laut Schalom Ben-Chorin – eine Art „unpolitische jüdische Widerstandsgruppe"[44] darstellte, war es, durch die Manifestationen jüdischer Kultur den Willen zur Selbstbehauptung zu demonstrieren. Dies steht damit ganz im Zeichen der bereits erwähnten Forderungen jüdischer Kulturtätigkeit, Wege spezifisch-jüdischer Ausdrucksformen zu finden.

---

[43] Wolff in: BIGZ, Nr. 2, 15.1.1935, S. 31.
[44] Schalom Ben-Chorin: Ein Münchner Künstlerkreis, in: Bonard: Die gefesselte Muse, S. 8–9, hier S. 8.

Das Repertoire und die Marionettenfiguren Maria Luikos

Im Hinblick auf das Repertoire ist zu beobachten, dass die Zielsetzung Berthold Wolffs, ausschließlich jüdische Dramen zu spielen, schon früh Einschränkungen angesichts des Publikumsverständnisses hinnehmen musste. Mittels der Rekonstruktionen der Aufführungen lassen sich zwei Tendenzen in der Wahl des Repertoires ausmachen. Die eine Intention war es, ganz im Sinne Bimath Buboths, jüdische Stoffe und bzw. oder Stücke jüdischer Autoren zu wählen und dem Publikum zugänglich zu machen. So verhält es sich mit dem hebräischen Stück *Moses* sowie *Das Gelöbnis* des jüdischen Dramatikers Perez Hirschbein. Die andere sah vor, humorvolle Stücke wie Jacques Offenbachs *Das Mädchen von Elizondo* und *Die Insel Tulipatan* sowie die etablierten Stücke Franz von Poccis *Die geheimnisvolle Pastete* und *Die drei Wünsche* zu spielen. Verständlicherweise wollte das MMJK damit dem Publikum, das mit dieser Art des Puppenspiels ebenso wie mit den Stücken vertraut war, entgegenkommen und zu unbeschwerter Abwechslung beitragen. Wohl konnten auch nur auf diese Weise die Einnahmen, die zum Erhalt des Theaters notwendig waren, gesichert werden.

Hinsichtlich der traditionellen Pocci-Stücke ist folglich die gleiche Frage aufzuwerfen, wie sie der anonyme Autor des Artikels *Jüdisches Theater in Deutschland*[45] formulierte: Kann ein jüdisches Theater die Aufgabe haben, inmitten eines schicksalhaft bewegten jüdischen Erlebens, das alte deutsche Gesellschaftstheater, hier traditionelle Kasperl-Stücke, zu imitieren? Allerdings waren es gerade diese Stücke, die den größten Zuspruch und Beifall erfuhren. So ist auch zu erklären, dass das *Moses*-Drama nur 1935 in München (über die Aufführungen in anderen bayerischen Städten ist nichts bekannt) dargeboten wurde und in den Folgejahren eben jene etablierten, humoristischen Stücke bevorzugt wurden. Mehrere Rezensionen und kritische Anmerkungen zu den Premieren des MMJK in der *BIGZ* und auch im *IFM* geben einen Einblick in die Aufführungspraxis und ermöglichen ein Bild von den Vorstellungen. Einmal mehr gilt es jedoch festzuhalten, dass diese Artikel zum einen in ausschließlich jüdischen Presseorganen veröffentlicht wurden und somit eine eindimensionale Kritik vertreten.[46] Zum anderen bieten auch nur sie die Möglichkeit einer Interpretation der Aufführungspraxis. Daher können sie die Beschreibung der Marionetten im Kontext ihrer Stücke als Quelle zwar unter-

---

[45] Vgl. Anonymus: Jüdisches Theater in Deutschland, nach Freeden: Jüdisches Theater, S. 72.

[46] Die Problematik, die sich hieraus ergab, benennt der Kritiker Artur Holde 1935 in seinem Artikel *Kritik im jüdischen Kulturkreis*, in: BIGZ, Nr. 11, 1.6.1935: „Durch die jetzt erfolgte Abgrenzung ist der jüdische Künstler in Deutschland jedoch fast ausschließlich auf den Widerhall in den jüdischen Blättern angewiesen. Man darf feststellen, daß die Schriftleitungen die Pflicht, geistiges Rückgrat der jüdischen Kunstpflege zu werden, voll anerkannt haben und dieser Pflicht gemäß handeln."

stützen, aber nicht dem Anspruch auf eine differenzierte Sichtweise gerecht werden.

Im Nachfolgenden soll untersucht werden, wie die Gestaltungsweisen der von Maria Luiko geschaffenen Marionetten hinsichtlich der Stücke und ihrer spezifischen Motivik divergieren und wo sich übergreifende gestalterische Elemente finden lassen. Mutmaßlich war Maria Luiko an der Kunstgewerbeschule mit dem dortigen Lehrer Josef Wackerle in Berührung gekommen, der auch Marionetten für Paul Branns Puppentheater geschaffen hatte. Von ihm könnte sie sowohl technisch als auch vom ideologischen Konzept der Puppenbühne nach inspiriert worden sein.

Da sich die Dekorationen bzw. die Bühnenbilder nicht erhalten haben, kann nur von den spärlichen Abbildungen in der *BIGZ* auf die Bühnenwirkung und ihre Funktion geschlossen werden. Deshalb ist nicht ersichtlich, inwiefern das Rahmenspiel das Geschehen vom übrigen Raum abhob, einen eigenen Spielraum schuf und der Wahrnehmung des Zuschauers erlaubte, entweder distanziert-objektiv oder involviert-subjektiv dem Geschehen zu folgen.

Bei allen Marionetten handelt es sich um Fadenmarionetten, die von oben mit Hilfe eines Führungskreuzes gehalten werden. Die Besonderheit der Bewegung liegt somit im Zusammenwirken vom Fadenzug des Spielers und der mechanischen Eigenbewegung der Puppe. Indem die räumliche Trennung keinen direkten Kontakt zwischen Puppe und Spieler erlaubt, bedingt das Spiel eine gewisse geistige Distanz. Da die Marionetten passive Figuren sind, können ihre Bewegungen nur als „gleitend" oder „schwebend" charakterisiert werden. Bestimmte Gangarten und Bewegungsabläufe können darum nur angedeutet werden, trotzdem ist es ihnen möglich, frei im Raum zu agieren. Das besondere Charakteristikum von Marionetten ist ihr relatives Eigenleben, das durch die „unsichtbare" Belebung des Spielers erzielt wird. Durch die untrennbare Gebundenheit der Marionette an den Puppenspieler wird sie zum Ausdrucksmedium seiner Erfahrungen und dramaturgischen Interpretation der Stücke.

Gemäß der Gestaltung gilt es vorab festzuhalten, dass die Kostüme mit einfachsten Mitteln gearbeitet sind. Stoffreste, Glasperlen, gewissermaßen jegliche Art von Trouvaillen, dienen der Kostümaufmachung. Die Körper bestehen aus einem Holzgerüst, welches mit Papier aufgepolstert ist. Die Köpfe sind aus Papiermaché mit einer Mullkaschierung gearbeitet. Arme und Beine sind entweder aus Holz und bzw. oder Draht. In der Höhe divergieren die Puppen zwischen 40 bis 50 cm.

Die hebräischen Stücke

Die Figurinen der beiden hebräischen Stücke *Ruth* und *Moses* sind streng stilisiert und auf eine ausdrucksvolle Bildwirkung abgestimmt. In Anlehnung an die Motivik des Stückes sind die *Israeliten* des *Moses*-Stückes (Abb. 48) mit einfachem, ärmlichem Kostüm bekleidet. Einzelne Stoffstücke aus unter-

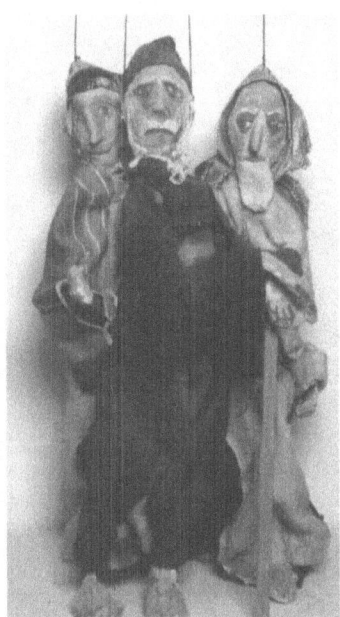

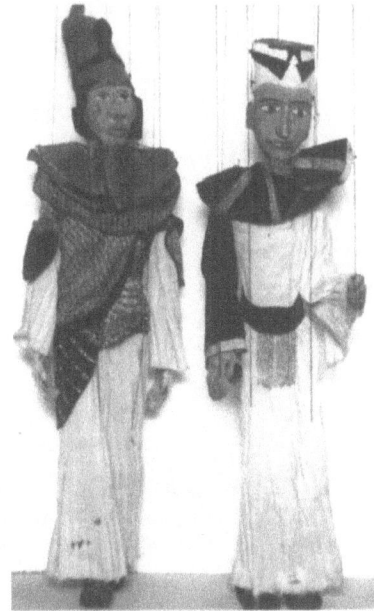

Abb. 48:
Männergruppe: Israeliten, 1935.

Abb. 49:
Pharao und Hohepriester, 1935.

schiedlichen, gröberen Baumwollmaterialien in dunkeltonigen Farben bilden die Kleidungsstücke. Einzig *Moses* (Abb.50) hebt sich seiner Rolle gemäß durch das blaue Gewand, dem kontrastierend ein roter Mantel übergelegt ist, ab. Maria Luiko gestaltet die Ägypter – den *Pharao*, seine *Tochter* und den *Hohepriester* (Abb.49) – in aufwendigerer Weise. Die Kostüme sind ägyptischer Tracht nachgebildet und tragen Goldverzierungen sowie blaue Perlen, die Lapislazuli imitieren.

Auch die Ausarbeitung der Gesichter divergiert. So sind die der Israeliten durch farbige Linien, die die Gesichtspartien umranden, in einzelne, teilweise geometrisierte Flächen unterteilt. Diese Abstrahierung wird verstärkt durch einzelne Partien, die in der Farbgebung kontrastieren. Das Gesicht einer israelitischen Frau erzielt durch das direkte Nebeneinander roter und blauer Farbpartien eine expressive Wirkung. Die Physiognomien der Ägypter hingegen sind realistischer wiedergegeben und den überlieferten Darstellungen nachempfunden. Dies zeigt sich an der schwarzen, ovalen Augenumrahmung aller drei Figuren oder auch am Kinnbart des *Pharaos*. Der Grundton der Gesichter ist insgesamt gelbgrün bzw. graubraun gehalten.

Als weiteres Beispiel für die besonderen, expressiven Darstellungsmittel hebräischer Figuren sollen an dieser Stelle knapp die Figurinen des *Ruth-*

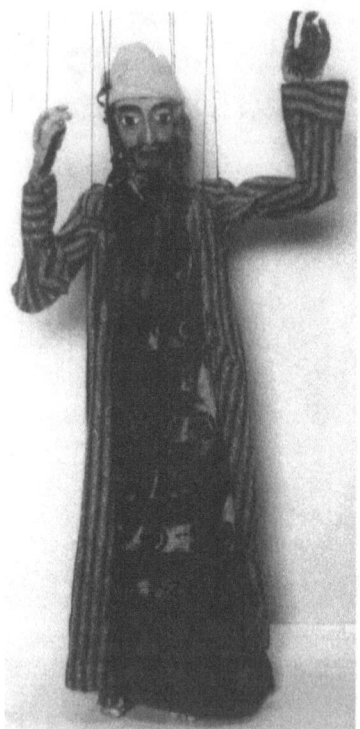
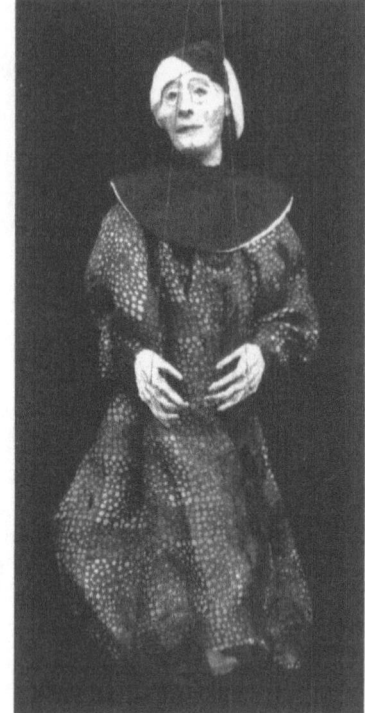

Abb. 50: *Moses*, 1935.   Abb. 51: *Naemi*, 1934.

Stückes beschrieben werden, auch wenn dieses Stück in der Zeit des MMJK nicht mehr aufgeführt wurde. Das Geschehen handelt vom tugendhaften Verhalten Ruths gegenüber ihrer Schwiegermutter Naemi. Dies verhilft, dass auch der Ehebund zwischen dem Gläubigen Boas mit der frommen Heidin Ruth gesegnet werden kann. Sinn und Intention der Erzählung ist der Nachweis, dass nicht die Abstammung, sondern die Tugenden maßgebend sind.

Die Figuren sind insgesamt individuell ausgearbeitet und um realistische Darstellung bemüht. Die Kostüme orientieren sich an der Landestracht. Die Protagonistin *Ruth* (Abb. 53) trägt ein langes, einfaches, doch buntfarbiges Gewand mit einem Kopftuch. Ihre Hände sind relativ groß und mit schwarzen Linien versehen, die die Finger markieren. Am eindrucksvollsten ist jedoch Ruths Gesicht: kantig und plastisch sind die Gesichtszüge geformt. Wie bei den beschriebenen Israeliten des *Moses*-Stücks, so greift Maria Luiko auch bei *Ruth*, *Naemi* (Abb. 51) und *Boas* (Abb. 52) auf die expressive Gesichtsbemalung durch Farbkontrastierungen und Flächenabgrenzungen zurück. Die Gesichter der Marionetten assoziieren das Bild bemalter Leinwände. Diesbezüglich ist zu beobachten, dass diese Art der Gesichtsgestaltung der hebräischen Figurinen beider Stücke an die künstlerische Umsetzung der Gesichter der Habima-Darsteller (Abb. 54, 55) erinnert.

Die Habima, die Ende der 1920er Jahre eine Europatournee unternahm, gastierte 1928, 1929 und 1930[47] auch in den Münchner Kammerspielen. 1917 in Moskau als erste rein hebräisch- und jiddischsprachige, professionelle Theatergruppe gegründet, bediente sie sich Elemente avantgardistischer Theaterinszenierungen. Diese Aufführungen fanden bei etablierten deutsch-jüdischen Kritikern großen Zuspruch. Das Hebräische und Jiddische verloren in den Stücken der Habima nicht nur die pejorativen Zuschreibungen von Überalterung und Minderwertigkeit, sondern wurden zu Sinnbildern der Wiederbelebung jüdischer Authentizität. Die Habima-Schauspiele boten daher die Option für das Kennenlernen, der von ihnen interpretierten hebräischen Ausdrucksweisen.

Die Anregungen und Eindrücke des Habimas-Spiels verarbeitet Maria Luiko in der flächigen, expressiven Farbgestaltung der Gesichter. Sie bedient sich der dargebotenen, auch dem jüdischen Publikum vertrauten Mittel, um hebräische Menschen darzustellen. Speziell über die ausdruckstarken Gesichter der Habima-Darsteller führt Bernhard Diebold in seiner begleitenden Schrift aus dem Jahr 1928 an, dass es sich hierbei um „keine Schauspielergesichter", sondern um „Hebräer" handle.[48] Das Habima-Spiel ist charakterisiert von dem Einheitsgedanken durch das Zusammenführen von Sprache, Gesten, Kostüm und dem Gedanken des Dramas.[49] Dem wäre hinzuzufügen, dass sich die Spielart des Marionetten- und Habima-Spiels durchdringen. Diebold bemerkt zum Schauspiel:

„Wie ihre Sprache ist die Gebärde der Habima-Juden eine geistige Expression. Die Gestik ist ausschweifend wie bei keinem Europäervolk. [...] Die ganzen Arme gestikulieren: die Hände drehen die Handflächen nach vorn. Der Kopf wackelt in Pagodenbewegungen; die Beine wippen. [...] Wenn sie gar tanzen und singen, dann steigert sich der Bewegungsstil ins Bizarre. Das ist nicht mehr Juda in Moskau. Das ist Orient. Der Stil der Habima ist nicht nur ein Theaterstil, sondern der Stil eines Volkes. Die großartige Einheit auf der Bühne ist nicht allein Regie und Kunstprodukt, sondern erwuchs aus Rasse und Ritus."[50]

Das eingangs erwähnte Drama *Moses* basiert auf der Novelle *Die ägyptische Knechtschaft* Arthur Strindbergs von 1905.[51] Die Adaption Berthold Wolffs erzählt die Geschichte Moses und des Auszugs der Israeliten aus Ägypten. Die zeitgenössische Rezension stellte anlässlich dieses Stückes die Frage, ob

---

[47] Im Januar 1930 mit dem chassidischen Stück *Der Dybbuk* des russischen Dramaturgen Anski.
[48] Bernhard Diebold: Habima. Hebräisches Theater, Berlin-Wilmersdorf 1928, S. 8.
[49] Vgl. hierzu ebd., S. 15.
[50] Ebd., S. 7.
[51] Vgl. Bonard: Die gefesselte Muse, S. 36.

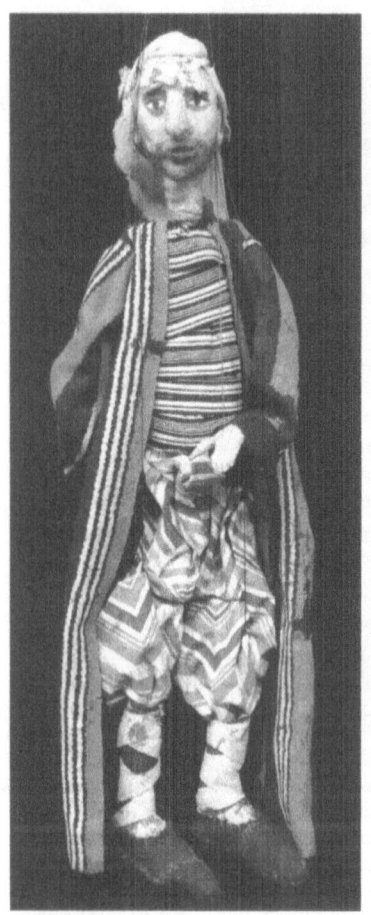

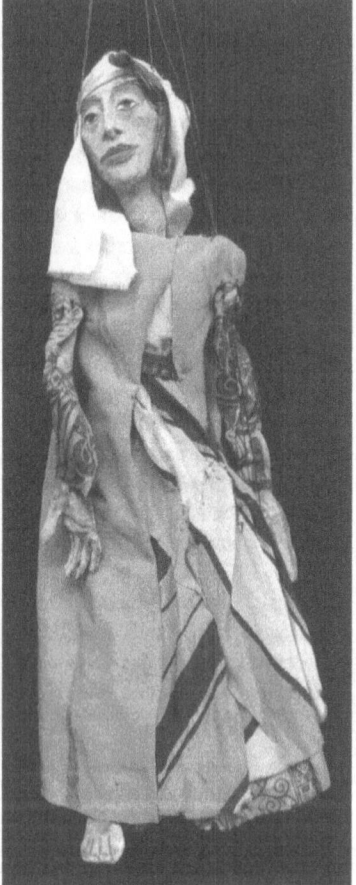

Abb. 52: *Boas*, 1935.   Abb. 53: *Ruth*, 1934.

sich ein Puppentheater mit religiösen Motiven befassen könne. Es bedürfe der
Phantasie des Zuschauers, die Handlung zum künstlerischen Erlebnis zu stei-
gern. Gerade dieses Moses-Stück versande „mit dem Eintritt in die Wüste in
der Endlosigkeit des Didaktischen"[52]. Zudem wird die wenig dramatische Persönlichkeit des Moses bemängelt und die psychologischen Entwicklungen des
Moses würden dem Zuschauer vorenthalten: „An die starre Maske gebunden,

[52] BIGZ, Nr. 4, 15.2.1935, S. 79.

können wir nicht das Aufleuchten seiner triumphierenden Seele erleben. Die Unwandelbarkeit der Puppe verurteilt ihn zur Eintönigkeit."[53]

Ob es mit dem Premierenstück zusammenhängen mag oder mit der Härte der Kritik, festzuhalten ist, dass die Schwierigkeit, diese biblischen Stoffe ernsthaft dem Publikum zu vermitteln, früh zu Tage trat. Die in Anspruch genommene Forderung Wolffs, ernsthafter Kritik standzuhalten, ist mit dem *Moses*-Stück noch nicht gelungen.[54]

Die Marionetten zu *Das Gelöbnis* von Perez Hirschbein sind ebenfalls aus gestalterischen und inhaltlichen Gründen innerhalb dieser Gruppe anzusiedeln. Es handelt sich hierbei um die Puppen *Dowidl* (Abb. 56), dessen Mutter *Chache* (Abb. 57), *Chanele* sowie ihre Eltern *Hennoch* und *Pessel*. Das Drama, das dem jiddisch-litauischen Kulturkreis entstammt[55], wurde als ein von „innerer Spannung erfülltes Werk"[56] beschrieben, in welchem eine visionäre, unsichtbare Gewalt die handelnden Personen mit unlösbaren Banden fessele. Der jüdische Dramatiker Hirschbein war vor allem mit seinen jiddisch-symbolhaften Dramen bekannt geworden.[57] Das Stück behandelt die Frage nach dem Verhältnis von Autonomie und Bindung. Dowidl ist mit Chanele verlobt. Als dieser im Sterben liegt, möchten Chaneles Eltern die Verlobung lösen, damit diese den Sohn einer Bekannten heiraten kann. Als Chanele sich dazu durchringt, verstirbt Dowidl und ein Sturm als Strafe Gottes bricht los, bei dem die Bekannte Paje ums Leben kommt. In der folgenden Nacht stirbt Chanele und folgt Dowidl in den Tod. Georg Hirschfeld rezensierte das Stück:

„Es ist eine Tragik der Tragödie ,Das Gelöbnis', die den Abend einleitete, daß sie beste Puppenkunst gibt und doch vor der letzten Wirkungsmöglichkeit verstummt. [...] Ob ein jüdischer Dramatiker in Perez Hirschbein zu begrüßen ist, erweist sein Marionettenstück nicht. Ein Berufener lässt sein Drama nicht einer Voraussetzung entrollen, die erst am Schluß des Ganzen durchdrungen, anfangs als Grundmotiv nicht gewertet werden kann. [...] Der Tote, dem das Gelöbnis gebrochen, hat nur Macht über die Personen des Stückes, nicht aber über die Zuschauer."[58]

---

[53] Ebd.

[54] Auffällig ist bei weiterer Betrachtung der Zeitungsrezensionen, dass der kritische Ton dem Puppenspiel gegenüber nachlässt und verstärkt die musikalische Leistung hervorgehoben wird.

[55] Bereits 1919 erschien das Drama innerhalb der Ostjüdischen Bibliothek des G. Müller Verlags in München.

[56] BIGZ, Nr. 24, 15.12.1935, S. 551.

[57] Perez Hirschbein gilt als einer der aktivsten und schöpferischsten Gestalten bei der Wiederbelebung des jiddischen Theaters im zweiten Jahrzehnt des 20. Jahrhunderts. Das Jüdische Lexikon bezeichnet seine Dramen als ein „Gemisch von Realistik und Symbolik", wobei das „jüdische Kolorit" sich negativer Weise nur durch jüdisches Milieu, nicht aber durch „jüdische Atmosphäre" auszeichne. Vgl. „Perez Hirschbein", in: Jüdisches Lexikon, Bd. II, D–H, Berlin 1928, Sp. 1623–1624, hier Sp. 1623. Vgl. auch „Perez Hirschbein", in: Kindlers Neues Literaturlexikon, hg. von Walter Jens, Bd. 7, Gs–Ho, München 1990, S. 889.

[58] Hirschfeld in: BIGZ, Nr. 2, 15.1.1936, S. 38.

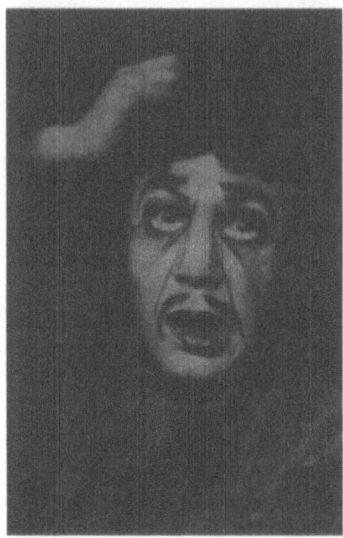

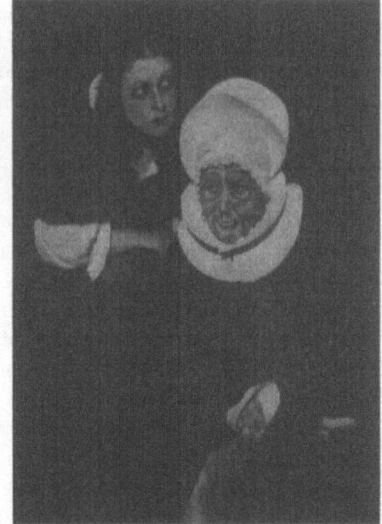

Abb. 54: *„Habima"-Darsteller Golem*,   Abb. 55: *„Habima"-Darsteller Rabbinerin*
1928.   *und Deborah*, 1928.

Hirschfeld beschreibt das Stück darüber hinaus als düster und musiklos. Jedoch
werde in ihm das „Ethos der jüdischen Seele" sichtbar, da Hirschbein für die
unbezwingbare Forderung des Menschen eintrete, sein Recht auf das in der
Liebe gefundene Glück behalten zu dürfen.

Abschließend ist bezüglich der hebräischen Stücke festzustellen, dass sie
in der intendierten Form nicht vom Publikum angenommen wurden, da der
Grundton zu ernst und didaktisch erschien.

Maria Luiko versucht mit den gestalteten Figurinen, die Hebräer darstellen,
einen eigenen Puppentyp zu kreieren. Innerhalb dessen entstehen wiederum
individuelle Figuren. Mittels der Verwendung bekannter stilistischer Elemente,
die von der Habima-Bühne vertraut waren, erreicht sie diese Typenbildung und
zugleich eine Wiedererkennung für den Betrachter. Die Israeliten sind allesamt
erdfarben und dunkeltonig gehalten und die Gesichtszüge sind im Vergleich zu
allen anderen Marionetten äußerst expressiv und markant. Durch die Anleihe
dieser gestalterischen Komponenten stellt sie sich zugleich mit dem Marionettentheater und ihren Marionetten in die Tradition jüdischer Theater. Wie
auch schon in den Graphiken greift Maria Luiko moderne Tendenzen auf und
variiert bzw. integriert sie in ihr eigenes Werk.

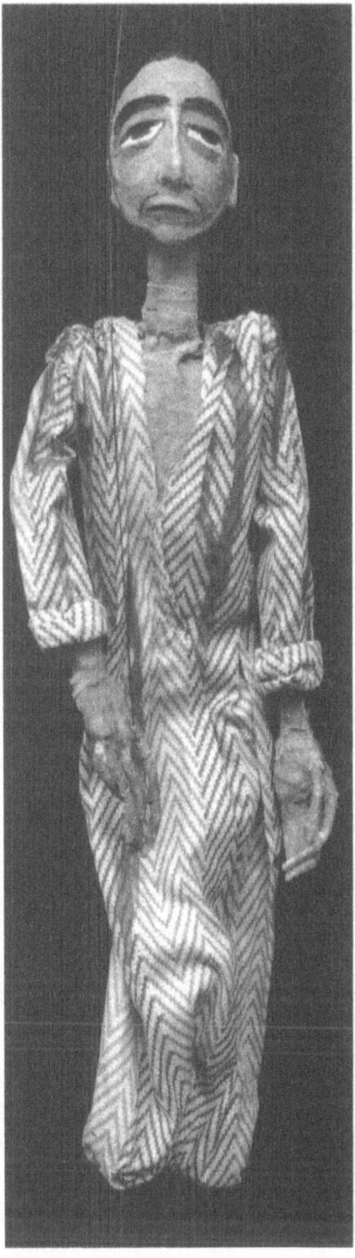

Abb. 56: *Dowidl*, 1936.

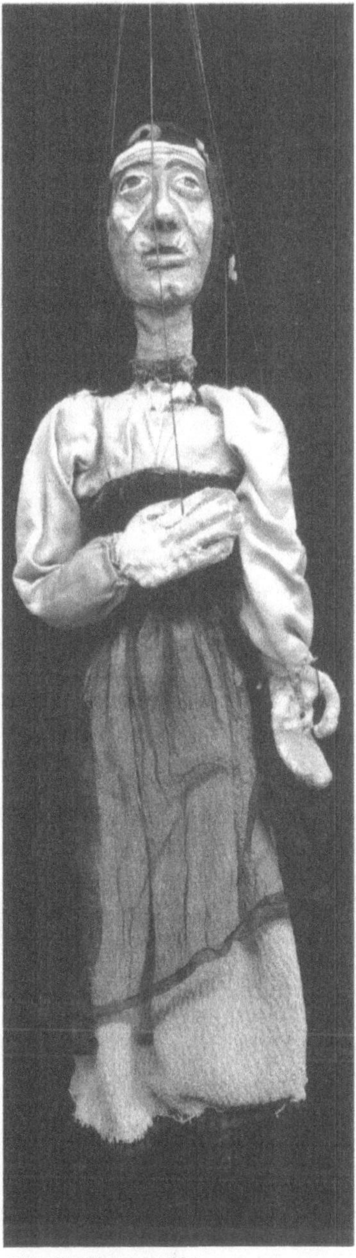

Abb. 57: *Chache*, 1936.

Traditionelle humoristische Stücke

Gemäß den humoristischen Stücken Jacques Offenbachs *Das Mädchen von Elizondo* und *Die Insel Tulipatan* gestaltet Maria Luiko die Figurinen in phantasievoller und märchenhafter Weise.

Die Franz von Pocci-Stücke *Die geheimnisvolle Pastete* und *Die drei Wünsche* stellten bekannte Stücke dar, die bereits von Papa Schmid und Paul Brann aufgeführt worden waren. Poccis Marionettenstücke waren gelegentlich Parodien auf romantisierende Literatur. Pocci bediente sich gewisser Versatzstücke und Figurenklischees, um in seiner Uminterpretation die „realen Sehnsüchte"[59], die sich in der Trivialität verbergen, freizusetzen. Wie Manfred Nöbel anführt, war Poccis Theater meist auch ein Lachtheater und der Posse verwandt:

„Neben äußeren Merkmalen, den musikalischen Einlagen, possenmäßigen Ansprachen an das Publikum und der lokalen Einbindung des Sujets, weisen seine Kasperlstücke in Struktur und Dramaturgie manche Ähnlichkeit mit den Spielvorlagen der zeitgenössischen Possentheater auf."[60]

Die Hauptfigur in *Die geheimnisvolle Pastete* ist Kasperl Larifari, ein Name, der von Pocci erfunden wurde. In den meisten Marionettenstücken Poccis ist Kasperl Larifari die zentrale Figur.[61] Diese Kasperl-Figur hatte aufgrund der Papa Schmidschen Marionettenbühne Tradition in München.

Maria Luikos gestaltete *Kasperl*-Figur (Abb. 58) ist ganz der traditionellen Typenphysiognomie des Kasperls Franz von Poccis verpflichtet: gelbe Hose, rote Jacke, weiße Halskrause, schwarzer Backenbart und spitzer grüner Hut. Statt des Herzenlatzes ist Luikos Kasperl mit einem grünen Filzherz versehen. Pocci rezipierte die lustige Figur aus alten Volkstheatertraditionen des 17./18. Jahrhunderts. Nach dem Vorbild der Wiener „Hanswurst-Gestalt" war bereits der Pocci-Kasperl auf diese Weise gekleidet. Die Figur des Kasperl bildete sich in seinen typischen Eigenschaften aus einer Entwicklung komischer und komödiantischer Gestalten heraus.[62] Das Äußere, die Umgangsformen und die Sprache der „Lustigen Figur" sind standardisiert und auf die Erzeugung von Komik angelegt.[63] Meist durch extreme Übertreibungen, die sich auch in körperlichen Anomalien äußern, ist die „Lustige Figur" markantes

---

[59] Manfred Nöbel: Franz Pocci – Ein Klassiker und sein Theater, in: Manfred Wegner (Hg.): Die Spiele der Puppe, Beiträge zur Kunst- und Sozialgeschichte des Figurentheaters im 19. und 20. Jahrhundert, Köln 1989, S. 48–66, hier S. 59.

[60] Ebd., S. 61.

[61] Vgl. hierzu „Franz Graf Pocci", in: Kinder- und Jugendliteratur. Ein Lexikon, Bd. 3, P–Z, Meitingen 1998, S. 9. Dem wäre hinzuzufügen, dass bei Pocci zwischen dem frühen Handpuppen-Kasperl für das Haustheater und dem Marionettenkasperl in geschlossener Form für öffentliche Aufführungen zu unterscheiden ist. Vgl. hierzu auch Nöbel: Franz Pocci, S. 63.

[62] Vgl. hierzu Annemarie Czettritz: Franz Graf von Pocci. Freund der Kinder und der Musen, München 1979, S. 30, und Till: Puppentheater, S. 13–22.

[63] Vgl. Till: Puppentheater, S. 13.

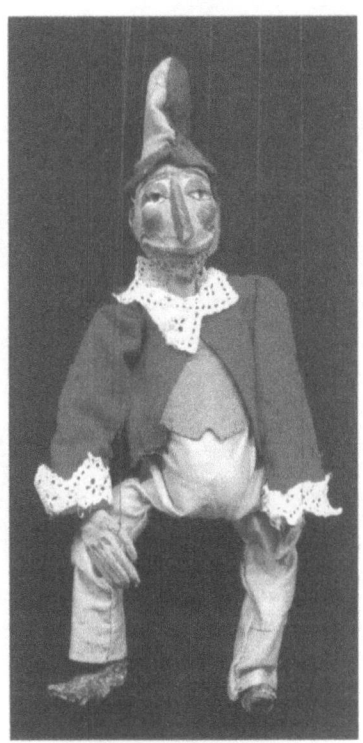
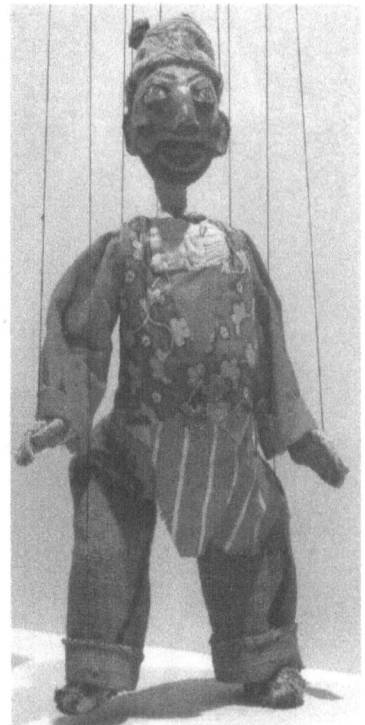

Abb. 58: *Kasperl Larifari*, 1937.   Abb. 59: *Vertigo*, 1935.

Gegenstück zu den übrigen Figuren. Nöbel zufolge war Kasperl Larifari schon im Marionettentheater Papa Schmids keine originale Figur mehr, sondern eine synthetische Kunstfigur, die aus den Bindungen an abgeschlossene Traditionen geschaffen wurde.[64]

Der Charakter Kasperl Larifaris ist als autonom und antiautoritär zu bezeichnen. Er spricht ohne Nachzudenken und deckt dadurch ungewollt Unwahrheiten und Missstände auf. In dieser Rolle ist Kasperl ein Anti-Held, der nicht durch heroische Taten besticht, sondern vielfach durch Zufälle das Unrecht aufzeigt. Durch Verfremdungseffekte hat Pocci Elemente des Modernen Theaters vorweggenommen, z.B. lässt er Kasperl Larifari „Theater auf dem Theater spielen, mischt Gegenwart und Vergangenheit, Realität und Scheinwelt bunt durcheinander"[65]. Trotz der pädagogischen Intentionen sind die Kasperl-Stücke nicht

---

[64] Vgl. Nöbel: Franz Pocci, S. 64.
[65] Zit. nach „Franz Graf Pocci", in: Kinder-und Jugendliteratur. Ein Lexikon, Bd. 3, S. 10.

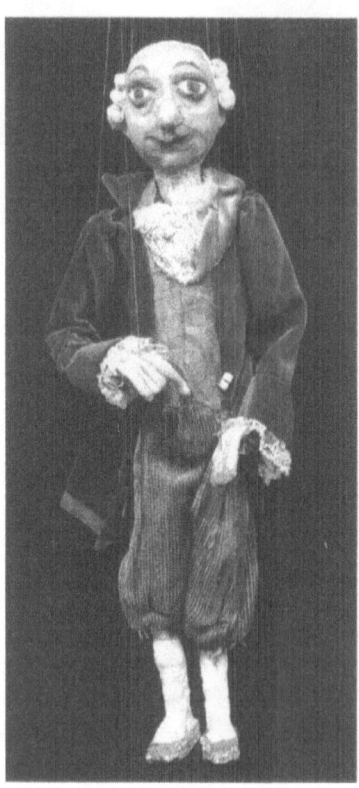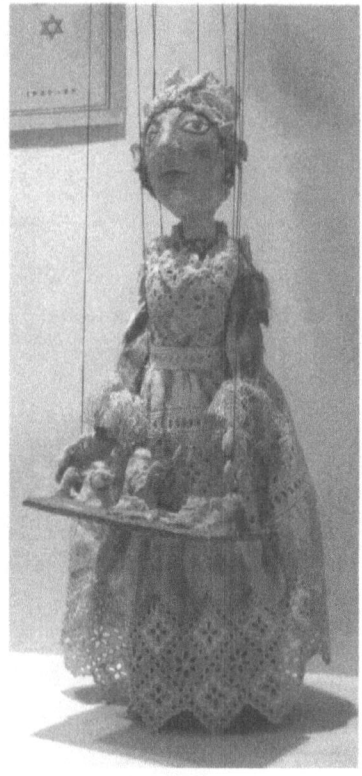

Abb. 60: *Josef Haydn*, 1936.   Abb. 61: *Barbara*, 1936.

nur für Kinder geschrieben, sondern die immanente zeitgenössische Kritik, die
Selbstironisierung sowie der Sprachhumor zielen vielmehr auf das Verständnis
Erwachsener ab. Da die Pocci-Stücke in der *BIGZ* nicht rezensiert wurden,
ist nicht nachzuvollziehen, inwiefern die Stücke aus diesem Gleichnischarakter heraus verstanden wurden und ob auf einer Metaebene Regimekritik durch
die Kasperl-Charakteristiken möglich war. Bemerkenswert ist an dieser Stelle,
dass sich auch die NS-Propaganda der Kasperl-Figur bediente und sie als SA-
Mann verfremdete.[66] Eine Tatsache, die die Projektionsfläche als Eigenschaft
der Puppe deutlich macht und auf die Abhängigkeit der Marionette von ihrem
Spieler verweist.

Bezüglich der künstlerischen Ausführung der Figurinen *Margreth* aus *Die
geheimnisvolle Pastete* und *Fee Zimberibimba* aus *Die drei Wünsche* sei die

---

[66] Vgl. hierzu Till: Puppentheater, S. 19.

Kontrastierung zwischen Kostüm und Kopf der Marionette hervorzuheben. Gerade die Vielfarbigkeit des Gewandes *Margreths* findet sich auch in den Gesichtsfarben wieder.

Im Stück *Die geheimnisvolle Pastete* geht es um den armen Baumfäller Martin, der die Fee Zimberibimba aus einem Baum befreit und als Belohnung dafür einen Zauberring erhält, der ihm drei Wünsche gewährt. Als er sich nicht entscheiden kann, macht er sich auf den Weg, Rat zu suchen. Den Ring lässt er bei seiner Frau. Diese ist ungläubig und ungeduldig und wünscht sich als „Experiment" eine Schüssel frischer Bratwürste. Als diese wirklich vom Himmel regnen, ist sie erstaunt und der heimkehrende Martin sehr wütend und verwünscht sie.

Luikos *Margreth* ist jenem Zustand dargestellt, als ihr als Resultat der Verwünschung die Würste aus der Nase wachsen.

Das Mädchen von Elizondo gehörte neben *Moses* zu den Premierenstücken des MMJK. Es wird als komische Oper in einem Akt beschrieben. Schon Paul Branns Marionettentheater Münchner Künstler nahm sich dieses Stoffes an. Die Liebesgeschichte spielt in einem baskischen Dorf, wo die junge Waise Manuelita seit Jahren auf den Soldaten Pépito wartet. Sein Gegenspieler Vertigo versucht indes, Manuelita für sich zu gewinnen. Auch Miguel, ein Jugendfreund Manuelitas, verliebt sich in sie und möchte sie heiraten. Bei einem Dorffest betrinkt sich Vertigo und schläft ein. Ungestört nähert sich Miguel nun Manuelita, die ihn jedoch abweist. Um ihr seine große Liebe zu beweisen, schlägt er vor, sich für Pépito der Armee als Ersatz zu stellen und ihn für Manuelita zu befreien. Doch da trifft ein Brief Pépitos ein, in dem er mitteilt, dass er inzwischen geheiratet hat und somit dem Liebesglück Manuelitas und Miguels nichts mehr im Wege steht. Aus diesem Stück ist allein *Vertigo* (Abb. 59) erhalten. Die Assoziation mit einer bemalten Leinwand trifft auf sein Gesicht besonders zu.

Einzig der Rezension nach kann auf das Bühnenbild geschlossen werden. So schreibt die *BIGZ*: „Schon die lustige, farbensatte Dekoration weckte beiläufige Stimmung, welche sich an dem reizenden Spiel, das unter Dr. Paul Kuhns Spielleitung ganz famos herauskam, immer mehr entzündete. […]"[67]

Die Figuren des *Ochsenmenuetts* sind fast vollzählig erhalten. Der *BIGZ* nach handelte es sich hierbei um eine der geglücktesten Inszenierungen:

„Es ist ein kleines Wunder, wie nach der Haynd'schen [sic!] Musik die Marionetten von Marie Luise Kohn, das szenische Bild von Rudolf Ernst jenes Leben gewinnen, das die besten Schauspieler in schwere Zweifel bringen kann. Marie Luise Kohn hat die Fernwirkung ihrer Puppen aus dem Grotesken ins Zarte und kindlich Drollige meisterlich erzielt."[68]

---

[67] BIGZ, Nr. 4, 15.2.1935, S. 82.
[68] BIGZ, Nr. 2, 15.1.1936, S. 38.

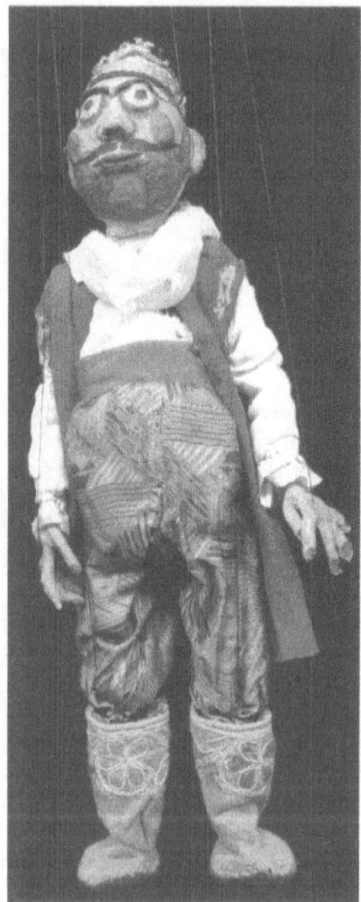

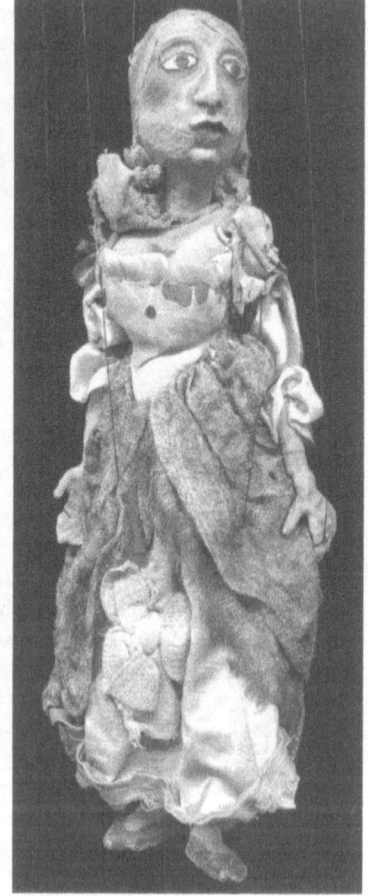

Abb. 62: *Istok*, 1936.   Abb. 63: *Katicza*, 1936.

Der ungarische Ochsenhändler Istok kommt zu Josef Haydn, um für die Hochzeit seiner Tochter Katicza ein Menuett in Auftrag zu geben. Haydns Genie
wird daraufhin zum Übermut geweckt und er komponiert wie im Wahn. Das
Menuett begeistert den Ochsenhändler und als Honorar offeriert er Haydn
einen Ochsen. Insgesamt besteht das Stück aus vier Sprech- und vier Gesangs-
rollen.

Detailfreudig sind die Figuren ausgestattet. Die Gestaltung der Kostüme
Josef Haydns, seiner Nichte *Therese* und der Wirtschafterin *Barbara* (Abb. 60,
61) ist stoffreich und aufwendigen höfischen Rokoko-Kostümen nachempfunden. Die runden Gesichter bieten Fläche für die farbige Hervorhebung von

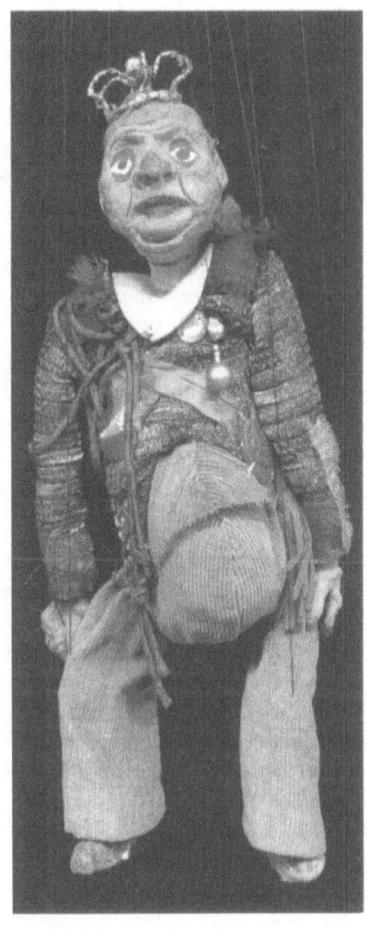

Abb. 64: *Cacatois XII*, 1937.

Augen, Nase, Mund und Wangen. In ihrer zarten, distinguierten Ausführung sind sie mit den Figuren Leo Pasettis für das Pocci-Stück *Die Zaubergeige*[69] zu vergleichen, die dieser 1926 für Branns Theater anfertigte.

Der Ochsenhändler *Istok* (Abb. 62) und seine Tochter *Katicza* (Abb. 63) stehen den höfischen Figuren in einer ländlichen Derbheit gegenüber. Die Kostüme *Katiczas* und *Istoks* erinnern an ungarische Trachten: *Katicza* ist ganz in rot-orangen Tönen gehalten und *Istok* trägt bestickte Lederstiefelchen.

Das letzte Musikstück, das vom MMJK 1937 in das Repertoire aufgenommen wurde, war die komische Operette *Die Insel Tulipatan* von Jacques Offen-

---

[69] Vgl. hierzu die Abbildungen in Till: Puppentheater, S. 98.

bach. Die Marionetten sind der Skurrilität des Stückes gemäß zum Teil über-
zeichnete Figuren, deren Kostüme, im Gesamtbild wiederum recht einheitlich,
in kräftig bunten Rot-Gelb-Blautönen gehalten sind (Abb. 64).

Das Fünf-Personen-Stück bietet eine Folge von Verwechslungen und grotesken Situationen. Der Plot entrollt sich auf der fiktiven Insel Tulipatan, wo
der Herzog Cacatois XII. regiert. Die Verwicklungsgeschichte beginnt, als
der Erbprinz Alexis, in Wirklichkeit ein Mädchen, Hermosa, die Tochter des
Großseneschalls, jedoch in Wirklichkeit ein Junge, heiraten möchte.[70] In der
zeitgenössischen Rezension des Stückes wird der Wunsch nach unbeschwerter
Unterhaltung ausnehmend deutlich:

„Zum Gelingen des Abends trug auch der gesangliche Teil bei. [...] Die eingestreuten
Scherze und harmlosen Anspielungen fanden ein dankbares Publikum. In einer Sor-
genbeschwerten Zeit wie der heutigen wirkten sie erquickend in Verbindung mit der
Operette ohnehin innewohnenden Komik, insbesondere durch die Rolle der als Sohn
aufgewachsenen Tochter und des als Tochter aufgewachsenen Sohnes. [...] Alles in
allem: Ein gelungener Abend, der Frohsinn auslöste und den Erfolg der Marionettenbühne entschied, die eine wichtige Bereicherung des jüdischen Kunstlebens Münchens
bedeutet."[71]

Es ist zu beobachten, dass Maria Luiko bei den Marionetten der humoristischen
Stücke, vor allem der beiden letztgenannten, den Akzent auf eine aufwendige
Kostümierung legt. Die Gesichter sind nicht so markant wie die der hebräischen Figurinen ausgearbeitet, sondern meist rundflächig. Alle Figurinen sind
individuelle Gestalten. Zwar tritt die Marionettenpuppe *Moses* als *Anselmus
Katzenberger* in *Die geheimnisvolle Pastete* erneut auf, doch bleibt die Individualität der Gestalt gerade aufgrund der Rollendivergenz erhalten. Einzig
Kasperl ist durch seine Rollenfunktion und -tradition einer Typisierung verpflichtet.

Abschließend sei abermals auf das Ölgemälde der *Marionetten* (Abb. 47)
verwiesen, auf dem Maria Luiko die Figurinen des *Ruth*-Stücks menschenähn-
lich wiedergibt. Einzig die schwarzen Fäden bezeugen ihr lebloses Puppenda-
sein. Schalom Ben-Chorins Worte bezüglich der Arbeit des Marionettentheaters charakterisieren auf eine treffende Weise auch dies Ölgemälde: „Wenn der
Mensch im totalitären Staat der eigenen Verantwortung enthoben wird, wenn
ihn das Regime an Fäden zieht, wird er selbst zur Marionette und die Marionette wird sein Doppelgänger"[72].

---

[70] Vgl. hierzu Bonard: Die gefesselte Muse, S. 34–35.
[71] BIGZ, Nr. 8, 15.4.1937, S. 191.
[72] Ben-Chorin: Münchner Künstlerkreis, S. 9.

Letztes künstlerisches Auftreten: Das Ende des Kulturbundes

Die genaue Anzahl der tatsächlichen Aufführungsabende des MMJK wird aus den Rezensionen und Anzeigen in der *BIGZ* nicht ersichtlich. Sechs Aufführungsabende werden erwähnt, darüber hinaus Gastspiele in Nürnberg und in Regensburg. Die letzten Aufführungen fanden am 13. und 14. März 1937 im Turnsaal des „Jüdischen Turn- und Sportvereins" in der Plinganserstraße 76 statt. Im Mai 1937 wird das MMJK zum letzten Mal in der *BIGZ* mit der Rezension zu *Die Insel Tulipatan* erwähnt. Danach werden keine Inserate mehr in der *BIGZ* geschaltet und es lassen sich keine Anhaltspunkte auf das MMJK in weiteren Presseorganen finden. Mehrere Gründe bedingten dieses plötzliche und nicht angekündigte Ende der Marionettenbühne. Wichtige, die Kreativität und Ausdruckskraft der Bühne mittragende Mitglieder wie die Künstlerin und Schauspielerin Elisabeth Springer und der Bassist Walter Ries, verließen München, um in anderen „Jüdischen Kulturbünden" Engagements in Schauspielensembles zu finden. Andere Mitglieder, beispielsweise Erich Erck[73], emigrierten wie so viele jüdische Intellektuelle und Künstler ins Ausland und bewirkten dadurch letztendlich die Auflösung des Ensembles. Hinzu kamen die sich allgemein abzeichnenden Auflösungserscheinungen der Kulturbünde, die einhergingen mit den sich nach den Olympischen Spielen verschärfenden Vorbereitungen zur Ghettoisierung und Vernichtung der jüdischen Bevölkerung. Die Pogrome von 1938 bedingten auch die Liquidierung des Reichsverbandes. Ende 1938 stellte der Jüdische Kulturbund in Bayern, Ortsgruppe München, nach vierjähriger Tätigkeit seine Arbeit ein. Im Zeitraum seines Bestehens hatte er ca. 200 Mitgliedern die Möglichkeit gegeben, „kreativ zu arbeiten und sich finanziell über Wasser zu halten"[74].

Der Erfolg der Marionettenbühne basierte auf der Eigenart des Puppenspiels. Unter den historischen Umständen ermöglichte sie, dass die Menschen sich in der Illusion der Marionettenbühne verlieren und über deren Gleichnischarakter ihre aktuelle Situation erkennen bzw. verarbeiten konnten. Die didaktischen Bemühungen der hebräischen Stücke, die schließlich auch von Seiten der Kulturbünde in den zeitgenössischen Debatten gefordert wurden, fanden keine Zustimmung. Die Forderung nach qualitätsvoller aber leicht zu genießender Unterhaltung kann nicht darüber hinwegtäuschen, dass die Wahrnehmung der Darbietungen des MMJK insgesamt von einem Bedürfnis getragen war, das in der konkreten politischen Situation des jüdischen Publikums wurzelte. Durch die Funktion der Puppe, menschliches Zerrbild und Überhöhung zugleich zu sein, bewirkte man im besten Falle eine intellektuelle Auseinandersetzung mit der Intention der hebräischen Stücke.

---

[73] Erck glückte 1939 die Emigration nach Bolivien.
[74] Bonard: Die gefesselte Muse, S. 22.

In einem übergeordneten Sinne kann die Marionette auch als Zeichen von Fremdbestimmung und Entpersönlichung des Menschen gesehen werden, denn als Kunstfigur ist sie manipulierbar und verfügbar.

Wie Rolf Walss betont, so veranschaulicht das Puppenspiel nicht zwingend das menschliche Dasein, doch befasst es sich, gleich welche Stimmung es intendiert, mit existentiellen Fragen.[75] Diese Haltung findet sich auch in den Rezensionen Georg Hirschfelds wieder. Hirschfeld schreibt:

„Bevor lebendige Menschen am Werk sein können, ein jüdisches Theater der Tradition und des Zeitverlangens würdig zu schaffen, zeigt die unsterbliche Puppenbühne das Gleichnis des Lebens, von Mächten geführt, die dem Theater immer wieder Unerreichtes gegenüberstellen. Gewiß bleibt das lebendige Ziel dramatischer Kunst die Menschenbühne, die ein Puppenspiel als kleine Kostbarkeit zurücklässt, doch wir erleben jetzt so stark, in so brennendem Leid und unbezwungener Hoffnung, wir finden so viel im Verlieren, daß der verstummende und wartende Wille viel an dem geheimnisvollen Gleichnis hat. Dieses Gleichnis als Vorbedingung größter Verwirklichung war es, was Heinrich von Kleist, den stärksten Dramatiker nach und neben Schiller, an den Zauber der Puppenbühne bannte."[76]

Die Leistung Maria Luikos besteht sicherlich darin, mit einfachsten Mitteln künstlerische Wege gefunden zu haben, die einerseits der Intention der Stücke gerecht wurden, zugleich aber auch moderne Elemente integrierten. Durch die Kenntnisse Paul Branns Marionettentheaters Münchner Künstler war diese Zusammenarbeit von Puppentheater und bildenden Künstlern vertraut. Die stilistischen Elemente der Habima-Bühne boten neue Möglichkeiten, das „spezifisch Jüdische" auszudrücken. In dieser Anlehnung und Weiterentwicklung konnte sie ihre eigenen Marionetten im Kontext ihrer Stücke verwirklichen.

Innerhalb der 2006 erschienenen Publikation *Jüdisches München. Vom Mittelalter bis zur Gegenwart* resümiert Andreas Heusler die Arbeit des Marionettentheaters:

„Selbst wenn die kulturellen Aktivitäten oft nur mit bescheidensten Mitteln und hinter verschlossenen Türen realisiert werden konnten, so war doch das hohe Niveau der Darbietungen die überzeugende Antithese zur erniedrigenden NS-Propaganda über die ‚Kulturlosigkeit' und ‚Minderwertigkeit' der Juden."[77]

Mit dem Ende des Marionettentheaters und des Kulturbundes brach auch Maria Luikos öffentliches Wirken in München ab. Die Ausstellung in den Klubräumen des Jüdischen Frauenbundes in Berlin im Frühjahr 1937 war wohl ihr letztes öffentliches Auftreten als Künstlerin.

---

[75] Vgl. Rolf Walss: Puppen und ihre Musik. Marotten, Marionetten (Oberkörpermarionetten) (= pan 502), Zürich 1982, S. 3.

[76] Hirschfeld zit. nach Bonard: Die gefesselte Muse, S. 41.

[77] Andreas Heusler: Verfolgung und Vernichtung (1933–1945), in: Richard Bauer/ Michael Brenner (Hg.): Jüdisches München. Vom Mittelalter bis zur Gegenwart, München 2006, S. 161–184, hier S. 174.

RESÜMEE

Die künstlerischen Vorstellungen Maria Luikos erschließen sich allein durch ihr heute noch erhaltenes Werk. Vor dem Hintergrund der kulturellen und politischen Verhältnisse im München der 1920er und 1930er Jahre ist zu beobachten, dass Maria Luiko als junges, aufstrebendes Talent künstlerische Einflüsse verwertete sowie zeitgenössische Strömungen aufgriff, um zu ihrer eigenen Bildsprache zu finden. Die Wahl ihrer Lehrer wie Karl Caspar, Adolf Schinnerer und Emil Preetorius bezeugt den Willen nach einem gemäßigten Modernismus.

Das Dilemma ihrer Vergessenheit beruht neben der weitgehenden Vernichtung ihrer Werke auch in dem Umstand, dass sie zum Zeitpunkt des Ausschlusses durch die Nationalsozialisten aus den öffentlichen Kunstinstitutionen weder einen gänzlich arrivierten Platz in der Münchner Kunstlandschaft eingenommen und bemerkenswerte Stilentwicklungen durchlaufen hatte, noch dass sie von renommierten Galerien vertreten worden war. Sicherlich ist auf das Bemühen der Galerie Wimmer hinzuweisen, die 1946 auf Initiative Franz Rohs in ihrer Ausstellung *Exposition Contemporaine. Moderne Kunst* Werke Maria Luikos zeigte.[1] Die nazistische Verfemungs- und Vernichtungspolitik wirkte sich besonders gravierend auf jüngere Künstlerinnen aus, die gerade dabei waren, eigene, originale Wege zu gehen und sich einen Namen in der öffentlichen Kunstwahrnehmung zu machen. Wie viele andere jüdische Künstler gab sich auch Maria Luiko anfangs noch der trügerischen Hoffnung hin, das Nazisystem werde bald zusammenbrechen oder seine Kulturpolitik ändern, denn anders lässt sich ihr Ausharren im heimatlichen München nicht erklären. Die Liberalität, die sie bei den Juryfreien erfahren hatte, bewahrte sie sich in der Zeit der Unterdrückung, dies bezeugen ihre kritischen Bildaussagen der 1930er Jahre und ihr Engagement für das Münchner Marionettentheater Jüdischer Künstler.

Innerhalb Maria Luikos rekonstruierbarer Motivwelt zeigt sich eine Verlagerung der Themen von idyllischen Szenerien auf dem Land hin zu brisanten und anklagenden Szenen, die Gefangenschaft zeigen und Bedrohung spürbar vermitteln. Die Besonderheit an den frühen Menschendarstellungen ist, dass nicht ausschließlich Zustände erfasst werden, sondern zugleich eine menschliche Geschichte erkennbar wird. In den Mitt-1930er Jahren verändern sich diese Alltagsbeobachtungen und sie werden zu Bildfindungen, die die Veränderungen im Alltag reflektieren, somit auch für eine Welt- und Weitsicht stehen, und direkt auf die Frage nach den Grundrechten des Individuums verweisen. Zeitgenössische Diskussionen, beispielsweise um die Gleichberechtigung

---

[1] Über Luikos hier ausgestellte Werke, *Alte* und *Barrikade*, schreibt Franz Roh in seinem Vorwort: „Die Luiko, ein bedauernswertes Opfer des Naziterrors, zeigt ausdrucksvolle Graphiken". In: Exposition Contemporaine, unpaginiert.

in der Ehe, sind für Luiko in den vorliegenden Blättern zweitrangig, da es ihr als jüdische, verfolgte Künstlerin um die Gleichstellung des Menschen in der Gesellschaft geht. Ihre graphischen Blätter der späten 1930er Jahre, als die aufziehende Gefahr immer spürbarer wird, zeugen von einer visionären Kraft. Die Arbeiten *Der Schrei*, *Menschen vor der Deportation* und *Gefesselte Männer im Gefängnis*, aber auch *Mutter und Sohn* sowie *Anrufung* werden zu Sinnbildern für die zunehmende Bedrohung und ermöglichen Luiko die Verarbeitung ihrer eigenen Angst.

Einen Weg in der Auseinandersetzung mit dem Judentum und dem Erstarken der gefühlten und gelebten Zugehörigkeit aufgrund des gemeinsamen Schicksals der Verfolgung findet sie in Bildthemen, die Juden zeigen, im Anfertigen kunstgewerblicher Gegenstände sowie der Marionetten, die hebräische Menschen darstellen und im Kontext der Stücke *Ruth*, *Moses* und das *Gelöbnis* entstanden sind. Bezüglich dieser Thematik wurde exkursiv der Frage nach der Spezifik jüdischer Kunst nachgegangen, die nach Auswertung der Sekundärliteratur nicht eindeutig beantwortet werden kann. Der Wille nach schlüssigen Definitionen zieht sich durch die Forschungsliteratur, die daher genauso disparat wie zahlreich ausfällt. Noch häufiger wird jedoch eine Begriffsbildung umgangen, indem Überblickswerke und biographische Mutmaßungen statt klarer, analoger motivischer Vergleiche im Vordergrund stehen.

Luikos anfängliche Bildsujets „Familie" und „Kinder" evozieren die Frage nach geschlechtsspezifischen Charakteristiken, die sich im intuitiven Erfassen dieser Szenerien zeigen. Allerdings geht Maria Luiko mit ihren späteren Bildthemen einen Schritt weiter und positioniert sich in der Reihe sozialkritischer, emanzipierter Künstlerinnen des 20. Jahrhunderts: die Haltung und das sachliche Äußere ihrer Selbstporträts bekräftigen dies.

Elemente des Expressiven Realismus finden sich sowohl stilistisch in der Skizzenhaftigkeit und Spontaneität als auch im Verarbeiten der Realität, was sich in Situationssequenzen, die zumeist die Sicht auf ein übergeordnetes Thema eröffnen, ergibt. Hinsichtlich der Ausführungen Rainer Zimmermanns sei angeführt, dass diese teilweise kritisch zu betrachten sind, da Zimmermanns Darlegungen oftmals unklar und in sich widersprüchlich erscheinen. Notwendig ist es daher, die relevanten, augenscheinlichen Aspekte herauszufiltern, um die relevanten Merkmale zu erkennen, und diese somit einer spezifischen, kunsthistorischen Analyse dienen können.

Da diese Betrachtung eine weitmöglichst gefasste Übersicht über das künstlerische Schaffen Maria Luikos bieten möchte, konnten einzelne Gesichtspunkte, die einer weiterführenden Auseinandersetzung mit ihrem Werk gerecht werden würden, nur angerissen werden. Sehr interessant erweist sich das Durchdringen von Kunst und Theater bzw. die Verarbeitung dieser Einflüsse in Luikos Werk. In diesem Kontext ist auch die Zusammenarbeit mit modernen Komponisten wie Karl Amadeus Hartmann zu untersuchen, sei es bei den Juryfreien als auch beim hebräischen Puppentheater Bimath Buboth.

Zugleich konnte der kunsttheoretische Diskurs um die Spezifik jüdischer Kunst nur marginale Erwähnung finden. Hier sei darauf hingewiesen, dass gerade das Weiterwirken jüdischer bildender Künstler im Jüdischen Kulturbund, insbesondere vor dem Hintergrund der organisierten Ausstellungen, bisweilen nicht umfassend aufgearbeitet ist. Umfassende Werke zu diesen Künstlern wie z.B. Elisabeth Springer oder Rudolf Ernst[2] fehlen. Ähnlich verhält es sich mit dem Thema der in Vergessenheit geratenen Künstlerinnen, jener „verschollenen Generation", die entweder wie Maria Luiko umkamen oder im Exil weiterwirkten und denen die Kunstgeschichtsschreibung erst langsam den Blick zuwendet. Einen jüngsten Versuch in diese Richtung unternimmt die Publikation Ursula Hudson-Wiedenmanns und Beate Schmeichel-Falkenbergs *Grenzen Überschreiten. Frauen, Kunst und Exil*[3].

Die Bedeutung Maria Luikos liegt vor allem darin, sich als junge Künstlerin um Progressivität im konservativen München bemüht zu haben, dies bezeugt ihre Mitgliedschaft und ihr kreatives Arbeiten bei den Juryfreien. In ihrem Œuvre spiegelt sich die Tendenz, moderne Ausdruckswege zu entwickeln und restaurative Richtungen und Stile hinter sich zu lassen.

Als jüdische Künstlerin fand sie in der Zeit der Bedrohung und Verfolgung einen eigenen Ausdruck innerhalb ihrer künstlerischen Themen.

Ferner steht Maria Luiko mit diesem Schicksal exemplarisch für jene Künstler, denen die Weiterarbeit untersagt war und die im Wissen um die Bedrohung und Ausgrenzung ihre Ausdrucksmöglichkeiten überprüften und für sich nach Wegen suchten, diese Unterdrückung künstlerisch zu kompensieren.

---

[2] Zu Rudolf Ernst ist bisweilen ein Kurzband erschienen. Louis Robert Lippl: Rudolf Ernst. Ein Münchner Maler 1896–1942, o.O. 2001.
[3] Ursula Hudson-Wiedenmann/Beate Schmeichel-Falkenberg (Hg.): Grenzen Überschreiten. Frauen, Kunst und Exil, Würzburg 2005.

ANHANG

Abkürzungsverzeichnis

Abb.	Abbildung
Aufl.	Auflage
Bd.	Band
bez.	bezeichnet
BIGZ	Bayerisch Israelitische Gemeindezeitung
bzw.	beziehungsweise
ca.	circa
cm	Zentimeter
dat.	datiert
ebd.	ebenda
Ex.	Exemplar
Hg.	Herausgeber
hg. von	herausgegeben von
IFM	Israelitisches Familienblatt
Inv.-Nr.	Inventarnummer
Jg.	Jahrgang
Kat.	Katalog
l.	links
MMJK	Münchner Marionettentheater Jüdischer Künstler
Nr.	Nummer
num.	nummeriert
o.	oben/ohne
o.A.	ohne Angabe
o.J.	ohne Jahr
o.O.	ohne Ort
r.	rechts
S.	Seite/Siehe
sign.	signiert
Sp.	Spalte
u.	unten
u.a.	unter anderem/und andere
Vgl.	Vergleiche
z.B.	zum Beispiel
zit. nach	zitiert nach

Abbildungsnachweis

Abbildung	Quelle
1	Franz Roh (Hg.): zweijahrbuch. 1929/30, deutscher künstlerverband die juryfreien-münchen e.v., München 1930, unpaginiert.
2	Städtische Galerie im Lenbachhaus, München, Inv. Nr. G 17546.
3	Franz Roh (Hg.): zweijahrbuch. 1929/30, deutscher künstlerverband die juryfreien-münchen e.v., München 1930, unpaginiert.
4	Franz Roh (Hg.): zweijahrbuch. 1929/30, deutscher künstlerverband die juryfreien-münchen e.v., München 1930, unpaginiert.
5	Jüdisches Museum München.
6	Jüdisches Museum München.
7	Jüdisches Museum München.
8	Jüdisches Museum München.
9	Jüdisches Museum München.
10	Jüdisches Museum München.
11	Verbleib unbekannt, aus BIGZ, Nr. 11, 1936.
12	Jüdisches Museum München.
13	Jüdisches Museum München.
14	Jüdisches Museum München.
15	Jüdisches Museum München.
16	Jüdisches Museum München.
17	Jüdisches Museum München.
18	Jüdisches Museum München.
19	Jüdisches Museum München.
20	Jüdisches Museum München.
21	Jüdisches Museum München.
22	Jüdisches Museum München.
23	Jüdisches Museum München.
24	Schalom Ben-Chorin: Das Mal der Sendung. Die Lieder des ewigen Brunnens Neue Folge, München 1935, Einband.
25	Jüdisches Museum München.
26	Jüdisches Museum München.
27	Jüdisches Museum München.
28	Jüdisches Museum München.
29	Jüdisches Museum München.
30	Jüdisches Museum München.
31	Jüdisches Museum München.
32	Jüdisches Museum München.
33	Jüdisches Museum München.
34	Jüdisches Museum München.
35	Jüdisches Museum München.
36	Jüdisches Museum München.
37	Verbleib unbekannt aus BIGZ.
38	Jüdisches Museum München.
39	Münchner Stadtmuseum, Sammlung Puppentheater/ Schaustellerei.
40	Jüdisches Museum München.
41	Exlibris Maria Luiko im Einband von Märchen der Weltliteratur. Märchen des Orients, hg. von F. von der Leyen, o.O., o.J., Karl Amadeus Hartmann-Gesellschaft, München.
42	Nachlass Schalom Ben-Chorin.

Abbildung	*Quelle*
43	Verbleib unbekannt, aus BIGZ, 1937.
44	Nachlass Schalom Ben-Chorin.
45	Jüdisches Museum München.
46	Jüdisches Museum München.
47	Nachlass Schalom Ben-Chorin.
48	Münchner Stadtmuseum, Sammlung Puppentheater/Schaustellerei.
49	Münchner Stadtmuseum, Sammlung Puppentheater/Schaustellerei.
50	Münchner Stadtmuseum, Sammlung Puppentheater/Schaustellerei.
51	Münchner Stadtmuseum, Sammlung Puppentheater/Schaustellerei.
52	Münchner Stadtmuseum, Sammlung Puppentheater/Schaustellerei.
53	Münchner Stadtmuseum, Sammlung Puppentheater/Schaustellerei.
54	Bernhard Diebold: Habima. Hebräisches Theater, Berlin-Wilmersdorf 1928, Abb. 24.
55	Bernhard Diebold: Habima. Hebräisches Theater, Berlin-Wilmersdorf 1928, Abb. 21.
56	Münchner Stadtmuseum, Sammlung Puppentheater/Schaustellerei.
57	Münchner Stadtmuseum, Sammlung Puppentheater/Schaustellerei.
58	Münchner Stadtmuseum, Sammlung Puppentheater/Schaustellerei.
59	Münchner Stadtmuseum, Sammlung Puppentheater/Schaustellerei.
60	Münchner Stadtmuseum, Sammlung Puppentheater/Schaustellerei.
61	Münchner Stadtmuseum, Sammlung Puppentheater/Schaustellerei.
62	Münchner Stadtmuseum, Sammlung Puppentheater/Schaustellerei.
63	Münchner Stadtmuseum, Sammlung Puppentheater/Schaustellerei.
64	Münchner Stadtmuseum, Sammlung Puppentheater/Schaustellerei.

Verzeichnis der graphischen Blätter

Vorbemerkungen

Das druckgraphische Werk Maria Luikos lässt sich von 1926 bis 1939 nachweisen. Die hier behandelten druckgraphischen Arbeiten der beiden Mappen umfassen insgesamt 131 Arbeiten, die sich in folgende Techniken aufteilen: Radierungen, Holzschnitte und Lithographien. Ergänzt wurden sie um das Exlibris Maria Luikos, das sich in einem Band zu chinesischen Märchen erhalten hat und im Besitz der Karl-Amadeus-Hartmann Gesellschaft ist. Die Blätter befinden sich im Jüdischen Museum München.

Titelangaben
Selten nahm Maria Luiko selbst eine Titelangabe am unteren Bildrand vor. Die auf den Blättern mit Bleistift bezeichneten vorgefundenen Titel sind zur Kennzeichnung im Verzeichnis *kursiv* gedruckt. Die Bezeichnungen im Verzeichnis folgen in seltenen Fällen den Angaben früherer Kataloge, soweit motivische Übereinstimmungen feststellbar waren. Die betroffenen Blätter erhalten entweder die ursprünglichen Titel zurück, oder einen, der sie möglichst korrekt beschreibt. Falls kein Titel ersichtlich war, wurde das Werk von der Verfasserin selbst benannt.

Datierung
Nur vereinzelt datierte Maria Luiko graphische Blätter handschriftlich neben der Signatur am rechten unteren Bildrand. Wenn die Werke nicht von der Künstlerin datiert und bezeichnet sind, ergibt sich die Datierung aus stilistischen Kriterien und/oder Erwähnungen in der Literatur, diese wurden mit dem Zusatz „ca." versehen.

Techniken
Die verwendeten Techniken Radierung (Kaltnadel und Aquatinta), Holzschnitt und Lithographie werden an dieser Stelle als bekannt vorausgesetzt und nicht exkursiv erläutert.

Maßangaben
Höhe steht vor Breite in cm. Bei Radierungen gilt das Plattenmaß, bei Holzschnitten und Lithographien das der größten Ausdehnung oder Darstellung. Die Blattmaße finden wegen der unterschiedlichen Größen und Erhaltungszustände keine Beachtung.

Signaturen
Unter Signatur ist die eigenhändige Hinzufügung des Namenszuges zu verstehen. Sie erfolgt bei Maria Luikos Druckgraphik ausschließlich mit Bleistift. Einzig das Exlibris Prof. Dr. August Luxenburger trägt eine in den Holzstock geschnittene Signatur.

Probe-/Auflagendrucke
Die Probedrucke fertigte Maria Luiko selbst an. Es geht allgemein beim Probedruck nur um den Gesamteindruck und nicht um die Sorgfältigkeit der Detaildarstellung. Diese Blätter tragen die Zusätze „I. bzw. II. eig. Handdruck".

Auflagenhöhe und verwendete Papiere
Angaben über die Auflagenhöhe der einzelnen Arbeiten können nur dort einigermaßen verlässlich gemacht werden, wo sie sich aus Luikos Nummerierung der Blätter ergeben.

Generell bewegen sich die Auflagen bis zu 25 Exemplaren. Eine einheitliche Papier-
qualität ist innerhalb der Holzschnitte gegeben. Es handelt sich hierbei um Japanpapier.
Es haben sich leider keine Holzstöcke und Radierplatten erhalten.

Zustände und Druckvarianten
Druckvarianten entstehen meist durch die verschiedenen technischen Gegebenheiten:
Eine schwach gereinigte Radierplatte gibt beim Druck einen kräftigen Plattenton ab,
wohingegen eine annähernd polierte Platte dieselbe Zeichnung auf klarem Grund stehen lässt. Holzschnitte können mit mehr oder weniger Holzgrund abgezogen werden,
was den optischen Eindruck stark verändern kann. Man darf hier jedoch nur von Zufäl-
len, nicht aber von stilistischen Varianten sprechen.

Anmerkung
Des Weiteren befinden sich in den beiden Mappen einzelne graphische Blätter, die meiner Ansicht nach nicht Maria Luiko zugeschrieben werden können. Nach dem Vergleich mit einer Holzschnittfolge Rudolf Ernsts können diese ihm zugeordnet werden.
Sie wurden nicht im Verzeichnis erfasst.

Titel	*Technik*
Lebensbilder, Blatt 2 (u.l.)	Radierung
Lebensbilder, Blatt 4 (u.l.)	Radierung
Arbeiterfamilie	Lithographie
Mütter mit Kindern	Radierung
Vater mit Säugling	Radierung
Vater mit Säugling	Radierung
Mutter mit Kind	Holzschnitt
Mutter mit Kind	Holzschnitt
Frau mit Kindern auf dem Dorf	Radierung
Spielende Kinder am Zaun	Radierung
Spielende Kinder am Zaun	Radierung
Drei Kinder am Zaun	Radierung
Spielende Kinder (u.r.)	Radierung
Drei Kinder im Park	Radierung
Kind vor Beerdigungszeremonie	Radierung
Spielende Kinder unter Erdhügel	Lithographie
Badende Kinder	Radierung
Kind am Markstand	Lithographie
Zwei Knaben auf der Straße	Radierung/Aquatinta
Zwei Knaben auf der Straße	Radierung/Aquatinta
Mädchen mit Junge und Katze im Bett	Radierung
Säugling	Radierung
Säugling	Radierung
Mädchen mit Puppe	Holzschnitt
Mädchen mit Puppe	Holzschnitt
Kind mit Katze	Holzschnitt
Kind mit Blumen	Holzschnitt
Schlittschuhläufer	Lithographie
Schlittschuhläufer	Lithographie
Spaziergang	Farblithographie
Dicke Frau	Lithographie
Frauen am Strand	Radierung
Damenausflug	Radierung
Frau vor Gitter und Kirchenfenster	Radierung
Nonnen beim Wäscheaufhängen	Radierung
Nonne am Fenster	Radierung
Alte in Küche	Radierung
Grammophonhörer	Radierung
Freunde beim Kartenspiel	Lithographie
Frau mit Zigarette und zwei Männern	Radierung
Mann in Gasse, im Hintergrund Liebespaar	Holzschnitt
Mann in Gasse, im Hintergrund Liebespaar	Holzschnitt
Straßenverkäufer	Radierung
Straßenverkäufer	Radierung
Straßenverkäufer	Radierung
In der Bäckerei	Radierung
Schuster	Radierung
Teppichsammler	Radierung
Feldarbeiter	Radierung
Feldarbeiter	Radierung

Maße in cm	Signiert	Datiert	Auflage
21 x 15,7	u.r.: M Luiko	ca. 1926	
21 x 15,9	u.r.: M Luiko	ca. 1926	
48 x 39,5		ca. 1930	
39 x 19,5		ca. 1934	u.l.: 2/20
21,7 x 11	u.r.: MLK	ca. 1936	
21,7 x 11	u.r.: MLK	ca. 1936	
14,4 x 7,1		ca. 1936	
14,4 x 7,1		ca. 1936	
21,7 x 27,3	ca. 1926/28		
18,8 x 24,5	u.r.: M Luiko	ca. 1935	
18,8 x 24,5		ca. 1935	
14,2 x 15,3		ca. 1935	
21,6 x 27,8	u.r.: M Luiko	ca. 1934	
		ca. 1934	
20,7 x 15,9	ca. 1934		
39 x 56	ca. 1935		
15,3 x 20,5		ca. 1935	
33,5 x 30		ca. 1935	
23,5 x 16,9	u.r.: M Luiko	ca. 1935	
23,5 x 16,9	u.r.: MLK		
9,2 x 13	u.r.: M Luiko	1934	
24,5 x 35	u.r.: M Luiko	u.r.: 1935	u.l.: Erster Druck, 1/15
24,5 x 35	u.r.: MLK	1935	
5,9 x 7	u.r.: M Luiko	ca. 1936	
5,9 x 7		ca. 1936	
5,6 x 13,4		ca. 1936	
14,3 x 7		ca. 1936	
34,7 x 48,7		ca. 1934	
34,7 x 48,7		ca. 1934	
54,9 x 39,8		ca. 1933	
39,5 x 56		ca. 1935	
21,6 x 27,7		ca. 1935	
22,5 x 25,5	u.r.: M Luiko	ca. 1935	
17,9 x 6,9	u.r.: MLK	ca. 1935	
18,9 x 22,6	u.r.: MLK	ca. 1935	
20,6 x 12,7	u.r.: MLK	ca. 1935	
21,3 x 27,4		ca. 1935	
22,4 x 28		ca. 1936	
28,8 x 33,5		ca. 1936	
21,8 x 28,5	ca. 1936		
15,8 x 7,8	ca. 1936		
15,7 x 7,8	ca. 1936		
21 x 26	u.r.: M Luiko	ca. 1935	
21 x 26	u.r.: M Luiko	ca. 1935	
21 x 26		ca. 1935	
26 x 21	u.r.: M Luiko	ca. 1936	
26 x 21	u.r.: M Luiko	ca. 1936	
23,2 x 28,5	u.r.: MLK	ca. 1936	
27 x 17,5	u.r.: MLK	ca. 1934	
27 x 17,5	u.r.: MLK	ca. 1934	

Titel	*Technik*
Frau mit Handwagen[1]	Radierung
Straßenmusiker mit Geige	Radierung
Verkäufer mit Zwiebeln	Holzschnitt
Mann mit Sohn in Küche	Holzschnitt
Mann mit Sohn in Küche	Holzschnitt
Fischerpaar beim Netzflicken	Holzschnitt
Bauarbeiter	Lithographie
Arbeitspause	Zeichnung
Männer am Fluss	Lithographie
Rastende Arbeiter auf Erdwall	Radierung
Wagenbauer	Radierung
Schneekehrer	Radierung
Straßenkehrer	Radierung
Ruhende Männer an Häuserwand	Radierung
Mann mit geschultertem Sack	Radierung
Augenversehrte	Radierung
Barfüßige Frau mit Korb	Radierung
Menschen an Häuserwand	Radierung
Der Schrei (u.l.)	Radierung
Schlafender Mann	Holzschnitt
Taubenfütternde Alte	Holzschnitt
Taubenfütternde Alte	Holzschnitt
Gestalt unter Decke	Holzschnitt
Bettlerin	Holzschnitt
Mann auf Feld	Holzschnitt
Liebespaar	Holzschnitt
Älteres Paar	Radierung
Mann in Innenraum sitzend mit Lampe	Radierung
Mann auf Straße	Radierung
Mann mit Frau in Küche	Lithographie
Paar in einer Winterlandschaft	Aquatinta
Mann wird von Frau gestützt	Radierung
Gegenüberstehendes Paar	Holzschnitt
Frau am Fenster	Holzschnitt
Im Dunkeln lauschende Frau	Holzschnitt
Im Dunkeln lauschende Frau	Holzschnitt
Marschierende Truppen	Radierung
Menschen in Warteschlange	Radierung
Festnahme	Radierung
Warnung	Holzschnitt
Gefesselte Männer im Gefängnis	Holzschnitt
Gefesselte Männer im Gefängnis	Holzschnitt
Menschengruppe vor der Deportation	Holzschnitt
Trauernde (u.r.)	Holzschnitt
1. Betende (u.l.)	Radierung
Seilartisten	Lithographie
Zirkusmanege mit Artisten	Lithographie
Zauberkünstler	Radierung

[1] Wasserzeichen im Blatt erkennbar.

Maße in cm	Signiert	Datiert	Auflage
25,5 x 14		ca. 1933	
29,5 x 18	u.r.: MLK	ca. 1936	
28,8 x 10,4		ca. 1938	
15,6 x 7,3	u.r.: M Luiko	u.r.: 39	u.l.: eig. Handdruck, 2/10
15,6 x 7,3		1939	
16 x 7,9	u.r.: M Luiko	u.r.: 39	u.l.: eig. Handdruck, 2/10
41 x 57,5		ca. 1929	
35 x 53,9		ca. 1930	
32,9 x 41,9			
17,6 x 32,9	u.r.: MLK	ca. 1930	
21,8 x 27,5		ca. 1930	
20,5 x 26,7	u.r.: M Luiko	ca. 1934	
24 x 25		ca. 1934	
25,3 x 31,2	u.r.: MLK	u.r.: 35	u.l.: 3/20
31,5 x 12,8	u.r.: MLK	ca. 1934	
28 x 17,7	u.r.: MLK	ca. 1934	
28 x 17,7		ca. 1934	
28,3 x 17,9		ca. 1934	
28 x 27	u.r.: M Luiko	u.r.: 36	u.l.: 1/15
5,6 x 19		ca. 1936	
23,8 x 27,9		ca. 1936.	u.r.: Probe 1
23,8 x 27,9		ca. 1936	u.r.: Probe II
22 x 25,4		ca. 1936	
24,5 x 28,9		ca. 1936	u.r.: Probedruck I
15,9 x 7,8	u.r.: M Luiko	1939	u.l.: eig. Handdruck 2/10
15,8 x 8,3		ca. 1938	
28,6 x 14	u.r.: MLK	u.r.: 33	u.l.: 1/15
45,7 x 25	u.r.: M Luiko	ca. 1933	
49 x 24,3		ca. 1933	
24,5 x 27,4		ca. 1930	
20,7 x 23	u.r.: M Luiko	ca. 1936	
21,3 x 27,3		ca. 1935	
26 x 11,4		ca. 1938	
15,9 x 7,2		ca. 1938	
15,6 x 7,7	u.r.: M Luiko	ca. 1938	u.l.: Handdruck
15,7 x 7,6		ca. 1938	
24,5 x 17,3		ca. 1934	
29,5 x 25,8	u.r.: MLK	ca. 1936	
27 x 8,8	u.r.: MLK	ca. 1936/38	
15,7 x 6,5	u.r.: M Luiko	ca. 1936/38	
26,4 x 16,3		ca. 1936/38	u.l.: Probedruck
26,4 x 16,3	u.r.: M Luiko	ca. 1936/38	u.l.: eig. Handdruck
26,3 x 15,3	u.r.: M Luiko	ca. 1938	u.l.: eig. Handdruck
27 x 22,5		u.r.: 38	u.l.: eig. Handdruck
27,7 x 15,7	u.r.: M Luiko	ca. 1936	
30 x 33,8		ca. 1935	
28,5 x 34, 8	u.r.: M Luiko	ca. 1935	
21,8 x 28,5	u.r.: M Luiko	ca. 1935	u.l.: 4/25

Titel	*Technik*
Zirkusdompteur	Radierung
Mann auf Bühne	Radierung
Panoptikum, div. Typen	Linolschnitt
Panoptikum, div. Typen	Linolschnitt
Studienblatt	
Porträt einer sitzenden Frau	Zeichnung
Porträt einer Frau	Radierung
Porträt einer Frau (Bruststück)	Radierung
Porträt der Mutter	Radierung
Profilporträt eines Mannes	Radierung
Selbstporträt	Radierung
Park	Lithographie
Vorstadtstraße I	Lithographie
Vorstadtstraße II	Lithographie
Häuser mit Tauben	Holzschnitt
Straßenszene mit großem Baum	Holzschnitt
Löwen	Radierung
Wasserbüffel (u.r.)	Holzschnitt
Blumentopf auf Tischdecke	Radierung
Hyazinthe	Radierung
Hyazinthe	Radierung
Rosenzweig	Holz- oder Linolschnitt
Rosenzweig	Holz- oder Linolschnitt
Berge und See	Holzschnitt
Berge und See	Holzschnitt
Wasserfall	Holzschnitt
Exlibris Dr. Lisel Kohn	Holz- oder Linolschnitt
Exlibris Prof. Dr. August Luxenburger	Holz- oder Linolschnitt
Exlibris Maria Luiko	Holz- oder Linolschnitt
Prosit Neujahr 1927	Radierung
Musikanten	Holzschnitt
Stiefel	Holzschnitt

Maße in cm	Signiert	Datiert	Auflage
32,6 x 17,7	u.r.: MLK	ca. 1935	
32,9 x 15,8	u.r.: MLK	u.r.: 35	u.l.: 1/15
12 x 5,7		ca. 1936	
12 x 5,7		ca. 1936	
26,2 x 18		ca. 1936	
20,9 x 16,2		ca. 1936	
20,8 x 15,2	ca. 1936		
22,2 x 18,4	u.r.: M Luiko	ca, 1936	
11,9 x 10		ca. 1936	
38,5 x 28		ca. 1936	
36 x 45		1929	
40,4 x 46,9		ca. 1930	
35 x 30		ca. 1930	
12 x 16		ca. 1936	
15,5 x 7,3	ca. 1938		
16,4 x 23,8		ca. 1935	
18,4 x 36,5	u.r.: MLK	ca. 1936	u.l.: 1. Druck
27 x 21		ca. 1935	
33,2 x 17,5	u.r.: MLK	u.r.: 35	
33,2 x 17,5	u.r.: MLK	1935	
13,4 x 7,5		ca. 1936	
13,4 x 7,5		ca. 1936	
13,9 x 6	u.r.: M Luiko	ca. 1936	u.l.: Handdruck
13,9 x 6		ca. 1936	
17,5 x 25	u.r.: Luiko	ca. 1936	u.l.: 1. Probedruck
7,6 x 6,1		ca. 1936	
10,8 x 8		ca. 1936	Luiko im Druckstock
3,8 x 9		ca. 1938	
19,4 x 15,7		ca. 1926/27	
9 x 11,7		ca. 1936	
7 x 5,9		ca. 1936	

Verzeichnis der Marionetten

Vorbemerkungen

Die hier behandelten 44 Marionetten Maria Luikos befinden sich in der Sammlung Puppentheater/ Schaustellerei des Münchner Stadtmuseums. Angefertigt wurden sie von der Künstlerin für das hebräische Theater Bimath Buboth sowie für das Münchner Marionettentheater Jüdischer Künstler in den Jahren 1934 bis 1937.

Datierung
Da nicht bekannt ist, in welch großem zeitlichen Vorspann die Marionetten für die einzelnen Stücke entstanden sind, wird das Erstaufführungsjahr auch als Entstehungsjahr bezeichnet.

Technik
Köpfe und Hände bestehen aus modellierter Masse mit Mullkaschierung. Diese ist farbig gefasst. Die Körper sind mit Papier aufgepolstert. Die textile Bekleidung bedient sich unterschiedlicher Stoffe sowie vereinzelter Perlenverzierung. Die Glieder der Puppen sind entweder aus Holz mit Draht oder nur aus Draht gefertigt.

Maßangaben
Die Marionetten sind fast einheitlich in der Größe von 37 bis 45 cm. Mit Führungskreuz beträgt ihre Höhe ca. 115 cm.

Stück	*Marionette*	*Höhe*	*Inv.-Nr.*
Das Buch Ruth	Naemi, Schwiegermutter der Ruth	40	18070
(Schalom Ben-Chorin,	Der Sprecher, der das Buch rezitiert	47	5466
Ruthlied vertont von	Ruth	40	5460
Karl Amadeus Hartmann)	Boas	44	18069
	Knecht	41	24083
	Blutsverwandter	44	6993
Moses	Moses, zugleich Anselmus		
(Strindberg/Wolff), 1935	Katzenberger, Professor und Magier		
	(dann ohne Hut) in		
	Die geheimisvolle Pastete	47	30680
	Pharao	47	5507
	Der Hohepriester	46	6997
	Tochter des Pharao	40	5506
	Frau	41	29939
	Mann	42	24085
	Männergruppe	37	6994
			6995
			6996
	Mirjam	37	7563
	Zwei Frauen	41	6990
			6991
	Jochebeth	42	5462
	Feuersäule	46	24089

Stück	*Marionette*	*Höhe*	*Inv.-Nr.*
	Manu	42	5464
	Manu	44	5463
Das Gelöbnis	Bettler	42	25363
(Perez Hirschbein), 1936	Chanele, Tochter Hennochs		
	und Pessels	33	24084
	Dowidl	38	5461
	Hennoch, ein Müller	42	5457
	Pessel, Hennochs Frau	46	6992
	Chache, Mutter des Dowidl	39	5465
Das Mädchen von Elizondo	Vertigo, der Gastwirt	43	7563
(Jacques Offenbach), 1935			
Das Ochsenmenuett	Joseph Haydn, Fürstlich-		
(Georg E. von Hoffmann/	Esterhazyscher Kapellmeister	44	8698
Joseph Haydn), 1936	Istok, ungarischer Ochsenhändler	46	7564
	Katicza, Istoks Tochter	41	18065
	Eduard, der fürstliche Sekretär	44	8699
	Jantsi, Haydns Schüler	43	18066
	Therese, Nichte Haydns	41	8700
	Barbara, Haydns		
	schöne Wirtschafterin	41	7562
Die Insel Tulipatan	Theodorine, Frau des Großseneschalls	44	7880
(Jacques Offenbach), 1937	Alexis, Sohn des Cacatois	45	8701
	Alexis als Mädchen	42	8702
	Hermosa, Tochter der Theodorine	41	5459
	Großseneschall Romboidal	46	7472
	Cacatois XII., Herzog von Tulipatan	44	23734
Die drei Wünsche	Die schöne Fee Zimberibimba	41	8422
(Franz von Pocci), 1937	Margreth, Frau des Holzbauern	40	18052
Die geheimnisvolle Pastete	Kasperl Larifari, Privatier, auch		
(Franz von Pocci), 1937	Herr Kasperl in *Die drei Wünsche*	43	5458
	Margreth	37	5461
	Hut des Anselmus		
	Katzenberger (Moses)	11	30680
Sonstige	Tiara	6,5	24090
	Esel	30	04/13

Quellen- und Literaturverzeichnis

I. Ungedruckte Quellen

1. Staatsarchiv München (StaatsAM)
   - Polizeidirektion (Pol. Dir.), Personenakte von Maria Luise Kohn, Nr. 14698
2. Stadtarchiv München (StadtAM)
   - Polizeimeldebogen PMB G 362, Salomon Kohn
   - Polizeimeldebogen PMB G 361, Heinrich Kohn
   Kennkarten
   - Marie Luise Kohn 2105
   - Dr. Elisabeth Kohn 2093
   - Olga Kohn, geb. Spielhöfer 2110
   Judaica
   - Varia, 2, Briefe Maria Luikos an Schalom Ben-Chorin
   - Varia, 61, Brief Maria Luikos an Tobias Ben-Chorin
3. Institut für Zeitgeschichte München
   - Archiv, Fa 208, Liste der Stapoleitstelle München vom 15.11.1941 „Evakuierung von Juden nach Riga aus dem Stapobereich München"
4. Privatbesitz
   - Privatbesitz Dr. Reinhard Weber, München, Briefe Elisabeth Kohns an Max Hirschberg

II. Zeitungen und Zeitschriften

Bayerische Israelitische Gemeindezeitung (BIGZ), Jg. 1929–1937 (ab dem 1. August 1937 umbenannt in Jüdisches Gemeindeblatt für den Verband der Kultusgemeinden in Bayern und die Kultusgemeinden München, Augsburg, Bamberg, Würzburg).
C.-V. Zeitung, Jg. 1937.
Israelitisches Familienblatt (IFM), Jg. 1934–1937.
Kunst und Künstler, Jg. XXVIII, hg. von Karl Scheffler, Berlin 1930.
Süddeutsche Zeitung, Jg. 1946.

III. Enzyklopädien

Allgemeines Lexikon der bildenden Künstler des 20. Jahrhunderts, hg. von Hans Vollmer, Bd. 3, Kaal–Pyykkö, München 1992 (Originalausg. Leipzig 1956).
Encyclopaedia Judaica, Bd. 1–16, Jerusalem 1971f.
Jüdisches Lexikon. Ein enzyklopädisches Handbuch des jüdischen Wissens in vier Bänden, hg. von Georg Herlitz und Bruno Kirschner, Berlin 1927ff.
Münchener Theologisches Wörterbuch zum Neuen Testament, hg. von Josef Hainz und Alexander Sand, Düsseldorf 1997.
Neues Lexikon des Judentums, hg. von Julius H. Schoeps, Gütersloh/München 1998.

IV. Gedruckte Quellen und Literatur

Amishai-Maisels, Ziva: Depiction and Interpretation, The Influence of the Holocaust on the Visual Arts, Oxford u.a. 1993.

Amishai-Maisels, Ziva: Jüdische Künstler. Vom achtzehnten Jahrhundert bis in die Gegenwart, in: Gabrielle Sed-Rajna (Hg.): Die jüdische Kunst, Freiburg/Basel/Wien 1997, S. 325–358.

Bauer, Richard u.a. (Hg.): München – „Hauptstadt der Bewegung". Bayerns Metropole und der Nationalsozialismus, München 1993.

Bauer, Richard/Brenner, Michael (Hg.): Jüdisches München. Vom Mittelalter bis zur Gegenwart, München 2006.

Ben-Chorin, Schalom: Die Lieder des ewigen Brunnens, Wien/Leipzig 1934.

Ben-Chorin, Schalom: Das Mal der Sendung, Der Lieder des ewigen Brunnens Neue Folge, München 1935.

Ben-Chorin, Schalom: Ein Münchner Künstlerkreis, in: Waldemar Bonard: Die gefesselte Muse, Das Marionettentheater im Jüdischen Kulturbund München 1935–1937 (Ausstellungskatalog München, Stadtmuseum), München 1994, S. 8–9.

Ben-Chorin, Schalom: Jugend an der Isar, 3. Aufl. Gütersloh 2001.

Bertz, Inka: Jüdische Kunst als Theorie und Praxis vom Beginn der Moderne bis 1933, in: Hans-Günther Golinski/Sepp Hiekisch-Picard (Hg.): Das Recht des Bildes. Jüdische Perspektiven in der modernen Kunst (Ausstellungskatalog Bochum, Museum Bochum), Heidelberg 2003, S. 148–161.

Billeter, Felix/Günther, Antje/Krämer, Steffen (Hg.): Münchner Moderne, Kunst und Architektur der Zwanziger Jahre, München/Berlin 2002.

Billeter, Felix: Gefangen im Glaspalast. Zur Situation der Münchner Maler in Zeiten des Nach-Expressionismus, in: Ders./Günther/Krämer (Hg.): Münchner Moderne, Kunst und Architektur der Zwanziger Jahre, München/Berlin 2002, S. 116–131.

Biographisches Gedenkbuch der Münchner Juden 1933–1945, Bd. I (A–L), hg. vom Stadtarchiv München, München 2003.

Biographisches Gedenkbuch der Münchner Juden 1933–1945, Bd. II (M–Z), hg. vom Stadtarchiv München, München 2007.

Bonard, Waldemar: Die gefesselte Muse, Das Marionettentheater im Jüdischen Kulturbund München 1935–1937 (Ausstellungskatalog München, Stadtmuseum), München 1994.

Brehler, Christoph Lucas: „Manche Bilder und Gestalten wird man so leicht nicht vergessen.", in: Norbert Götz/Manfred Wegner: Gegenaktion. Karl Amadeus Hartmann. Ein Komponistenleben in München (1905–1963) (Ausstellungskatalog München, Stadtmuseum), München 2005, S. 51.

Brenner, Hedwig: Jüdische Frauen in der bildenden Kunst. Ein biographisches Verzeichnis, Konstanz 1998.

Brenner, Michael: Jüdische Kultur in der Weimarer Republik, München 2000.

Brenner, Michael: Wie jüdisch waren Deutschlands Juden? Die Renaissance jüdischer Kultur während der Weimarer Republik (= Reihe Gesprächskreis Geschichte, 35), Bonn 2000.

Cejka, Alois: Paul Brann und sein Marionettentheater Münchner Künstler, in: Günther Böhmer (Hg.): Paul Brann. Marionetten-Theater Münchner Künstler (Ausstellungskatalog München, Stadtmuseum) München 1973, unpaginiert.

Claußnitzer, Gert: Frans Masereel, Berlin (Ost) 1990.

Cohn-Wiener, Ernst: Die Jüdische Kunst. Ihre Geschichte von den Anfängen bis zur Gegenwart, Berlin 1929.

Czettritz, Annemarie: Franz Graf von Pocci. Freund der Kinder und der Musen, München 1979.

Diebold, Bernhard: Habima. Hebräisches Theater, Berlin-Wilmersdorf 1928.

Demisch, Heinz: Erhobene Hände. Geschichte einer Gebärde in der bildenden Kunst, Stuttgart 1984.

von der Dollen, Ingrid: Malerinnen im 20. Jahrhundert. Bildkunst der „verschollenen Generation". Geburtenjahrgänge 1890–1910, München 2000.

Dix. Zum 100. Geburtstag 1891–1991 (Ausstellungskatalog Stuttgart, Galerie der Stadt Stuttgart), hg. von der Galerie der Stadt Stuttgart, Ostfildern-Ruit 1991.

Eckstein, Hans: ohne Titel, in: Franz Roh (Hg.): zweijahrbuch. 1929/30, deutscher künstlerverband die juryfreien-münchen e.v., München 1930, unpaginiert.

Exposition Contemporaine. Moderne Kunst, hg. von der Galerie Wimmer & Co München, München 1946.

Firmenich, Andrea (Hg.): Josef Scharl, Monographie und Werkverzeichnis (zugleich Ausstellungskatalog Emden, Kunsthalle Emden), Emden 1999.

Firmenich, Andrea: Menschenbilder – Zur Ikonographie Josef Scharls, in: Andrea Firmenich (Hg.): Josef Scharl, Monographie und Werkverzeichnis (zugleich Ausstellungskatalog Emden, Kunsthalle Emden), Emden 1999, S. 36–45.

Freeden, Herbert: Jüdisches Theater in Nazideutschland (= Schriftenreihe wissenschaftliche Abhandlungen des Leo-Baeck-Instituts, 12), Tübingen 1964.

Frevert, Ute: Frauen-Geschichte. Zwischen bürgerlicher Verbesserung und Neuer Weiblichkeit, Frankfurt am Main 1986.

Fuhrmeister, Christian: „Der stärkste Ausdruck unserer Tage". Neue Sachlichkeit in Hannover (Ausstellungskatalog Hannover, Sprengel Museum), Hildeheim/Zürich/New York 2001.

Götz, Norbert/Wegner, Manfred: Gegenaktion. Karl Amadeus Hartmann. Ein Komponistenleben in München (1905–1963) (Ausstellungskatalog München, Stadtmuseum), München 2005.

Golinski, Hans Günther: Der Rückblick nach vorn. Die Kunst der Neuen Sachlichkeit zwischen romantischer Tradition und expressionistischer Zeitgenossenschaft, in: Jutta Hülsewig-Johnen (Hg.): Neue Sachlichkeit – Magischer Realismus (Ausstellungskatalog Bielefeld, Kunsthalle), Bielefeld 1990. S. 53–63.

Golinski, Hans Günther/Hiekisch-Picard, Sepp (Hg.): Das Recht des Bildes. Jüdische Perspektiven in der modernen Kunst (Ausstellungskatalog Bochum, Museum Bochum), Heidelberg 2003.

Golinski, Hans Günther: Das Recht des Bildes – zu den Motiven einer Ausstellung, in: Ders./Sepp Hiekisch-Picard (Hg.): Das Recht des Bildes. Jüdische Perspektiven in der modernen Kunst (Ausstellungskatalog Bochum, Museum Bochum), Heidelberg 2003, S. 8–26.

Greither, Aloys/Zweite, Armin: Josef Scharl 1896–1954 (Ausstellungskatalog München, Städtische Galerie im Lenbachhaus), München 1982.

Haftmann, Werner: Verfemte Kunst. Bildende Künstler der inneren und äußeren Emigration in der Zeit des Nationalsozialismus, hg. von Berthold Roland, Köln 1986.

Hanke, Peter: Zur Geschichte der Juden in München zwischen 1933 und 1945 (= Neue Schriftenreihe des Stadtarchivs München, 3) München 1967.

Hermann, Michael: Kommunale Kulturpolitik in München von 1919 bis 1935 (= Miscellanea Bavarica Monacensia, 179), hg. vom Stadtarchiv München, München 2003.

Heusler, Andreas (Hg.): Ich lebe – es ist ein Wunder: Schicksal einer Münchner Familie während des Holocaust, München 2001.

Heusler, Andreas: Verfolgung und Vernichtung (1933–1945), in: Richard Bauer/ Michael Brenner (Hg.): Jüdisches München. Vom Mittelalter bis zur Gegenwart, München 2006, S. 161–184.

Heyd, Milly: Selbstporträts: Zur Frage der jüdischen Identität, in: Hans Günther Golinski/Sepp Hiekisch-Picard (Hg.): Das Recht des Bildes. Jüdische Perspektiven in der modernen Kunst (Ausstellungskatalog Bochum, Museum Bochum), Heidelberg 2003, S. 86–99.

Hirschbein, Perez: Das Gelöbnis, in: Jüdisches Theater II. Eine dramatische Anthologie ostjüdischer Dichter, hg. von Alexander Eliasberg (= Ostjüdische Bibliothek, 2), München 1919.

Hoberg, Annegret: Karl Caspar, der Expressionismus und das Problem der modernen christlichen Kunst, in: Peter-Klaus Schuster (Hg.): „München leuchtete". Karl Caspar und die Erneuerung christlicher Kunst in München um 1900 (Ausstellungskatalog München, Staatsgalerie Moderner Kunst), München 1984, S. 268–275.

Hoffmann, Karl-Ludwig/Riede, Peter (Hg.): Frans Masereel (1889–1972). Zur Verwirklichung des Traums von einer freien Gesellschaft, Saarbrücken 1989.

Hülsewig-Johnen, Jutta (Hg.): Neue Sachlichkeit – Magischer Realismus (Ausstellungskatalog Bielefeld, Kunsthalle), Bielefeld 1990.

Hülsewig-Johnen, Jutta: Wie im richtigen Leben? Überlegungen zum Porträt der Neuen Sachlichkeit, in: Dies. (Hg.): Neue Sachlichkeit – Magischer Realismus (Ausstellungskatalog Bielefeld, Kunsthalle), Bielefeld 1990, S. 8–24.

Hudson-Wiedenmann, Ursula/Schmeichel-Falkenberg, Beate (Hg.): Grenzen Überschreiten. Frauen, Kunst und Exil, Würzburg 2005.

Jürgs, Britta (Hg.): Leider hab ich's Fliegen ganz verlernt. Portraits von Künstlerinnen und Schriftstellerinnen der Neuen Sachlichkeit, Grambin/Berlin 2000.

Kampf, Avram: Jüdisches Erleben in der Kunst des 20. Jahrhunderts, Weinheim/Berlin 1987.

Kataloge der Kunstausstellungen im Glaspalast, amtliche Kataloge von 1924–1931.

Koch, Michael: Neue Sachlichkeit – Magischer Realismus. Der Beitrag Münchens zur nachexpressionistischen Malerei und Graphik, in: Christoph Stölzl (Hg.): Die Zwanziger Jahre in München (Ausstellungskatalog München, Stadtmuseum), München 1979, S. 121–139.

Krämer, Steffen: „Mythos Kunststadt" – Architektur der 1920er Jahre in München, in: Ders./Felix Billeter/Antje Günther (Hg.): Münchner Moderne. Kunst und Architektur der Zwanziger Jahre, München/Berlin 2002, S. 10–35.

Krafft, Ludwig: München und das Puppenspiel. Kleine Liebe einer großen Stadt, München 1961.

Künzl, Hannelore: Jüdische Kunst. Von der biblischen Zeit bis in die Gegenwart, München 1992.

Lamm, Hans (Hg.): Vergangene Tage. Jüdische Kultur in München, München/Wien 1982.

Lippl, Robert: Rudolf Ernst. Ein Münchner Maler 1896–1942, o.O. 2001.

Löwenthal, E.G. (Hg.): Bewährung im Untergang. Ein Gedenkbuch, Stuttgart 1965.

Meskimmon, Marsha: We weren't modern enough. Women artists and the limits of German modernism, London/New York 1999.

Meißner, Karl Heinz: Zur Geschichte der Akademie der bildenden Künste in München. Eine Chronik, in: Christoph Stölzl, (Hg.): Die Zwanziger Jahre in München (Ausstellungskatalog München, Stadtmuseum), München 1979, S. 141–149.

Meyer, Michael A.: Jüdische Identität in der Moderne, Frankfurt am Main 1992.

Meyer-Büser, Susanne: „Das schönste deutsche Frauenporträt". Tendenzen der Bildnismalerei in der Weimarer Republik, Berlin 1994.

Nerdinger, Winfried: Die Kunststadt München, in: Christoph Stölzl (Hg.): Die Zwanziger Jahre in München (Ausstellungskatalog München, Stadtmuseum), München 1979, S. 93–119.

Nöbel, Manfred: Franz Pocci – Ein Klassiker und sein Theater, in: Manfred Wegner (Hg.): Die Spiele der Puppe, Beiträge zur Kunst- und Sozialgeschichte des Figurentheaters im 19. und 20. Jahrhundert, Köln 1989, S. 48–66.

Oellers, Adam C.: Ikonographische Untersuchungen zur Bildnismalerei der Neuen Sachlichkeit [Diss. Univ. Bonn], Mayen 1983.

Padberg, Martina: Der Blick auf die Welt und der Blick auf das Bild – Zum malerischen Verständnis von Josef Scharl, in: Andrea Firmenich (Hg.): Josef Scharl, Monographie und Werkverzeichnis (zugleich Ausstellungskatalog Emden, Kunsthalle Emden), Emden 1999, S. 28–35.

Paul Brann. Marionettentheater Münchner Künstler, hg. vom Stadtmuseum München, München 1973.

Peters, Olaf: Neue Sachlichkeit und Nationalsozialismus. Affirmation und Kritik 1931–1947 [Diss. Univ. Bochum, 1996], Berlin 1998.

Presler, Gerd: Glanz und Elend der 1920er Jahre. Die Malerei der Neuen Sachlichkeit, Köln 1992.

Pulvermacher, Lotte: Reichsausstellung Jüdischer Künstler im Berliner Jüdischen Museum, in: Bayerisch Israelitische Gemeindezeitung, Nr. 11, 1936, S. 251–252.

Reese, Beate: Melancholie in der Malerei der Neuen Sachlichkeit (= Europäische Hochschulschriften, Reihe 28, Kunstgeschichte, Bd. 321, zugl. Diss. Univ. Bochum 1996), Frankfurt am Main 1998.

Riedel, Erik: „Man lebt hier wie in der Wüste". Zu jüdischen Exilkünstlern und ihrer Rezeption, in: Hans Günther Golinski/Sepp Hiekisch-Picard (Hg.): Das Recht des Bildes. Jüdische Perspektiven in der modernen Kunst (Ausstellungskatalog Bochum, Museum Bochum), Heidelberg 2003, S. 238–245.

Roh, Franz (Hg.): zweijahrbuch. 1929/30, deutscher künstlerverband die juryfreien-münchen e.v., München 1930.

Roh, Franz: möglichkeiten und aufgaben der „juryfreien", in: Ders. (Hg.): zweijahrbuch. 1929/30, deutscher künstlerverband die juryfreien-münchen e.v., München 1930, unpaginiert.

Rosenberg, Alfons: Die Welt im Feuer, Freiburg/Basel/Wien 1983.

Rusel, Jane: Hermann Struck (1876–1944): das Leben und das graphische Werk eines jüdischen Künstlers (= Judentum und Umwelt, 66, zugl. Diss. Univ. Mainz 1995), Frankfurt am Main 1997.

Schade, Herbert SJ: „Gethsemane" und „Patmos". Zu zwei „biblischen Existenzialen" der Kunst von Karl Caspar, in: Peter-Klaus Schuster (Hg.): „München leuchtete". Karl Caspar und die Erneuerung christlicher Kunst in München um 1900 (Ausstellungskatalog München, Staatsgalerie Moderner Kunst), München 1984, S. 296–297.

Scholem, Gerschom: Judaica II, Frankfurt am Main 1970.

Schuhmacher, Jörg (hg. unter Mitarbeit von Marianne von Manstein): Josef Scharl, Die 1930er Jahre, Frankfurt am Main 2005.

Schuster, Peter-Klaus (Hg.): „München leuchtete". Karl Caspar und die Erneuerung christlicher Kunst in München um 1900 (Ausstellungskatalog München, Staatsgalerie Moderner Kunst), München 1984.

Sed-Rajna, Gabrielle (Hg.): Die jüdische Kunst, Freiburg/Basel/Wien 1997.

Seidel, Doris: Zeitweilige Heimat – Die Blechners in München 1920 bis 1939, in: Andreas Heusler (Hg.): Ich lebe – es ist ein Wunder: Schicksal einer Münchner Familie während des Holocaust, München 2001, S. 25–47.

Seelen, Manja: Das Bild der Frau in Werken deutscher Künstlerinnen und Künstler der Neuen Sachlichkeit [Diss. Univ. Köln 1993], Münster 1995.

Selig, Wolfram: Richard Seligmann. Ein jüdisches Schicksal. Zur Geschichte der Judenverfolgung in München während des Dritten Reiches (= Zeitgeschichtliche Informationen, 2, hg. von Richard Bauer), München 1983.

Selig, Wolfram: Judenverfolgung in München 1933 bis 1945, in: Richard Bauer u.a. (Hg.): München – „Hauptstadt der Bewegung". Bayerns Metropole und der Nationalsozialismus, München 1993, S. 398–415.

Selig, Wolfram: „Arisierung" in München. Die Vernichtung jüdischer Existenz 1937–1939, Berlin 2004.

Siehe der Stein schreit aus der Mauer. Geschichte und Kultur der Juden in Bayern (Ausstellungskatalog Nürnberg, Germanisches Nationalmuseum), hg. vom Germanischen Nationalmuseum und Haus der Bayerischen Geschichte, Nürnberg 1988.

Specht, Heike: Die Feuchtwangers. Familie, Tradition und jüdisches Selbstverständnis im deutsch-jüdischen Bürgertum des 19. und 20. Jahrhunderts [Diss. Univ. München 2004], Göttingen 2006.

Sprengel, Peter: Populäres jüdisches Theater in Berlin von 1877 bis 1933, Berlin 1997.

Stabenow, Cornelia: Das Ende der christlichen Kunst, in: Peter-Klaus Schuster (Hg.): „München leuchtete". Karl Caspar und die Erneuerung christlicher Kunst in München um 1900 (Ausstellungskatalog München, Staatsgalerie Moderner Kunst), München 1984, S. 66–72.

Stölzl, Christoph (Hg.): Die Zwanziger Jahre in München (Ausstellungskatalog München, Stadtmuseum), München 1979.

Till, Wolfgang: Puppentheater. Bilder – Figuren – Dokumente, München 1986.

Toller, Ernst: Hinkemann. Eine Tragödie, Potsdam 1925.

Treml, Manfred/Kirmeier, Josef (hg. unter Mitarbeit von Evamaria Brockhoff): Geschichte und Kultur der Juden in Bayern, Aufsätze und Lebensläufe (= Veröffentlichungen zur Bayerischen Geschichte und Kultur Nr. 18/888), München/New York 1988.

van Voolen, Edward: Jüdische Kunst und Kultur, München u.a. 2006.

Vögele, Christoph: Kastenraum und Flucht, Panorama und Kulisse. Zur Raumpsychologie der Neuen Sachlichkeit, in: Jutta Hülsewig-Johnen (Hg.): Neue Sachlichkeit – Magischer Realismus (Ausstellungskatalog Bielefeld, Kunsthalle), Bielefeld 1990, S. 25–43.

Walss, Rolf: Puppen und ihre Musik. Marotten, Marionetten (Oberkörpermarionetten) (= pan 502), Zürich 1982.

Wegner, Manfred: In der Galerie. Karl Amadeus Hartmann und die Münchner Avantgarde, in: Norbert Götz/Manfred Wegner: Gegenaktion. Karl Amadeus Hartmann. Ein Komponistenleben in München (1905–1963) (Ausstellungskatalog München, Stadtmuseum), München 2005, S. 68–69.

Widerstand statt Anpassung. Deutsche Kunst im Widerstand gegen den Faschismus 1933–1945, hg. vom Badischen Kunstverein, Karlsruhe, Berlin 1980.

Wittmann, Livia Z.: Jüdische Aspekte in der Subjektwerdung der neuen Frau, in: Inge Stephan/Sabine Schilling/Sigrid Weigel (Hg.): Jüdische Kultur und Weiblichkeit in der Moderne (= Literatur – Kultur – Geschlecht. Studien zur Literatur- und Kulturgeschichte, 2), Köln/Weimar/Wien 1994, S. 143–157.

Zechlin, Egmont: Die deutsche Politik und die Juden im Ersten Weltkrieg, Göttingen 1969.

Zimmermann, Rainer/Küster, Bernd: Expressiver Realismus. Maler der verschollenen Generation (Ausstellungskatalog Wilhelmshaven, Kunsthalle) Lilienthal 1993.

Zimmermann, Rainer: Malerei des Expressiven Realismus, in: Ders./Bernd Küster: Expressiver Realismus. Maler der verschollenen Generation (Ausstellungskatalog Wilhelmshaven, Kunsthalle), Lilienthal 1993, S. 7–14.

Zimmermann, Rainer: Expressiver Realismus. Malerei der verschollenen Generation (überarbeitete Neuausgabe), München 1994.

Zweite, Armin: „Das Volk ist nicht tümlich." Beobachtungen zu Gemälden Josef Scharls, in: Ders./Aloys Greither: Josef Scharl 1896–1954 (Ausstellungskatalog München, Städtische Galerie im Lenbachhaus), München 1982, S. 9–51.

Die Ballade von den russischen Juden

Für Maria Luiko

Rußland ist groß und der Zar ist aus Gold
Und der Wind weht über die Steppe.
Man hat uns genommen und keiner hat gewollt,
Doch Rußland braucht Soldaten und der Zar ist aus Gold
Und trägt eine diamantene Schleppe.

Der Vater hat mit den Zähnen geknirscht:
„Ergieß deinen Zorn auf die Völker"
Die Mutter hat Blut aus den Augen geweint
Wie haben noch Krischme zur Nacht geleint
Und dann gings hinaus in die Steppe...
Denn Rußland ist groß und der Zar ist aus Gold
Und trägt eine diamantene Schleppe.

Und fünfundzwanzig Jahre gingen vorüber im Sold
Der Zar zerfiel zu Asche.
Man ließ uns gehen und jeder hat gewollt
Nur eines: Rache, Rache.
Doch Rußland ist groß und der Zar ist tot
Und über dem Kreml flammte es rot,
Die Luft zerreißt ein schmetternder Ton:
Revolution, Revolution!

Man hat uns von der goldenen Freiheit erzählt
Man hat uns elend betrogen
Wir haben den Weg der Väter gewählt
Wir haben wie Tiere uns abgequält
Und haben uns durchgelogen –
Dann sind wir fortgezogen.

Rußland ist fern und Amerika ist aus Gold
Amerika hinter dem Ozean
Hinter dem Schweif des Leviathan
Liegt der Gan Eden: Manhattan!

Und Manhattan ist groß und der Dollar ist aus Gold
Der goldne Dollar von Manhattan: Die Herren schlafen in goldenen Betten
Und fragen nicht, wie wir uns weiterfretten,
Denn sie haben uns nicht gewollt:
Rußland ist groß – warum bliebt ihr nicht dort
Wir haben euch nicht gerufen!
Die Welt ist groß – warum geht ihr nicht fort
Ihr schmutzigen, schäbigen Juden!

Aber Manhattan ist groß und der Dollar ist aus Gold
Der goldene Dollar von Manhattan:
Und die Erde ist rund und die Erde rollt

Wir haben erreicht – was wir gewollt:
Wir schliefen in goldenen Betten.

Aber Gott im Himmel ist groß und hat nicht gewollt,
Daß Juden ans Golus vergessen
Und Gott im Himmel hat den Dollar weggerollt
Und hat uns aufs neue gemessen.

Die Börse kracht und der Jud ist schuld
Am Krieg und an der Prohibition
Hinaus mit Levi und Meier und Kohn!
Ihr habt uns ausgesogen
Und habt uns angelogen
Zum Dank für unsere Huld!
Amerika ist fern und und Palästina ist aus Gold
Jeruschalajim und Tel-Aviv
Wir haben auf einmal nach Hause gewollt
Und Moschiach zog unser Schiff.

Palästina ist gut – und Britannien ist aus Stahl
„Wir haben euch nicht gerufen!"
Man warf uns die Tür vor der Nase zu, Der Staub der Welt lag auf unserem Schuh
Du Gott im Himmel, warum schwiegest du?
In deinem großen Himmel! –

Man hat uns vom „national-home" erzählt
Man hat uns elend betrogen,
Wir haben den alten Weg gewählt
Wir haben wie Tiere uns abgequält,
Und haben uns durchgelogen…
Dann sind wir weitergezogen.

Aus: Schalom Ben-Chorin: Das Mal der Sendung, München 1935, S. 41–42.

www.ingramcontent.com/pod-product-compliance
Lightning Source LLC
Chambersburg PA
CBHW030744200526
45160CB00008B/18